社会文化理论与二语习得研究

林明东◎著

新 华 出 版 社

图书在版编目 (CIP) 数据

社会文化理论与二语习得研究 / 林明东著 . — 北京：
新华出版社 , 2020.9

ISBN 978-7-5166-5348-7

Ⅰ . ①社… Ⅱ . ①林… Ⅲ . ①第二语言 – 语言学习 –
文化社会学 – 研究 Ⅳ . ① H003

中国版本图书馆 CIP 数据核字（2020）第 172602 号

社会文化理论与二语习得研究

著　　者：林明东

责任编辑：蒋小云　　　　　　　　　　封面设计：马静静

出版发行：新华出版社

地　　址：北京石景山区京原路 8 号　　　邮　　编：100040

网　　址：http：//www.xinhuapub.com

经　　销：新华书店

　　　　　新华出版社天猫旗舰店、京东旗舰店及各大网店

购书热线：010-63077122　　　　中国新闻书店购书热线：010-63072012

照　　排：北京亚吉飞数码科技有限公司

印　　刷：北京亚吉飞数码科技有限公司

成品尺寸：170mm×240mm

印　　张：13　　　　　　　　　　　字　　数：233 千字

版　　次：2021 年 6 月第一版　　　　印　　次：2021 年 6 月第一次印刷

书　　号：ISBN 978-7-5166-5348-7

定　　价：62.00 元

前　言

　　社会文化理论是在苏联心理学家和教育家维果斯基开创的文化历史心理学的基础上发展起来的,其核心理念是主张人类所有的认知发展都涉及社会和个体两个层面,研究重点是社会关系和文化制品在人类特有思维中的核心角色。维果斯基认为,人类认知能力的发展是一个动态的过程,因此我们应该采用历史的方法来研究这一过程中各种心理机制的发展源头和发展阶段。具体来说,就是通过观察个体发生和微观发生来解释认知能力的发展:个体发生是生物、文化与历史等多种因素对个体认知发展过程的影响;微观发生是指实时的、发生在眼前的变化。

　　学者 Frawley 和 Lantolf 最先尝试将社会文化理论应用于二语习得领域。他们指出,维果斯基学派的心理学理论为二语习得研究领域的各种现象提供了清晰的、一致的解释;二语习得领域的研究者不应以正确或错误为标准来评判二语学习者的语言产出,因为所有的语言产出都反映了学习者努力完成交际任务的策略,而这些策略都涉及三个方面的认知功能,即对客体、对他人和对自我的操控,这些认知功能的发展都来自于学习者有关的社会活动,同时又反过来作用于学习者的社会活动。因此,Frawley 和 Lantolf 认为,二语习得的过程绝不能简化为类似"管道"的信息传递,所有涉及语言的交际过程都应该考虑它们的社会属性。

　　社会文化理论在发展过程中受到了二语习得领域认知学派学者的强烈批评。1993 年,《应用语言学》(Applied Linguistics)第 3 期关于二语习得理论建构的专题中一系列文章的观点代表了认知派理性主义的认识论和实证主义的传统。倡导社会文化理论的学者 Lantolf 指出认知派研究的特征是强调理性,试图寻找普适、客观的理论对二语习得的种种现象做出合理的解释。社会文化理论则主张二语习得研究本身并不是在寻求唯一真理,因为面对的并不是唯一客体,而是多重现实;在社会文化理论视角下,唯一正确的现实并不存在,人类知识是由不同观点构成的,这种多元的观点构成了包含不同符号和语言的体系,这一体系会随着人类有意识的活动而改变。从 20 世纪 90 年代起,研究二语习得的知名期刊如《二语习得研究》(*Studies in Second Language Acquisition*)、《现代语言》(*The Modern Language Journal*)和《语言学习和技术》(*Language Learning and Technology*)等纷纷出版专刊介绍社会文化理论。其中,《现代语言》于 1997 年第 3 期和 2007 年的专刊两次开辟专栏组织社会文化派和认知派之间进行讨论,在二语习得研究领域产生了较大影响。

尽管基于社会文化理论的二语习得研究受到了认知学派的激烈批评,但这并未影响近年来该理论的蓬勃发展。越来越多的学者运用这一理论来观察和解释二语习得和二语教学中所涉及的各类现象和问题。近年来,国内学者也开始关注社会文化理论视角下的二语习得研究,并进行了一些理论介绍和实证研究。本书通过梳理国内外相关文献,分析和评价社会文化理论的发展概况和相关实证研究,阐述社会文化理论的核心概念及其与二语习得和外语教学实践的密切关系。

限于作者的理论水平,书中很可能存在谬误之处,真诚期盼同行专家和广大读者批评指正。由于时间和水平关系,还有一些方面,本书未能涉及,恳请读者提出宝贵建议。

作　者
2020 年 8 月

目　录

第一章　绪　论 ……………………………………………………… 1

第二章　社会文化理论的哲学根源和研究内容 …………………… 10
　　第一节　社会文化理论研究的哲学根源 ………………………… 10
　　第二节　社会文化理论研究的学科属性 ………………………… 11
　　第三节　社会文化理论的研究范畴 ……………………………… 13
　　第四节　社会文化理论的研究现状 ……………………………… 14
　　第五节　社会文化理论与传统理论框架指导的
　　　　　　二语习得研究观点的区别 ……………………………… 18
　　第六节　社会文化理论基本的研究范式与方法 ………………… 19

第三章　社会文化理论的核心概念及分支理论 …………………… 24
　　第一节　调节理论 ………………………………………………… 24
　　第二节　内化理论 ………………………………………………… 29
　　第三节　最近发展区理论 ………………………………………… 37
　　第四节　活动理论 ………………………………………………… 47
　　第五节　实践社群理论 …………………………………………… 53
　　第六节　对话理论 ………………………………………………… 56
　　第七节　情境学习理论 …………………………………………… 64
　　第八节　复杂理论 ………………………………………………… 70
　　第九节　生态给养理论 …………………………………………… 82
　　第十节　动态评价理论 …………………………………………… 88

第四章　社会文化理论框架下的二语习得研究 …………………… 98
　　第一节　二语习得研究的认知派与社会派 ……………………… 98
　　第二节　二语词汇习得研究 ……………………………………… 107
　　第三节　二语写作策略研究 ……………………………………… 115
　　第四节　二语写作教学研究 ……………………………………… 128
　　第五节　二语语用习得研究 ……………………………………… 138

第六节　外语课堂互动话语研究 ……………………… 148

第七节　外语教师课堂提问研究 ……………………… 157

第八节　外语教师语言知识建构研究 ………………… 162

第九节　外语翻转课堂研究 …………………………… 171

第十节　外语课堂生态研究 …………………………… 178

第五章　结　语 ………………………………………… 188

参考文献 ………………………………………………… 190

第一章 绪 论

二语习得研究起源于20世纪五六十年代,到20世纪末终于形成了一个独立的学科(Ellis,2008;Gass & Selinker,2002;Larsen-Freeman,2000)。学科在成立之初,体现出两个非常鲜明的特点:一是深刻地受到母语习得研究的影响;二是其研究活动主要为外语教学服务。此外,早期的学者对二语和外语的学习和习得的区分争论颇多。然而,该学科在本质上是探索语言学习者如何习得第二语言的,不管学习的语境条件如何,二语发展的过程与机制存在相似性(Barley et al.,1974;Dulay & Burt,1974;Long,1990;Ortega,2009)。因此,国际上一些学者认为,决定二语习得结果的最重要因素仍是学习者的认知因素(Long,1990);二语习得研究若要取得长足发展,应该在认知科学中找到自己的容身之处(Long & Doughty,2003)。二语习得研究源于对语言教学的关心,其发展的源头可追溯至20世纪五六十年代的对比分析(Lado,1957),对比分析的关注焦点是如何改进教学材料;20世纪七八十年代的错误分析、二语习得的形态发展研究试图通过学习者的错误以及形态习得结果来发现学习者的二语认知特征(Barley et al.,1974;Corder,1981;Sharwood-Smith,1994)。因此,早期的二语习得研究主要服务于外语教学的实践,而且这种传统一直延续下来。

Ortega(2009)认为,二语习得学科是研究第二语言学习的能力与过程的学术领域,其内容包括各种习得条件下对习得结果具有影响的一系列复杂因素。简言之,二语习得研究就是研究学习者在习得母语后如何习得另一种语言,以及哪些重要因素影响了习得的结果。二语习得能够为外语教学提供理论与方法实践上的参考,但是国际学界普遍认为,二语习得不等同于外语教学或应用语言学(Larsen-Freeman,2000;Long,2007;Gass & Selinker,2012)。二语习得与外语教学的最根本区别在于前者强调习得的过程与心理,涉及习得的心理机制、生物学基础、语言的影响、环境的作用、文化的作用等,而后者更注重外语的教育特性,如影响外语教学效果的个体与社会因素、大纲设计、教学方法、教学活动、教材编写、教学测评等。二语习得利用多学科的理论与实证的视角来解决人们如何习得第二语言以及为何存在习得差异的问题。毫无疑问,二语习得研究的结果可以为外语教学提供启发与指导。然而,二语习得不仅仅为外语教学服务,它还为其他学科,如语言学理论、母语习得、认知科学等提供研究的素材和内容(Gass,1993),进而促进相关学科理论的建设与发展。

二语习得以语言学、认知心理学、教育学为基础,涉及语言、心理、认知神经、社会文化、教育等领域的内容,主要研究对象可归纳为学习者个体差异、学习过程及其心理机制、母语与目标语的类型差异及迁移、社会文化和环境因素(戴运财、杨连瑞,2013;戴运财、崔文琦,2014)。学习者个体差异主要包含个体认知差异、个体情感差异和学习策略(Dornyei,2005;Dornyei et al.,2015;Ellis,2008;Skehan,1989;Skehan,1998);学习过程及其心理机制包括输入、吸收、融合、输出、反馈以及注意、监控等(Krashen,1985;Long,1996;Schmidt,2001);母语与目标语的差异及迁移主要包括了母语习得经验与母语知识的影响,普遍语法的作用与可及性,母语与目标语在语言结构与类型上的差异及其迁移(Gass & Selinker,2012;Jarvis & Pavlenko,2008;White,2013)。社会文化与环境因素又可分为社会环境、语言环境、学习环境等。这些因素皆为二语习得研究的重要内容,并制约二语习得的结果,也可形成局域理论。

二语习得研究内容的多样性决定了理论来源的多样性,其理论来源主要有语言学、心理学、教育学、认知科学以及社会文化理论等,多种理论并存,形成了一种百花齐放的局面。

二语习得研究在最初阶段,一直致力于描述和解释第二语言学习的过程。这期间虽然不同的理论有着自己不同的理论重点,但基本一致认为二语习得是一个内化的认知过程。在接下来的 15 年内,认知主义在二语习得研究中依然方兴未艾,这期间 Language Learning, Studies in Second Language Acquisition, Applied Linguistics, TESOL Quarterly 四种主要的二语习得研究刊物上所发表的文章也足以证明这一点。甚至,该领域的著名专家 Long 和 Doughty 指出,未来二语习得研究的认知地位会比现在更宽泛。然而,社会文化理论的出现则打破了认知论一统天下的局面,社会文化视角成为目前二语习得研究的一个新方向。社会文化理论基于苏联心理学家维果斯基对儿童心理与认知发展的研究,认为人类的思维是由文化制品、活动和概念进行中介的过程,即人通过使用现成的文化制品去创造另外一些用于调节他们生理及行为活动的东西,而语言的使用、组织及结构则是这一中介过程的主要形式。也就是说,人类的成长是发生在一定的文化的、语言的、历史的情境中的,包括家庭成员及同龄人群的交互,甚至还有像学校、体育团体及工作场景等机构中的交互。社会文化理论虽承认人的神经生物的发展是高级思维发展的必要条件,但人的认知发展主要还是借助发生在上述那些社会的和物质的真实世界中的交互而得以实现的。

20世纪初,由于研究视角和研究目标呈现多样化,心理学进入了一个危急关头。但所有的研究路径究从根本上大致可以划为两派:一是自然科学路径,试图寻找心理变化过程的原因;二是人本主义路径,旨在描述和分析心理活动(像心理分析治疗法)。很显然,那个时代流行的心理学理论更倾向于前者,倾向于支持强调环境影响的巴甫洛夫学说和行为主义理论,而忽略了个人主观经验的作用,其研究的重点是基本的、纯生物方面的心理特征(这些特征是人和其他物种特别是灵长目动物所共有的),包括一些自动、无意识的记忆和注意及对外界刺激所做出的本能反应。然而,维果斯基则批评了当时的主流理论,论述了条件反射与人类意识和行为之间的关系。巴甫洛夫在狗身上做的实验,以及格式塔理论家科勒对于猩猩的研究,抹去了许多人类与动物之间的差异。维果斯基提出,动物只能对环境做出反应,而人类是不同的,他们有能力为达到自己的目的而改变环境。这种高级思维能力,即解决问题、有意识的注意和记忆、推理、计划及任何有意义的活动,使人类区别于低等动物。

维果斯基反对将自然科学的路径和人本主义路径一点点地胡乱拼凑,他认为创造一个真正统一的心理学需要从一个全新的角度思考人类心理发展,于是他建立了有关人类心智功能的一整套全新的统一理论来解释人类的思维发展过程。

社会文化理论最基本的概念是人类的思维是有中介的。维果斯基承认人类的思维有较低层面的神经生物学基础,但人类区别性的意识特征是能借助于高级文化工具实现对自身生理进行有意识控制的能力。这些文化建构的工具(语言、读写、计数、范畴、推理与逻辑)在人与环境及活动之间充当缓冲器来中介个体与社会物质世界的关系。

调节是中介的一种重要形式,其基本观点为:人类独特的高级认知功能(如记忆、注意和理性思维等)是依靠人类文化建构的辅助工具的调节而发展起来的,而语言是最基本的调节工具。当儿童学习语言时,单词不仅仅用来区别不同的物体和行为,而且能起到将人类纯生物方面的感知重塑为一定文化构建下的感知和概念。换句话说,儿童所参与的思维或物理活动最初是从属于他人特别是成人的,或者说尤其是受成人调控的,而在参与这些活动的过程中,儿童又实现了以语言为中介的自我调控。所以,儿童的认知发展经历了从物体调控(object regulation)、他人调控(other regulation)到自我调控(self regulation)的三个过程。

中介还可通过符号制品来实现。维果斯基指出就像利用现实的物质工具来调控物质世界一样,人类利用符号制品来调控自己的内心活动,即物质工具的中介作用是向外的,而符号工具的中介作用是向内的或者说是以认知为导向的。在所有的符号工具中,语言是使用最普遍、功能最强大的,它的使用建立了人类同世界及他人的联系,甚至实现了自身的发展。语言作为中介工具可以调控思维,维果斯基将之称为"语言符号的可逆性"。那么,在多大程度上我们能利用第二语言来调控我们的思维活动呢?在维果斯基看来,二语学习主要是通过个体话语或私语(private speech)的中介作用来实现的。Lantolf 认为,没有私语,语言习得就不可能出现。

内化理论也是社会文化理论的核心思想,正如 Lantolf 所说:高级心理机能形成的过程中必不可少的元素就是内化(Lantolf, 2006)。维果斯基使用内化这一术语来解释个体与环境的互动关系:内化是重新组织个人与他人之间以及个人与环境之间交互关系,并使之进一步发展的协商过程。通过内化,符号制品失去其唯一的单向性(社会交际)而获得双向性功能(社会交际和自我管理),并改造人的内部心理机能。正是通过最近发展区的内化,人与人之间的活动以及人与文化产品间的活动才转化为大脑内部的活动(Lantolf, 2005)。维果斯基(1978)指出:思维功能的发展出现在两个层面上,首先是社会交往的人际层面,然后是个体的心理层面,而在由社会层面向心理层面的转化过程中,内化是十分重要的、十分复杂的,而且是动态的。

维果斯基认为,内化的关键是人类特有的模仿他人目标性活动的能力。Lantolf & Thorne(2006)认为,内化是通过模仿机制来实现的。模仿不是机械地照搬,而是一个有目的甚至是极具创造性的过程。我们通过儿童学习语言的过程可以发现,模仿往往继交际活动模型之后便发生,但也会延迟发生,甚至在儿童一个人的时候才出现。私语中的模仿行为在儿童和成人学习中都会经常出现,他们会有选择地注意语言模型的某些特征,从而对语言模型进行试验。在私语中,儿童可以模仿同伴和老师所提供的模型,成人除此之外还会给出针对自己表现的评价。

维果斯基创造性地提出了"最近发展区"(zone ofproximal development)概念,他认为儿童的认知发展经历了一个从社会层面到心理层面的发生顺序。在这样一个认知发展框架下,维果斯基提出了两个发展水平:一个是事实性发展水平(actual level),即已经稳固确立的、能独立地解决与处理问题的能力;另外一个是潜在性发展水平(potential level),即在特定条件下儿童还未完全形成的、但可以在他人帮助下完成任务的能力。

两个水平之间的距离便是所谓的最近发展区,即儿童的实际发展水平与潜在发展水平之间的差距(Lantolf & Thorne,2006)。维果斯基认为,最近发展区中所定义的心理机能是指尚未完全成熟、正在成熟进程的机能。实际发展水平回顾性地描述了儿童的智能发展,而最近发展区则不仅考虑到已经实现的智能发展,还考虑到正在成熟期的智能发展。从以上的解释中可以看出,最近发展区搭建了目前发展状态和下一个发展状态之间的动态发展路径。在这个动态变化过程中,互动式指导与合作对能力发展起到了不可替代的作用。

活动是维果斯基社会文化理论一个最根本的、具有发端性质的基本范畴。活动理论的基本思想源自维果斯基的人类活动及高级心理机能的社会文化起源论,即人类活动是由社会环境中的制品(技术工具)和符号(心理工具)所引发的中介过程。活动理论关注在环境中人类活动和意识的相互作用、相互影响(Vygotsky,1987;Leontiev,1981)。活动理论的研究重点是人类认知的社会起源以及导致认知形成的实践活动(J. P. Lantolf & S. Thorne,2006)。活动理论中最基本的分析单元是人类活动,活动指的是心理发展得以实现的社会实践,它包括一系列的概念工具,以此来阐释人类的行为和认知,以了解人类发展的过程。活动系统是集体性的人类建构活动,在活动系统中主体为了实现目标通过一定的中介形式作用于客体,最终目标转变为结果。一个活动系统是任何一个正在进行的、目标导向的历史条件下的、具有辩证结构的、工具中介的交互系统。活动理论各个因素之间不是直接联系的,而是由中介联系的。其中,主体是参与活动的个人和群体;客体则是主体所要拥有并激发了活动的东西,它给予活动以具体的目标;而在使用许多不同类型的工具(包括物质和心理的工具,如文化、思维方式和语言等)的时候,中介作用就会发生。

中介理论与二语习得的结合主要体现在内部语言和私语是如何帮助二语学生内化新语言知识的。C. M. Maria & De Guerrero(Maria,1998)在《内部语言在成人二语学习中的形式和作用》一文中描述了二语内部语言的形式和作用:在声音方面,内部语言有声化;在结构方面,内部语言以词语、词组、句子甚至对话的形式出现,但所有的语言形式都是缩略结构。二语内部语言的复杂程度与学习者的语言水平密切相关。随着语言水平的提高,内部语言的长度和复杂程度也会相应提高。私语通常是由看起来好像是和亲密朋友对话的一些句法不完整的话语组成,利用私语来计划、评估、调节和学习已经在二语学习者身上大量发现。Steven McCafferty(1998)对私语的使用和二语能力的关系进行了研究。研究结果证实了先前的假设：低水平的学习者在活动中产生的私语是高水平学习者的两倍。Lantolf & Thorne（2006）在《社会文化理论和第二语言发展的起源》里也专门论述了二语学习者如何使用内部语言或私语进行自我调节来完成二语习得任务。体态语是私语的一种形式，起补充或补全口头语言的作用。话语为思想提供语言结构，体态语则为思想提供形象结构。人们不仅在面对面交流时会使用体态语，对话者不在场时（如打电话）也会使用。在二语习得的过程中，体态语是否可以习得是值得关注的话题。Choi & Lantolf 首先将体态语研究纳入社会文化理论框架下进行研究，而 Lee 对韩国学生在美国大学的生物学课堂上的研究发现，学生在利用自我话语复述术语时会伴随体态语加以强化。McCafferty（2008）的研究也表明：体态语的使用有利于调节学生更好地习得稍微高于其最近发展区的语言知识。除此之外，西方学者还从师生调节、同伴调节和自我调节等视角对中介理论视野下的二语习得进行了实证研究，像 Aljaafreh & Lantolf（1994）发现师生协商式调节对学生的二语发展有显著影响。Swain & Lakpin（1998）的研究则证实了学生在法语沉浸课堂上使用合作对话等同伴调节手段能有效促进学生的认知发展。

内化理论在二语习得中的应用研究主要集中在私语在内化语言知识中的作用是怎样的。内化是个人通过私下练习或者试验语言的具体特征并吸收这些特征的过程。自言自语不仅可以在复杂的认知任务中调节和调整人的心理功能，而且有利于心理功能的内化（Lantolf，2006）。研究者可以通过记录收集私语来了解语言习得的过程。中介形式的内化是通过模仿机制完成的（Vygotsky，1987）。私语中的模仿不仅出现在儿童中，在成人学习二语的过程中，这种模仿也时常出现。在二语儿童的模仿问题上，Saville-Troike（1988）的研究最为著名，他发现孩子们在课堂上参与各种教学活动时，即时模仿与延时模仿的现象都存在。Gillette（1994）、Lantolf & Genung（2002）通过访谈及日记研究发现，许多成年二语学习者会在课堂之外、日常活动中（比如慢跑或散步时）模仿练习他们课堂上听到的句型。

最近发展区在二语习得中的运用受到了更多学者的关注。Ajaalfreh & Lantolf 研究发现，由于学生最近发展区的异同，显性和隐性反馈对学生的二语习得的影响差异较大；对于同一语法知识，不同学习者表现出来的最近发展区差异较大；同一学习者在学习不同的语法特征时，其最近发展区也不尽相同。Nassaji & Swain（2000）也进行了类似的实验，并且还发现学习者在学习最近发展区内的知识比随意选择的知识效果更好。Donato（1994）对成人法语二语学习者的同伴小组互动研究发现："有独立的证据证实同伴间最近发展区范围内的支架作用对个人习得发展起着相当的作用。"Dicamilla & Anton 也证实二语学习者可以在最近发展区内通过同伴的支架作用更好地完成高难度的写作任务。然而,究竟该怎样发现和激活学习者的最近发展区呢? Swain & Lapkin(2002)在研究中发现,二语学习者在对自己作文初稿进行口头表述的过程中有助于发现和激活自己的最近发展区。Verity(2000)也根据自身的学习经历发现坚持日记记录自己的学习心得对自己找准和激活最近发展区非常有用。

20世纪80年代,随着二语习得的研究由认知领域向社会文化领域转型,活动理论也得到了更广泛的应用。社会文化理论强调语言习得是在一定情境中发生的一种社会活动,旨在真实地反映研究对象的学习经历和感受,客观全面地描述和分析语言学习的过程及因素。David H. Jonassen 把活动理论作为框架设计了建构主义学习环境。J. Lantolf & S. Thorne(2006)探讨了活动理论在二语发展研究中的应用,包括主体性研究、词汇学习、交互活动分析和教育变革。Coughlan & Duff(1994)从活动理论的角度研究了基于任务的行为。Gillette 对成功和不成功的成年二语学习者进行了一系列深入的个案研究。Donato & McCormick(1994)进行了一项纵向研究,在学习者学习策略的发展方面发展了活动理论。

Carroll(2007)在讨论了二语习得理论的主要观点后,对二语习得理论的研究发现总结如下:输入对于二语习得是必要的;大量二语习得是偶然发生的;学习者的言语输出经常随着在特定结构习得中的可预测进程而遵循可预测途径,语言习得教学的影响是有限的;二语学习在其输出上是多变的,在语言子系统中二语学习具有变异性;母语对二语习得的影响是有限的;学习者输出对语言习得的影响存在着局限性。

二语习得理论对二语知识的本质持不同的观点,这完全取决于不同的语言认知观。社会文化理论与其他二语习得理论的不同在于社会文化理论认为语言认知既不是单纯的语言能力,也不是思维所具备的心理功能,而是一种社会能力,也就是说人的认知源于人类所经历的物质、社会、文化和历史方面的情景,所以学习(包括语言学习)是一个人类思维从环境所提供的体验中去提炼知识的过程,而这种体验本身就是社会性的:它们源于我们同他人、环境及特定时间的交互,当然这种交互又是通过一定的中介工具(包括语言)来实现的。反过来,在参与社会交往的过程中,对知识的正确运用又必然涉及意识,只有有意识地通过二语媒介与社会中的他人进行交往,创造性地模仿,二语学习者才能接受并内化通过社会互动环境所提供的语言知识和技能。所以,语言作为一种社会现象,存在于社会交际活动中,而不是由独立于具体交际活动的抽象句子组成,它不仅能够反映人们的意识,还能够体现人们的感知、情感、思维以及行为的方式。

中介语存在系统性和变异性两种属性,社会文化理论则认为变异是中介语非常重要的特性,因为活动和学习源于与他人在特定情景中的交互,源于特定环境中所获得的体验,所以所有的认知能力均不能脱离人类所置身其中的环境和人群,最近发展区、学习者的学习意图及特定情景下的中介工具都决定了中介语的可变性。二语学习者按照自己的兴趣和认知结构组织起来的二语,才是最有希望在记忆中"自由出入"的知识和技能,所以,中介语的变异性很好地解释了为什么学习者对语言的某些方面擅长而某些方面却不够好;为什么付出同样的努力去学习第二语言,学习者却有迥然不同的结果。

社会文化理论认为母语在二语习得中扮演着独特而又积极的角色:母语就是中介工具,学习者通过有意地使用母语实现自我调控,特别是在二语学习活动中,通过自身的合作、参与,能实现二语高级思维的提升。所以,母语潜在的影响不应该是二语学习者努力去避免的,而应该作为学好二语的一种策略,尤其是在二语发展不成熟期,学习者还无法运用二语进行高级认知活动,此时,母语的概念系统可用来协助学习者规范高级认知过程,并辅助高级二语对话表达能力的发展。

社会文化理论认为语言输入是必要的,因为学习者可以主动选择参与何种方式的学习,比如通过观察他人如何使用二语、可以通过私语模仿他人的话语,这些间接感受到的语言输入有助于二语习得。当然,合适的学习实践中的交互性参与比语言环境本身显得更重要。同样,在合作性的对话或私语形式的模仿中,言语产出的作用也是不言而喻的。社会文化理论主张二语习得研究的对象是二语运用,研究二语运用就是考察二语如何成功地运用于社会交际活动中。Firth & Wagner(2007)指出:"没有运用,习得不会、也不可能发生。语言的习得必须以运用为基础"。语言能力具有过渡性、情景性和动态性。从某种意义上说,语言使用者永远是学习者。例如,多语境中新移民虽然语言资源极其有限,但他们能够成功地进行交际,完成商务活动,这些新移民在运用语言的同时也在学习语言,因此他们既是语言的使用者,又是学习者。

社会文化理论强调了教学对二语学习的积极作用:有意设计的学习环境能促进二语学习者的发展(Lantolf & Thorne,2006)。社会文化理论强调教学应该创设一种积极的社会物质环境以便学习者主动参与到这些有意义的协商活动中；在这样的教学环境中，教师与同班同学的帮助有助于估判学习者的现有水平并能在满足学习者需求的情况下实现平衡发展。当然，正确进行二语教学还必须遵循最近发展区理论。

一方面，社会文化理论将社会交互和语言发展相结合着手研究二语习得，为我们提供了一个研究和理解二语习得的新窗口。社会文化理论与传统理论的根本区别在于社会化和语言习得不再从产生它们的语言交互环境中剥离出来。对二语习得者来说，语言发展产生于社会交往的过程中，在社会交往中二语学习者积极参与意义建构，并通过该过程习得第二语言。社会文化理论很好地构建了一个如何理解个体与社会、心智与社会互动的理论框架，为二语教学提供了一些有益的启示。例如，教师可以结合社会文化理论相关概念的论述，在课堂中组织合作学习，开展同伴互评作文等。

另一方面，虽然社会文化理论催生了大量有意义的研究，使我们从不同的角度思考二语习得的过程及使用问题，但在这一理论框架下仍有许多工作要做，特别是在我国的外语教学理论的讨论中，更是由许多问题亟待解决。例如，作为外语的二语教学，学生缺少真实语境和大量接触语言习得的机会；在外语课程与教学方面，课堂是学生学习、接触语言的主要途径，课堂互动话语的质量往往决定学生学习的质量。所以，作为一线教师，我们更应该以社会文化理论为指导对我国外语学习者的学习过程、学习动机、学习策略、社会文化环境等进行系统的长期实证研究，从而为进一步改革提供有数据的理论取向和教学原则。外语教学理论取向总是随时代、社会环境、哲学思想、科学理论的变化而变化，而且也不存在能适应所有教学环境、所有教师和学生的最佳教学理论或模式。就如 Yoric（苏晓军，2001）所倡导的，假如我们能为学生多建几座桥梁让他们从中选择的话，相信他们到达终点的可能性就会大很多。社会文化理论是二语习得研究众多"桥梁"中的一座。

第二章 社会文化理论的哲学根源和研究内容

第一节 社会文化理论研究的哲学根源

社会文化理论是一个关于人类思维高级功能（higher mental functions）发展的研究，主要根据维果斯基和他的同事们的研究发展形成，而维果斯基的思想根源则来自18、19世纪德国的康德和黑格尔的哲学观点，以及马克思和恩格斯在社会经济学方面的著作 *Theses on Feuerbach* 和 *The German Ideology* 中所阐述的思想。社会文化理论是用于"解读人类思维功能与文化、历史和教育背景之间关系的理论"（Lantolf & Thorne, 2006）。与马克思一样，维果斯基超越笛卡尔的"mind-matter"二元论（Cartesian Dualism），认为社会实践、个人意识和物质文化相互融合，都是人类思维发展的一部分，但这并不意味着社会和心理是混为一体的，它们彼此是相互协调的关系。个体虽然处在社会背景之下，但与社会并不发生简单和直接的联系，而是通过家庭和其他社团（institutions）的调节而形成联系。同样，社会作为一个整体也不是与个体平行存在，而是由不同个体组成。总之，人类思维由实践活动、意识和物质环境共同造就，作为整体的一部分，三者彼此包含。维果斯基从整体的视角观察人类思维发展的过程，打破了二元论的束缚，并非只是简单地观察人类思维发展的某一个或者某几个影响因素的变化。

社会文化理论的辩证唯物主义思想根源源于马克思主义。辩证唯物主义认为大脑并不能思维，能思维的是人类自身。人类与大脑之间的关系就相当于人类与手之间的关系，思维不是由（by）大脑做出的，而是通过（with）大脑做出的。因此，思维和身体并非两个不相干的事物，而是一个整体，思维不可能脱离身体而存在，而是身体存在的一部分，就如腿的运动模式是走路，而思维和人类的身体运动模式一样。而且人类并非是独立存在于社会中的，而是与不同的社会关系相互关联，一直受人类为自己创造的各种物质事物的调节(Ilyenkov,2012)。因此,如果缺少人类在社会中的关系,也就无法思考,正如没有身体的大脑一样。这再一次与笛卡尔的观点相悖,也就是说人类在世界中的活动,并非是思维的结果(单纯的脑内活动),而是思维活动本身的一部分,也就是说活动的人类身体即为一个思考的身体(an acting human body is a thinking body)。社会文化理论的辩证论思想则源于费尔巴哈、黑格尔和马克思,其实是马克思结合了费尔巴哈和黑格尔的辩证逻辑思维提出的,认为人类与其他的种群不同的是,人类通过具有目的导向(goal-oriented)的、社会组织的实践活动创造和改变他们所生活的物质环境,同时也在改变世界的过程中改变了自己(Marx,1978)。据此,维果斯基(1978)提出人类的认知是建立在生理思维过程上的,但是在形成高级思维功能的过程中是受社会文化环境(包括社会文化活动、社会文化产物、社会关系等)调节的。也就是说,人类的思维是不能够脱离社会实践的,正如马克思所述,一件衣服只有被穿了才叫衣服,一件产品只有被消费了才能称作产品。维果斯基认为心理学家们一直努力地在寻找人类的大脑、身体、社会实践和认知之间的关系,为了能够深入了解,必须找到一个分析单位(unit of analysis)。维果斯基选择用语言(或者是马克思所称作的语言表达,languaging)作为分析单位,主要原因是语言既是物质的(material,以声波的形式存在,通过神经元与大脑联系),也是象征性的(symbolic,在人类社会中具有概念性的意义)。他选择语言是因为:向外,语言影响着社会上的其他人;向内,语言影响着人类的私语(或称内语,一种人类与自身的对话),也就是影响着人类的思维,这本身就是一个辩证的过程。因此维果斯基(1997)提到,人类从外部社会建立起与思维的关系,控制思维,同时也通过思维控制自己的身体。据此,维果斯基最终提出了人类思维发展是在两个层面上的:首先是基于人与人、人与社会、人与社会文化产物之间的相互调节;其次是基于人类大脑的生理功能本身。

第二节　社会文化理论研究的学科属性

社会文化理论的字眼中虽然包括"social"和"cultural",但是它既不是关于社会的研究,也不是关于文化的研究,而是隶属于第三代心理语言学的研究(秦丽莉、王绍平、刘风光,2015)。Leontiev(1981)曾提出,在20世纪50年代社会文化理论发展的初始阶段,心理语言学的核心是行为主义理论,其研究焦点是语言习得者对语言加工的过程,代表人物是 Osgood & Miller;自 20 世纪 60 年代开始,第二代心理语言学将研究焦点置于语言规则这一抽象的问题上,不再关注独立的语言单位的习得,转而重视句子加工、理解和输出,代表人物是 Chomsky。Leontiev 认为,第二代心理语言学更接近语言学研究,对语言习得者的心理关注不足,尤其没有关注语言在交流和使用中研究人类思维的发展问题,而是更加关注语言习得者输出的语言本身的特征和形式。需要注意的是,前两代心理语言学者基本是脱离个体在社会文化背景中的交际实践,只对个体展开研究,而且交际被简单地视为从说者到听者之间的简单的"输出—输入"形式的信息复制,而且说者和听者的信息转移过程中没有任何变化;第三代心理语言学者的研究则打破前两代的局限,将研究重点从句子加工和文本理解转向了学习者在交际过程中的思维发展,尤其是语言对人类具体的社会和思维活动的调节(Vygotsky,1978)。从这一视角来看,语言教学研究并非是关于如何教授语言的规则和形式的研究,而是关于语言学习过程中的社会交际方面的研究,这种交际作为调节方式会促进语言学习。语言对人类的社会活动有调节作用,同时人类的思维发展也受到交际过程中言语的调节。通过言语(包括口头和书面交际),人类能够控制自己的思维、注意力、计划、理解、学习和发展,并且这种控制主要由人类所参与的社会文化活动进行调节。所以,从学科上讲,社会文化理论属于第三代心理语言学研究,其核心的观点为人类本质上是社会交际性生物,这种理念不仅包括社会学,而且也包括高级思维方面的心理学(秦丽莉,2017)。

社会文化理论的前身是由维果斯基以及其团队(通常称作 Vygotskian scholars,即维果斯基学派学者)提出的文化历史心理学(cultural-historical psychology,或称 cultural-historical theory,文化历史理论),其理念经过多年的发展,已经深入至不同的学科领域,包括人类学、教育语言学、应用语言学和第二语言习得。沃斯(Wertsch)于 1985 年提出用社会文化理论来代替原来的术语,表示人类的思维功能是通过参与和借用(appropriation)融入社会活动中的某种文化调节形式(forms of cultural mediation)而得到发展的观点(Wertsch,1985)。社会文化理论认为所有知识的学习都是从社会开始,然后才是个体,或者说人类的认知发展首先是在脑际(inter-psychological)层面(即人与人之间的互动),然后才是脑内(intra-psychological)层面(即个体的大脑内部)。但必须要注意的是,社会文化理论虽然注重社会维度,但仍然关注对心理过程的研究,关注人的心理、社会文化背景以及对人类认知或者思维功能有调节作用的文化产物(cultural artefact)三个方面的互动研究。社会文化理论与其他二语习得研究理论在核心理念上的区别在于,它主要关注的是学习者在何种条件下和如何发展使用新的语言,调节自身的思维和交际活动的能力(Lantolf & Thorne,2006)。

第三节 社会文化理论的研究范畴

　　社会文化理论的研究范畴主要涵盖其理论框架下相关的分支理论。根据维果斯基的思想,其核心的理念是调节理论(mediation,或称中介理论)、最近发展区理论(zone of proximal development = ZPD)和内化理论(internalization)(Lantolf,2006)。值得注意的是,虽然最近发展区理论的相关研究常常会被学者们与支架理论(scaffolding)相关联,实际上支架理论并非由维果斯基提出,而是由 Jerome Bruner(Wood et al.,1976)提出,其内涵与最近发展区理论相似;另外,Leontiev 根据维果斯基的人类思维受具有目的性的活动调节的理念发展了活动理论(activity theory)。此外,由于同样注重对社会文化背景、社会文化产物和人与人之间的互动对人类思维的影响,学者们通常也会在研究中将实践社群理论(community of practice)、对话理论(dialogism)、情境学习理论(situated learning theory)、复杂理论(complexity theory)和生态给养理论(ecological affordances)都归为同类的研究范畴,虽然后面的六种理论也并非由维果斯基提出,而是分别由 Wenger(1998)、Bakhtin(1981)、Lave & Wenger(1991)、Larsen-Freeman(1997)、van Lier(1996)提出的理念。这些非维果斯基理念(non-Vygotskian concepts)与维果斯基思想兼容性相对较强的是生态给养理论(秦丽莉、戴炜栋,2015)。

　　以上属于社会文化理论研究分支理论的范畴,还有一些相关概念在类似的研究中通常会出现,如主体间性(intersubjectivity)、能动性(agency)、私语(private speech)、内语(inner speech)以及调节理论(mediation)和其包含的自我调节(self-regulation or mediation by self)、他人调节(other regulation or interpersonal mediation)和事物调节(object regulation or mediation by artifacts),以及 Languaging 的概念等(Swain,2006)。主体间性主要用于 Bakhtin 的对话理论框架下的语篇分析研究中,是指两个不同个体输出的言语在意义协商方面的相互协调,即个体 A 和 B 对同一件事情的叙述可能会有不同的理解,但两者在协商的过程中可能就会形成主体间性,从而达成一致(Bakhtin,1981;Matusov,1996)。

能动性的概念由 Ahearn（2001）在语言人类学范畴内提出,在二语习得研究领域通常会将其与自主学习(autonomy)与身份相关联,有时被用于语言教师的职业身份研究,有时被用于语言学习者在语言学习过程中的身份变化研究。此外,私语和内语是维果斯基(1978,1986)提出的理念,私语是"口头输出的语言,并非以与他人进行交流互动为目的,而是以与自身对话为目的"(Ohta,2001),即说者和听者是同一个人时,人类口头输出的语言即为私语。内语则是指不发声的私语,即发生在人类大脑中语言或者是思维中的言语(Lantolf & Thorne,2006)。然而,如果追溯根源,内语是在柏拉图和苏格拉底的对话中提出的,苏格拉底所指的是人与自身的 "灵魂" 之间的对话,而柏拉图则将内语定义为人类灵魂的内在对话(Plato,1952)。科学观并不认为人类身体中存在 "灵魂",因此维果斯基认为内语是人类思维与最终输出的口头或书面语言之间的相互调节的关键,同时也说明了人类的思维与语言并非简单的等同(Soklov,1972)。今天,采用人脑扫描和成像技术(如 MRI)通过私语来观察内语也成为可能(De Guerrero,2005)。Languaging 则用来替代 output,但其实马克思早就提出了 languaging 这一术语(Williams,1977)。Swain 认为 output 有将语言视为固定的符号信息进行传达的意思,而 verbalising 忽略了书面表达。因此,她在二语习得研究领域,提出用动词 languaging （语言表达）来表示 producing language 之意,指通过语言建构意和塑造知识与经历的过程（ 2006),同时包括口语和书面表达,维果斯基（ 1987 ）也曾指出口语和写作共同促进思维的发展,并改变思维。

第四节　社会文化理论的研究现状

　　自 20 世纪以来,国际上出现了大量的以社会文化理论为理论基础的研究。维果斯基本人产出的成果也颇为丰富(Vygotsky,1930/1979;1934/1986 等),有 10 多本著作和 270 多篇学术论文以及许多的学术报告。其成果中 *Thinking and Speech* （ 1934/1986 ）最广为传阅,而其去世后的成果都是由 Jerome Brunner, Michael Cole, Vera John-Steiner, J.V.Wertsch, R.W.Rerber 等学者翻译整理后发表的。目前尚有一些书稿藏于俄罗斯维果斯基女儿的文档中,亟待翻译整理面世。好在其同事、学生和朋友们坚持将其一生的思想延续下去,出现了如 Gal' perin （ 1969), Leontiev （ 1978), Luria （ 1982 ）等著名的研究成果。

在二语习得研究领域,首先通过社会文化理论研究带动学者们重新考虑二语习得研究的理论体系和研究方法是先后在 *Modern Language Journal* 上发表的 Frawley & Lantolf(1985)以及 Firth & Wagner(1997)。而在二语习得研究领域研究中影响最大的主要是宾夕法尼亚州立大学詹姆斯·兰多夫(James Lantolf)教授带领的团队,在 30 多年间,在"社会文化理论和 L2"研究方向下产出的文献已多达 945 条。其中专著就有 184 部,未发表的博士论文达 60 多篇;此外还有公开发表的期刊论文(441 篇)、论文集论文(247 篇)和会议报告(10 次),以及政府报告(1 篇)。其数量之多,都说明了该领域研究的影响力已经颇具规模。

在中国二语习得研究领域,最早发表的论文是 2003 年赵秋野教授在《现代外语》上发表的关于俄语语言学的论文(赵秋野,2003)。此外,各种文献的数量相对匮乏,截至 2017 年 8 月,已经出版的社会文化理论相关研究的专著只有 4 本(蒋荣,2013;牛瑞英,2012;赵荣,2015;秦丽莉,2017),在知网博士论文库和外语类 CSSCI 期刊总库中检索到真正的社会文化理论研究论文也不多。近年来,将"社会文化理论 &L2"作为核心议题的学术会议只有 2017 年 6 月在大连外国语大学举办的"二语习得前沿研究国际学术会议"。因此,从成果的数量、影响力和研究深度上而言,社会文化理论研究在中国都属于萌芽阶段,还有相当大的发展空间。

国外的社会文化理论研究成果议题丰富,紧跟着国际上二语习得研究的各种热点话题。而且,由于社会文化理论对社会文化实践的关注,它所涉及的研究内容超出了二语习得研究传统的非本体(etic)的研究,反而涵盖了更多本体(emic)研究。

对维果斯基思想的解读研究。除了前文提及的维果斯基本人的著作之外,还有 Daniels (2001;2005)、Daniels et al. (2007)、Cole (1996)、Kozulin (1998)、Luria (1973;1976;1979;1982)、Ohta (2001)、Newman & Holzman (1993;1996)等经典著作;以及由维果斯基的同事里昂且夫(Leontiev)和其后代(儿子和孙子)延续发展的活动理论思想研究(Leontiev,1978;1981);此外在新派维果斯基学者中,Lantolf & Appel (1994)、Lantolf (2000)、Lantolf & Peohner (2014)、Lantolf & Thorne (2006)、Poehner (2008)对维果斯基思想进行了系列的解读。还有一些将维果斯基思想与其他哲学理论和二语习得研究理论进行对比解读的研究,如 De Guerrero(1996)以及 Dunn & Lantolf(1998)对 Krashen 的"i+1"理念与维果斯基的最近发展区埋念的区别的论证;Foley (1991)对维果斯基、贝尔斯泰因(Bernstein)和韩礼德(Halliday)思想的不同之处的解读、Glassman (2001)对维果斯基和杜威思想的分析、Wertsch (1980)

对维果斯基思想的解读；以及 Brown 等人（1996）对维果斯基和皮亚杰（Piaget）思想的深度解析等。

　　二语习得实证研究。支架理论（Hammond，2002；Chung，2008）、内化理论（Cox & Lightfoot，1997）、情境学习理论（Lave & Wenger，1991）和调节理论（Harvey，2011；Verity，1992）通常都是用于二语习得实证研究中的。具体主要指导二语课堂（Garcia，2014）、学习者的元认知（Cross，2009）、二语写作研究（Kim，2012）和二语输出语篇研究（Lai，2012），如写作语篇（Macqueen，2012）、口头语篇（Luo，2013）等内容。在二语习得的心理学研究领域，霍兹曼（Holzman，1999）是将维果斯基思想引入美国儿童心理学研究的先锋人物，其研究对 Lantolf 在二语习得研究领域的社会文化理论研究有很大的指导作用。这一方向的研究主要集中在教育心理学（Kozulin，1998）、文化心理学（Cole，1996）、神经心理学（Luria，1973）和儿童心理学（Cole，2001）方面；此外，在第二语言教师教育（Johnson & Golombek，2011，2016；Barahona，2015）、私语（Snmez，2011）、内语（De Guerrero，2005）、手势语（Hudson，2011；Rosborough，2014；Smotrova，2014）和认知发展（Luria，1976）方面也有少数研究。

　　语言教学研究。首先，在理论与实践的辩证关系方面，Lantolf（2012；2014）以及 Frawley & Lantolf（1985）对社会文化理论的实践论（praxis）在 L2 教学中的应用值得关注。其次，是社会文化理论指导的不同教学环境下的语言教学研究，如传统教学环境下的研究（如 Gánem-Gutiérrez & Meléndez，2013；Lantolf，2012；Negueruela，2008）；同时，近年来已有少数社会文化理论指导下的信息技术辅助外语教学研究（Belz & Thorne，2006；Lee，2009；Thorne，2008；Zeng &Takatsuka，2009）。这些或许对我国目前的大学英语教学信息化深化改革有启示与指导作用。

　　语言教学研究依据的理论主要是支架理论、最近发展区理论、活动理论和调节理论，具体如下：（1）支架理论研究主要用于指导师生、生生互动研究，阅读、写作研究，合作学习研究，反馈研究和教师发展研究等；（2）最近发展区理论研究主要应用于语用学研究，同伴合作研究，小组学习研究和教师发展研究等；（3）活动理论研究主要用于指导动机研究、合作写作研究、人际互动研究、教师发展研究等。前文已经提到里昂且夫（Leontiev）祖孙三代在活动理论方面的研究颇有建树，而当代影响力最大的莫过于 Engestrom 教授在活动理论方面的研究，*Engestrom*（1987；1996；2001）即为其经典之作；（4）调节理论研究（mediation or regulation）研究主要用于研究 L1 & L2 交互使用对 L2 习得的影响，纠正性反馈研究、动态评估（dynamic assessment）研究（Poehner，2 008，2011，

2013；Ableeva，2010；Garcia，2011）等。很多学者将动态评估视为语言测试的研究，而实际上动态评估研究的是如何通过教师的合理调节，深入了解学生的语言发展状态，进一步指导教学，也就是说动态评估是一个教学法的研究，而并非是语言测试法的研究（Poehner，2008）。当代最有影响力的动态评估研究青年学者是宾夕法尼亚州立大学教育学院的马修波赫纳（Matthew Poehner），他受 Feuerstein 等人（1980）、Lidz（1991）等研究的启发，在兰多夫教授的指导下，发表了大量的动态评估研究成果，其中 Lantolf（2009）、Poehner（2008；2009；2012）、Lantolf & Poehner（2013）、Poehner & Lantolf（2013）等可以说是展开动态评估研究之前的必读内容。

　　国际上近年来的其他议题有：自主学习（Van Lier，1996）、身份与能动性（Holland et al.，1998）方面的研究；内语和私语的研究（如 De Guerrero，2012）；此外，McCafferty 等人（2006）、McCafferty & Stam（2008）、McNeil（2005）等另辟蹊径，将社会文化理论与手势语研究结合，主要进行人与人之间的交流中出现的意义协商方面的研究。据了解这一方面的研究在国内尚未出现；另外还有二语习得 languaging 的研究，如 Swain（2006；2010）、Swain & Lapkin（2011）、Motobayashi 等人（2014）等都是国内研究尚未涉猎的议题，都值得国内二语习得研究领域的学者深入探讨。与国外研究成果相比，国内研究深度相对较浅，对维果斯基思想的理解不够深透，而且研究议题比较单一，实证研究比较匮乏。比如目前国内只有 4 本社会文化理论研究的学术专著，秦丽莉（2017）主要集中在"社会文化理论与 L2 外语教学"，牛瑞英（2012）和蒋荣（2013）主要是"社会文化理论与词汇习得研究"，而赵蓉（2015）则集中在"外语在线教学方面"。这些专著中只有秦丽莉（2017）对维果斯基思想的哲学发展体系进行了简要的阐述。

　　其次，国内的实证研究都基于比较笼统的理论内涵，并没有指出具体的分支理论框架。知网上找到的 CSSCI 期刊论文，只是简要地提出社会文化理论比较注重社会实践和社会互动的理念，并没有说明具体采纳社会文化理论具体的哪个分支理论作为切实的理论框架。而且，国内很多学者将动态系统理论（dynamic system theory，DST）置于社会文化理论研究范畴之内，但事实上，Lantolf（2016；2017）认为动态系统理论与社会文化理论研究的兼容性很低。动态系统理论来自物理学（即维果斯基所说的自然科学）的理论，不能直接借用于人类心理学的研究，而且社会文化环境在社会文化理论理念下是人类思维发展的主要来源（source），而动态系统理论下社会文化环境只是影响人类思维发展的边缘因素，将其与社会文化理论研究归为类似的范畴并不合适。此外,国内实证研究议题比较单一。虽有研究在最近发展区、情境学习理论、内化理论方面都有涉猎,但研究内容主要集中在写作、词汇和语法教学方面。中国学者比较感兴趣的是支架理论、活动理论、动态评估理论和调节 / 中介理论,有的以教师发展为议题,有的以二语学习动机为议题(秦丽莉、戴炜栋,2013),有的以课堂内的同伴互动为议题(徐锦芬,寇金南,2017);而更多的则是综述或评述,并没有多少实证研究。或许是操作上比较复杂,需要具体的指导和培训,研究有待大力发展。

第五节 社会文化理论与传统理论框架指导的二语习得研究观点的区别

Firth & Wagner(1997)曾提出对二语习得研究理论、研究方法、研究范式和研究焦点进行重构的主张,希望能更加注重二语习得研究的社会情境维度,而不仅仅把重点放在认知维度上。认知角度的二语习得研究研究通常把学习者和语言使用者视为非母语者,以母语者的目的语水平为发展目标,而他们作为个体在社会文化环境中使用语言过程中的其他身份(如母亲、妻子、同事、朋友等)则往往被忽略。而且传统的二语习得研究认知方向的研究将习得视为认知的个体的现象,其研究方法倾向于实验法和量化统计,很少采用民族志和质性研究的方式对二语习得研究的整体发展过程进行详细的描述。前者主要在控制各种变量的情况下进行,而后者则通常在自然的情境下进行。实验研究通常注重非本体(etic)的研究,忽视了本体(emic)的研究。Firth & Wagner(1997)提倡"整体研究的范式,纵观语言和语言习得研究",即将社会、身份、任务和情境因素纳入语言使用和习得研究中(Swain & Deters,2007)。Lantolf(1996)和 Van Lier(1994)也早已提出对二语习得研究理论体系的重新建构,并指出应该把社会文化维度融入 L2 习得和发展的复杂过程中。具体来说,应注重个体在语言学习 / 使用过程中使用的工具(tools)和调节方法(mediational means)、语言学习 / 使用的具体情境、语言学习 / 使用者的动机和目的。Wertsch(1998)将个体视为"操作方式的代理人",但个体并非是自由的代理人,其语言学习 / 使用情况受限于或受益于其所能获得的调节工具 / 方法,或他们在周围的社会文化环境中所获得的生态给养(Van Lier,2004;秦丽莉、戴炜栋,2015)。传统的认知角度的二语习得研究将语言视为已经形成的思想的传播器,而社会文化理论则把语言视为促进思维发展的重要工具,以及思维构成的一部分。因此,社会文化理论框架下的二语习得研究不仅仅从学习者输出的语言质量和特征的研究来推测学习者的二语习得研究习得水平,而是对语言习得过程中的语言、思维、社会互动、社会文化产物之间相互互动的复杂过程的研究,找出有助于二语习得研究的因素。

第六节　社会文化理论基本的研究范式与方法

一、研究范式

首先,维果斯基反对先天论(innatist)所认为的人类的思维从一开始就已经发展完全,只需要逐渐的发掘、调动潜力,因为这样就不存在发展,同时也忽视了社会文化对人类思维的影响。其次,维果斯基也不赞同行为主义(behaviourist)思想,因为行为主义认为人类的思维只能对外部世界的变化做出相应的反应(跟动物一样),而并不能反过来改变世界(Vygotsky,1978)。最后,维果斯基也反对采用自然科学的方法对人类的思维进行简化主义(reductionism)的、泛化范式的研究,因为人类的思维发展本身就不是一个简单的自然过程,而是具有历史性的、复杂性的动态发展过程,而且与社会文化背景有着辩证性的、相互影响的复杂关系(Lantolf & Thorne,2006)。维果斯基既反对生物学向下的简化主义(downward reductionism),也反对 Van der Veer(2000)所指出的文化研究的向上的简化主义(upward reductionism)。他认为心理学研究如想完全理解人类思维的功能,就必须将人类独特的高级思维与外部的社会文化影响因素充分融合。比如,维果斯基极力反对简单地将自然科学的概念和假设用于心理学研究:"将产自自然科学的生物起源原则、实验和数学方法盲目的引入心理学研究,只能得出心理学研究表面的结果,而心理学的潜在问题却被掩饰"(Vygotsky,1997)。这也是 Lantolf 认为引自物理学的动态系统理论和气象学的复杂理论与社会文化理论的兼容性很低的原因。

维果斯基主要从理论和心理学两个方面论证其提倡的研究范式。在理论层面他主要着眼于思维系统变化的复杂过程,采用辩证的逻辑思想解读思维系统中不同组成部分之间的关系;在心理学方面,他选择能够捕捉理论上所说的复杂的变化过程的研究方法（John-Steiner & Mahn，1996）。维果斯基提倡的研究方法基于辩证唯物主义，认为对人类思维的分析必须是追踪历史发展的范式，因为只有这样才能解读人类思维发展的两个来源：生理与文化。他进一步解释到，心理学研究的目的是揭秘过程，而非简单的寻求结果。同时在寻求起源（origins）的时候必须提供解读性的证据，而非简单的描述过程。而且他认为，人类思维的发展是内在的生理功能和外在的社会文化因素共同作用的结果。社会文化的发展势必具有历史性的特征，也具有间歇性、不均衡性和偶然性。只有通过调查人类思维的历史发展过程，才能真正解读其中的奥秘。此外，维果斯基反对反应时间（reaction-time）范式的研究，认为这种范式是简单的、机械的研究方法，其主要问题在于错误地将设计好的实验过程视作真实情境中的心理过程（Vygotsky，1978）。所以，维果斯基倾向于在自然真实的状况下观察人类思维的发展变化，而非像心理学研究中惯用的心理测量范式那样在实验室中对人类思维进行事先设计好的干扰性（predesigned intervention）的实验研究。

二、研究方法的指导思想

维果斯基思想框架下的研究方法主要有两种：起源法（genetic method，或称历史发展法）和辩证法（dialectical method）。起源法是指对事物或现象的形成历史和起源进行调查。研究事物发展的历史就意味着研究其变化的过程，这也是辩证法的最基本的要求。也就是说，需要研究事物发展的各个阶段和变化，从发生到消亡，这样才能发掘出事物和现象形成的本性（nature）和本质（essence）（Lantolf & Thorne，2006）。维果斯基（1978）认为，"只有在发展的进程中才能展现出事物的本性"。因此，人类某种行为的历史研究，并非是理论研究的附加工作，而是整体研究的基础。

此外，维果斯基提出在四个层面对人类的思维发展过程展开研究：群体起源（phylogenesis）即人类区别于其他种群的思维功能发展，这一层面的研究主要关注的是人类的生理思维功能，如人类与类人猿类动物虽然都能够使用和发明最基本的工具，但人类还能创造更高级的工具，如高端科技，此外人类能够使用符号性的、概念性的语言，并通过语言组织劳动以及组织和控制自身的思维功能；社会文化历史层次的起源（sociocultural history），这一层次的研究主要是关注人类思维的文化发展，也就是人类高级的思维功能。人类的思维发展过程好比"棘轮效应

（ratchet effect）"，也就是基本没有回溯的可能性。比如，Luria（1979）曾经在乌兹别克斯坦做过一个实验，当地没有受过任何教育的农民执意将"锤子、木头和锯"归为一类，因为根据他们的劳动经验，这些都是在锯木劳动中他们能使用到的东西；而受过教育的人不容置疑地会把"锤子和锯"归为工具，"木头"则为建筑材料。也就是说，人类社会文化历史发展中的教育对人类的思维发展模式有很大的影响。维果斯基在实践中采用实验发展法（experiment-development）来观测学生思维的发展情况。比如，他在实验的过程中引入文化产物，协助被试学生完成较难的任务，进而观察人类思维发展的过程。这种做法的理论基础是维果斯基提出的人类高级思维功能的发展是受社会互动和文化产物的调节进行的（Lantolf & Poehner，2014）；个体起源（ontogenesis），正如维果斯基所说，人类思维的发展是通过两条主线的，一方面是生理上的发展，一方面是受文化影响的发展。那么在个体起源上，维果斯基认为最终这两条主线会融合在一起，对人类个体的思维产生影响，人类也会在这一层面控制自身的思维活动。这一层面的研究就是关注人类控制自我思维发展的过程；微起源（microgenesis），实际上就是 Wertsch（1985）所说的个体思维在某一方面的短期纵向性的研究。维果斯基本人在这一层面的研究比较少，而他的同事 Luria 也是在神经语言学方面采用过此种方法，近期在二语习得研究领域，McNeill（2005）在探索第二语言学习者的语言、手势语与和思维之间关系的时候，采用的主要是微起源的方法。

维果斯基提出的另一种研究方法是辩证法。与亚里士多德主义的方法不同的是，后者将现象（如思维与事物）归为固定的、永恒不变的。维果斯基将人类的高级思维功能的形成与外部社会文化因素（包括与文化产物的互动及人与人之间的互动）之间视作辩证的、相互影响的、复杂的、持续发展的过程。辩证法超越了笛卡尔的"mind-matter"二元论，认为人类的高级思维不仅受社会文化的影响，同时也会反过来影响社会文化。比如在婴儿时期，人类与环境的关系基本是单向性的、本能的；随着人类逐渐成长，人类开始借用文化产物，并与他人交流，这些都影响着人类的思维。所以，维果斯基认为人类的思维分为两个层面：一方面是人类与生俱来的生理功能；一方面是人类受文化影响发展的高级思维功能。这并不意味着人类思维发展了高级思维后，低级思维功能就会消失，低级思维依然是高级思维的基础。

维果斯基的辩证法理论还体现在理论与实践之间的相互影响中。他认为，理论与实践的辩证统一被称为实践论（praxis）：即理论指导实践，而同时实践也影响和改变理论。这种理论与实践的相互依存理念来自于

马克思主义著作 *Theses on Feuerbach* 的核心理念：哲学的目的不是观察世界和理解世界，而是改变世界。维果斯基认为理论是由外在的、客观的标准验证的，而不是理论本身的标准验证的。所以，维果斯基的实证研究，往往不仅仅是为了验证理论，而是为了完善理论。

三、社会文化理论框架下的实证研究方法

基于以上思想，社会文化理论的研究方法基本都具有追溯历史发展过程的特点，同时也具有辩证性。常用的实证方法主要有以下三种。

（一）民族志

社会文化理论框架下对 L2 学习者的观察，不仅仅着眼于心理测量方法的标准语言水平测试，而是根据被试所处的社会文化环境，设计一些任务让学习者参与其中，进而观测他们的学习情况，或是在被试的日常生活中观察和记录他们的语言学习情况。Rogoff（2003）曾对学习危地马拉语的初学者的心理发展情况进行了民族志的研究；Cole（1996）、Scribber & Cole（1981）也曾对学习利比亚语的学生进行了同类的研究。John-Steiner & Osterreich（1975）采用民族志方法对纳瓦霍人（Navajo，美国一个 David 印第安部落）儿童进行了研究，发现传统的词汇测试对了解这些双语儿童的语言发展状况并不合适，因此采用了更适合他们文化的研究方法：非参与性观察和实地考察记录（documentation，包括录像和实地考察笔记）来记录他们的学习活动，并为这些在当地长大的 Navajo 儿童设计了一些新的任务，让他们参与其中，进而评估他们的学习情况。Firth & Wagner（1997）曾采用民族志对学习者的身份、能动性和语言学习的情境化问题进行了研究，并得到了二语习得研究领域的关注，同时也引发了对语言习得过程的本位视角的研究（emic perspective）。他们将 L2 学习视为复杂的活动，在此过程中观察人类的认知和能动性的发展。发现人类在其所处社会文化环境中与其他人、自身和文化产物的互动共同构建了学习者的多重身份，进而对 L2 的学习产生了相应的影响。

（二）叙事法

Brunner（1991）是将叙事法引入心理学研究的关键人物，他认为人类在社会文化中的发展需要多维的分析，而不能仅仅依赖"硬科学（hard science）"的研究方法得到唯一标准化的结果，同时需要从被试本人对自

身经历的叙事,来找出他们自身对构建某种经历的解读,描述形成某些结果的过程和原因。Polkinghorne(1988)也曾指出:"我不认为通过研发应用更加精练、有创造力的自然科学模式的研究方法能够解决人类思维研究的问题,我们需要做的是研发具有互补作用的方法,这种方法必须能够更好地捕捉到人类社会存在的独特特征。"叙事法——尤其是第一人称叙事——在社会科学中一直处于边缘地位,因为研究者传统上都会采用实证科学的研究范式,而后者往往是为了追求所谓的客观性。然而,我们认为第一人称叙事却可以在观察人类彼此之间的互动和行为时提供丰富的数据。Norton(2000)和 Norton Peirce(1995)对 L2 的身份和能动性的实证研究比较有代表性,研究中他们采用了大量的语言学习经历回忆录叙事文本,记录了被试学习者 L2 学习过程中的复杂经历、感情和矛盾心理,以及他们某些 L1 身份逐渐消失的问题(Norton,2000;Pavlenko & Norton,2007),借以对身份和能动性问题进行描述。与传统的二语习得研究不同,该范式的研究中学习者使用 L2 所输出的语言学内容并非是研究焦点,研究的重点是个体与社会的关系和个体在社会互动中的行为;而且研究的目的并非是寻求可概括性的结果,而是在 L2 学习者的语言学习经历和不同身份的混合动力中探索某些能动性行为(Kramsch,2009)。

(三)实验法

维果斯基认为通过实验室展开的实验法也很重要,但是他坚持认为这种研究方法最终不应脱离"现实社会"(Cole et al.,2005),任何理论的最终验证都是在真实社会中实现的,因为只有在真实社会中人们才真正加入到社会实践中,而不是在实验室。在实验环境中,人们通常只是通过控制某些变量来找出自变量和因变量之间的关系。而且,他认为人类的高级思维功能不可能脱离社会学而被完全理解,也就是说人类的高级功能并不仅仅是生理产物,也是社会行为产物(Vygotsky,1997)。所以,维果斯基认为实验室是检验理论开始的地方,而不是结束的地方。这一点也是其深受影响的马克思主义实践论的核心理念。Atkinson(2002)认为"在阅读二语习得研究领域的很多研究都有一种'超现实'的感觉,我相信不论是大街上的人、我教的学生、我的同事们、我爱的和与我亲密的人,都看上去与二语习得研究中所描述的情况完全不一样"。Widdowson(1990)也曾评论到实验法中的被试只是"部分真实的人",因为他们往往在在理想的实验控制过程中被引导做出某些行为,而非维果斯基所指的真实社会的行为。

第三章 社会文化理论的核心概念及分支理论

第一节 调节理论

    调节理论源于维果斯基对儿童心理发展的研究。维果斯基在研究儿童心理时发现，他们在没有成人帮助的情况下独立完成任务时会产出一些个体话语，这些话语带有很强的交际色彩。在维果斯基看来，个体话语在本质上是社会化的，因为它首先产生于儿童和其他更有经验的社会成员（如父母、老师、兄弟姐妹和同伴）的交流之中，然后以内在话语的形式内化于个体。Leontiev 也指出，专属人类的高级心理技能只能通过与他人的交往才能获取。也就是说，由心理间（inter-psychological）过程转变为个人独立实施的心理内（intra-psychological）过程。社会话语通过个体话语转变为内在话语，个体可以用内部话语来调控自己在解决各类问题时的计划、记忆和思考等心智活动，在一些很复杂的任务中，内部话语会以个体话语的形式浮现出来帮助个体掌控自我的认知活动。调节理论的核心概念是个体话语，它是连接社会话语和内在话语的桥梁。个体话语是人类心理内的一种交际方式，作为一种认知工具，它能够调解人们的思维过程，帮助人们组织思想；是"一种外化（也可能是无声的）言语，用来调控人们的心理（或身体）活动"。

    在二语习得领域，研究者通常关注学习者如何使用内在话语和个体话语进行思考，因为学习第二语言实质上就是将社会话语转变为内在话语的过程。研究者通常认为个体话语应具有以下特征：没有与其他人的眼神交流；说话声音很低，有时候无法辨别；话语很短，通常只包括几个词。教师通过观察和记录学生在完成特定任务时的对话和个体话语，可以了解其语言使用水平，发现学生在完成任务时采取的策略、情感反应以及所面临的认知挑战，从而制订符合学生需求的课程计划。20 世纪 80 年代有学者证明儿童的个体话语在二语学习中具有自我调控（self-regulatory）的功能,个体话语能够控制行为、影响观念、促进记忆。进入 20 世纪 90 年代后,对个体话语的研究更加深入,研究者开始探讨母语 /L1 和二语 /L2 在学习者个体话语中的功能以及手势语和个体话语之间的关系。例如, Antón & Dicamilla 通过研究发现初级水平的西班牙学习者使用 L1 个体话语作为认知工具来维持合作,互相提供帮助。McCafferty 发现二语学习者在完成口头复述和看图说话任务时使用手势语的数量和类型与任务类型、学习者文化背景和水平高低关系紧密,手势语和其他非言语行为反映了二语发展过程中学习者的体验,它与个体话语相互交织,共同完成交际和思考的功能。Swain 等认为,探究 L1 个体话语在二语习得中的作用需要了解学习者和教师的个体体验和所处环境,同时还要深入他们所处的机构,这一切都会开辟个体话语研究的新领域。

一、调节理论核心概念

（一）调控

个体话语可以分为客体调控、他人调控和自我调控 3 种类型。在学习者二语发展的初级阶段或面临比较困难的任务时往往会诉诸个体话语的客体调控和他人调控功能,这两者在帮助二语学习者达到自我调控阶段发挥着重要的作用。Frawley & Lantolf 较全面地研究了个体话语的调控功能与二语习得的关系,他们对比了英语学习者和英语本族语者在叙述一套连续图画时在叙事结构、语法和情感标记上的不同。研究者发现,所有的个体话语都出现在二语学习者中,他们使用了很多话语外和文本外的信息来努力完成这一较复杂的叙事任务。有时他们诉诸于客体调控,将每一副画面当作对立的事件,使用如 "What's this? Let me just call John. John is standing on the road." 之类的个体话语；有时他们向他人求助,使用诸如 "You want me to say what they are doing?" 之类的个体话语。

（二）内化

内化是指学习者以语言为媒介调控自身行为,从而将人际交往中获取的知识转化为自身知识的过程。二语学习者在习得 L2 的过程中会使用模仿和语言游戏两种手段来内化 L2 的形式和意义。模仿是指学习者在同教师或同学的交流中有意识的尝试 L2 的各种用法,从而熟悉和掌握 L2 语言特征的过程。语言游戏是指学习者通过创造性地语言使用深化对 L2 的理解,促进 L2 的进一步发展。Wertch 指出"内化"这一概念容易与笛卡尔学派的物质—意识二元对立产生混淆,将个体心理发展的内部和外部因素对立起来,违背了维果斯基的辩证主义哲学观。因此,他主张用"借用"(appropriation)这一概念来代替"内化",强调社会层面的人际交往在内化中的作用。在这种观点的影响下,Lantolf 将二语学习视作一个学习者借用 L2 的过程,在这一过程中,学习者并不是学习一套固定不变的二语体系,而是通过模仿和语言游戏等手段加入自己对所学语言的理解,通过不断地练习和试验习得 L2 中的各种语言特征。

二、调节理论与二语习得

调节理论是社会文化理论的核心思想,其基本观点可归纳为:人类独特的高级认知功能(比如:记忆、注意和理性思维等)是依靠人类文化构建的辅助工具的调节而发展起来的;语言是最基本的调节工具(牛瑞英,2007)。这些语言在调节人的活动的同时从根本上改变了人的心理结构,从而形成了人类特有的、高级的、被调节的心理机能——认知发展(余震球,2004)。儿童的认知发展经历了从物体调控、他人调控到自我调控的过程;在这一过程中,语言的作用经历了从社会言语、自我中心言语、个体话语到内在言语的发展(牛瑞英,2007)。西方学者在过去 25 年中主要从师生调节、同伴调节和自我调节等视角对调节理论视野下的二语习得进行了实证研究。调节理论指出二语学习者在习得语言的过程中会使用两种语言产出(languaging)的方式:与他人的对话和与自我的对话。对语言产出方式的研究有助于探索二语学习者的语言习得过程和发展轨迹,理解学习者在交际过程中构建意义的努力。调节理论将与他人的对话和与自我对话融为一体,阐明了学习者利用社会话语和个体话语的认知/情感功能解决复杂问题的过程,其中的核心概念如内在话语和个体话语将维果斯基学说中的抽象概念如个体发展(ontogenesis)具体化,通过微分析(microgenesis)的研究方法展现了二语学习者的语言使用和发展历程。

调节理论认为二语学习者可以将人际间交流内化为人际内交流,内化的过程也是学习者利用中介手段调节和控制自我行为的过程。但是内化/外化的对立让人联想起思维/身体的二元对立,而且内化又易与认知派的"语言能力"(language competence)相混淆。调节理论中的两个重要概念:内部话语和个体话语缺乏统一的界定标准。一些学者认为内部话语具有语言的形式,如 De Guerrero 指出内部话语是"任何形式在思维中没有说出的语言,包括声音、词、短语、句子、对话等"。另一些学者则认为一旦内部话语以语言的形式存在,就变成了个体话语,并以隐性或显性的方式出现。

（一）师生调节

早在1994年Aljaafreh & Lantolf（1994）就考察了在学生最近发展区范围内的语言调节学习,并发现师生协商式调节（negotiated mediation）对学生的二语发展有显著影响。Nassaji & Swain（2000）小规模实证研究进一步说明了在学生最近发展区范围内的协商式调节对语言发展远比教师任意调节和帮助学生的语言发展有效得多。另外,Hall（1995）调查了调节实践对西班牙高中生语言学习的影响。Hall报告说由于老师严格按照自己的课程计划实施教学,不加入师生互动调节,无法准确把握学生的最近发展区,因此导致学生语言学习的失败或者学习困惑。Donato（2000）在研究课堂调节学习时进一步验证了Hall的报告。Ohta（2001）在对母语为日本语的学生学习英语的观察中发现,学生经常将教师的反馈作为调节暗示促进其语言学习。Van Lier（2000）和Sullivan（2000）的研究则从师生互动视角考察了教师对二语学习者的语言习得调节。此外,Thorne（2003）还在网络教育背景下探讨了教师如何通过网络互动调节以促进学生的二语习得。因此,国外研究表明,在最近发展区范围的师生调节能有效促进学生的语言发展。

（二）同伴调节

合作学习是20世纪60年代末、70年代初在美国兴起的。自20世纪80年代末、90年代初开始,我国才出现合作学习的研究与实验。通过合作学习,同伴之间可以相互调节,从而也将实现语言的习得。自从Donato（1994）开始关注同伴合作调节并构建起专家知识（expert knowledge）以来,很多学者也开始近距离关注同伴调节对二语习得的影响。Ohta（2001）报告了其学生同伴之间如何使用直接信息调节并选择预期（prolepsis）策略构建符合语法和语用规则的话语。Swain & Lakpin（1998）的研究证实了学生在法语沉浸课堂上使用合作对话等同伴调节手段能有效促进学生的认知发展。Villiamil & De Guerrero（1996）还对其40名以西班牙为母语的学生在相互帮助修改英语作为第二语言的作文时的同伴调节策略进行过研究;并且De Guerrero & Villiamil（2000）还向读者展示了他们研究的学生常用的4种同伴调节模式。Di Camilla & Anton（1997）在调查自我纠错和同伴纠错作为二语习得的调节手段对学习的影响时发现,同伴纠错有利于调节学习者的语言习得。在同伴纠错活动中,以成功完成任务为目的的认知过程是以合作形式进行的,然后可能最终内化为个人独立解决问题的能力。学生会发现,他们在此活动中,不仅要锻炼对任务自我调节能力,还要调节他人或被他人调节。同伴间互相纠错正是有潜在益处的学习环境,因为在其中允许角色互换,可不断地采取与任务要求相符的策略性控制模式……在一定的发展阶段,学生需要他人提供策略性行为方式,以供他们往后模仿运用。毫无疑问,这便是第二语言写作教学的最终目标。但是,研究者并没有进一步去探究和证实同伴纠错活动就是第二语言写作能力得到发展的确切原因(李霞,兰英,2007)。

(三)自我调节

Frawley & Lantolf(1985)较早就开始关注自我话语对以英语作为二语的学习者及以西班牙语作为外语的学习者的调节,并把维果斯基的自我话语理论应用于第二语言学习的实验研究。他们提供一组图片,让第二语言学习者用英语对这些图片进行故事叙述。在重叙这个故事时,第二语言学习者的叙述不够衔接连贯,同时,还会稍加修改地加入自己的一些叙述(我看见一个男孩在公路上),或是使任务自身外在化(你想知道他们在做什么吗?他们正在……)。这些额外的评述都不及母语者流利的表达(一个小男孩正沿着街道走过来……)。Frawley & Lantolf(1985)把这些信息解释成是学习者需要"通过说话和确定任务来施加命令于任务"。根据维果斯基的理论,自我语言在儿童自我调节能力的发展中起着重要作用,承担着帮助儿童形成复杂认知技能的职能,如维持注意、记忆新的信息和解决问题等。Frawley & Lantolf认为学习者正通过自我语言,努力从目标调节(object regulation)(以此为例,就是指对图画的直接反应,或是对它们的描述)转向自我调节和任务控制,因为自我调节不是想当然就能执行的,要通过自己的努力才能实现(李霞,兰英,2007)。他们的研究还发现在面对难度较大的任务时,以西班牙作为外语的学习者无法借助其自我话语,因此很难完成任务;而以英语作为二语的学习者则可以艰难地使用自我话语勉强维持其任务的完成,由此他们还比较了二语学习和外语学习中自我话语的调节作用。自 Lantolf & Frawley 论文刊登以后,McCaffery(1994)、Appel & Lantolf(1994)以及 Ushakova(1994)便开始研究自我话语对认知发展的作用;De Guerrero(1987,1994,1999)先后研究了自我话语的预演功能(rehearsal function)。Saville-Troike(1988)、Lantolf(1997,2000)、Broner & Tarone(1999)

和 Ohta（2000）则开始调查自我话语与语言内化（internalization）以及与二语习得的联系。Lantolf & Thorne（2006）在《社会文化理论和第二语言发展的起源》里则专门论述了二语学习者如何使用内在言语或个体话语自我调节二语习得任务的完成。Choi & Lantolf（2006）首先将体态语研究纳入社会文化理论框架下进行研究，而 Lee（2008）对韩国学生在美国大学的生物学课堂上如何习得生物学领域英语术语的研究发现，学生往往在利用自我话语复述术语时会伴随体态语加以强化。Lee 的发现在 McCafferty（2008）的研究中再次得到了验证：即体态语的使用有利于调节学生更好地习得稍微高于其最近发展区的语言知识。

　　总之，西方学者的相关实证研究认为：二语学习者能够使用内在言语或个体话语通过师生调节、同伴调节或者自我调节调控语言习得任务的完成，不同水平的学生在完成相同任务时使用了不同形式的个体话语，个体话语的使用还取决于学生和任务的互动，但并不能够确保任务的成功完成；手势语通常和个体话语同时出现，它有认知和交际双重功能，不同语言在表达相同意思时手势语的使用不同。除此之外，西方学者还研究了二语习得符号调节中隐喻和词汇的习得以及叙述的作用。不同的语言有不同的概念隐喻，从文化的角度看，二语习得指的是文化模型，包括概念隐喻的习得，所以有必要研究二语隐喻是否可学和可教的问题，但现有研究结果表明，对二语概念性隐喻的可学和可教性问题尚无定论。对词汇习得的研究发现，在文化浸入条件下，二语学习者可以学会运用新的词汇概念来调节其思维和语言，对词汇联想网络的习得取决于二语学习者掌握二语文化的决心，不在于其在二语文化中生活时间的长短。Frawley & Lantolf（1985）对二语学习者第一人称叙述的分析研究，证明了二语习得是一个概念和意义重组的过程，揭示了叙述在二语习得中调节的作用（牛瑞英，2007）。尽管西方研究人员就语言调节进行了大量的研究，然而却少有学者研究二语学习者元话语（meta talk）的调节作用，特别是外语学习中母语与二语转化过程的元话语调节作用；并且，目前手势语对二语习得调节研究也不够深入。

第二节　内化理论

　　在儿童认知发展的研究中，很多心理学家提出了客观影响"内化"为主体认知的理论。然而，内化这一概念却因不同的心理学家而异。法国社会学派的代表人物杜尔凯姆最早提出内化这个概念,认为内化是社会意识向个体意识的转化。法国著名心理学家让内认为儿童在发展过程中需要不断地接收成人强加于他们的各种社会行为方式而加以内化。皮亚杰很重视内化在"运算"中的作用,认为"运算"就是指动作的内化。对内化问题进行系统研究的是苏联维烈鲁学派,尤其是维果斯基,他更新了这一概念,认为人的一切高级心理机能最初都是作为外部的人际交往形式表现出来的,后来由于内化的结果而转化为个体的心理过程,即内化为外部的实际动作向内部智力动作的转化。

身为内化理论的开拓者之一,维果斯基在认知发展理论中进一步指出了人心理发展的两条规律:人所特有被中介的心理机能不是从内部自发产生的,它们只能产生于人们的协同活动和人与人的交往之中;人所特有的新的心理过程结构最初必须在人的外部活动中形成,然后才能转移至内部,成为人的内部心理过程的结构。据此,维果斯基阐明了儿童文化发展的一般法则:"在儿童的发展中,所有的高级心理机能都两次登台:第一次是作为集体活动、社会活动,即作为心理间的机能;第二次是作为个体活动,作为内部心理机能"。因此,这种从社会的、集体的、合作的活动向个体的、独立的活动的转换,从外部心理间的活动向内部的心理过程的转化,就本质而言是人心理发展的一般机制——"内化"机制,它是一种转化过程。维果斯基的内化理论主要强调主体与客体之间的互动关系。他曾说:"所有的高级心理功能都是内化了的社会关系。"(Well,1999)。在由个体心理间层面向个体内部层面的转化过程中,内化起着重要的作用。

一、内化理论的发展

法国社会学派的代表人物杜尔凯姆最早提出了"内化",其含义是社会意识向个体意识的转化,即构成社会意识形态的要素向个体意识形态的要素进行转化(袁振国,1998)。关于内化,维果斯基给了一个新的含义,即人类的一切高级心理机能起初通过外在形式表现,而后由于内化,进而转化为个体心理机能的过程,也就是由外部活动内化为内部活动的过程(郭占基,张世富,1998)。继维果斯基之后,行为主义理论、先天论和认知理论等的支持者们也分别对内化理论进行了不同方面的探讨。

20世纪60年代的新行为主义理论代表人物斯金纳提出了刺激—反应论强调学习是一个"刺激—反应—强化"的过程(胡艳芬,2009)。而先天论的提出者乔姆斯基认为儿童的大脑里存在一种"语言习得机制",学习者通过这种机制而不是"刺激—反应"论来进行学习(桂诗春,1985)。与此同时,认知理论的倡导者布鲁纳与奥苏泊尔分别再次对皮亚杰关于内化理论的"顺化"与"同化"进行了补充和完善,他们认为学习在于学习者主动地构建认知结构框架,并对其框架加以分化和整合(张延成,2012)。此外,在 20 世纪 80 年代,皮亚杰等心理学家开始提倡基于认知理论的"建构主义理论"。社会文化理论视角下的建构主义强调,知识学习存在于一定的社会文化中,并源于不同的社会活动(Wertsch & Toma,1995)。因此,在不同文化、不同时代和不同情境下研究内化是非常有必要的。Wertsch(1998)主张用"借用"和"掌握"的概念来替代"内化"。具体来说,Wertsch(1998)将"借用"定义为"把属于别人的拿过来进而变成自己的";而"掌握"的意思是知道怎样去做,比如会骑自行车或者会说一门语言。与 Wertsch 关于内化研究不太一致的是 Salomon,他认为有些外部过程不可能被内化,因为这些过程超出了内化范围。这些过程虽然不能被内化却可以被培养(Lantolf & Thorne,2006)。Salomon(1991)认为培养/掌握指人们会使用流程图来解决问题,而内化是指人们会依据作为认知工具的流程图来进行思考。因此,当提到由维果斯基定义的"内化"和 Salomon 理解的"培养/掌握"的区别时,这就需要将Agar(1994)提出的 languageculture 概念考虑进去,即指语言和文化的有机结合。基于这一概念,"掌握"意味着对语言代码,包括形态句法学、音系学和指称意义的控制,在本质上就是对由 Saussure & Bloomfield 所概括的"圈内语言"知识点的了解。简言之,它允许人们使用第一语言表达来进行有意义的社会互动。"内化"不仅涵盖对语言代码的控制,而且涵盖了在二语社区所涉及的"圈外语言"的知识内容。因此,人们可以拥有使用新语言(二语)进行交流互动的能力(Lantolf & Thorne,2006)。

　　Lantolf & Thorne(2006)认为,内化机制是通过模仿来实现的。根据维果斯基所述,模仿是通过社会文化调节而实现内化的过程。事实上,受行为主义和维果斯基的影响,模仿在心理学上有很长的历史。在心理学领域,与模仿容易混淆的仿真是指个体粗略复制结果或目标,而模仿是指同时可以复制行为和目标(Simpson & Riggs,2011)。从广义上讲,仿真可以被看成模仿的一部分(陈武英,刘连启,2013)。在 Salomon(1991)关于培养和内化的讨论中,他把仿真放到一个中心的位置。虽然他没有将效仿与模仿相区别,但很明显他也承认了模仿行为在内化中的重要性(Lantolf & Thorne,2006)。但需要注意的是,内化不仅可以看作自动化的复制或者传递,它还可以看成是新旧的碰撞和对新旧的重新构建,即双向的转换(Lawrence 和 Valsiner,1993)。Janet(1925)阐述每种行为的发生包括两部分：大部分是自动的，而一小部分是与所处环境和个体差异结合而产生的。其同事 Baldwin（1915）也认为模仿不仅仅是重复，相反，它是一种吸收当前环境，并将其转换为适合自己性格和才能的方法（Valsiner & Van der Veer，2000）。他将模仿分为简单模仿和执意模仿两种形式。简单模仿是个人尽力地模仿，但不包括对模仿的改进尝试。执意模仿是一种有目标、有认知的模仿。在这种模仿中，为了达到预期的目标，个人会不断尝试着改进。从这种意义上来看，这是一个周期性的和再生的过程（Lantolf & Thorne，2006）。Elbers（1995）提到，在语言发展过程中，孩子的语言产出与成年人的产出相一致，在 4 岁以后孩子的表现更为明显。其中一个原因就是基于说话者知道交流的目的，这与 Baldwin（1915）所构想的执意模仿相一致。

Lightbown & Spada（1993）提出了一个狭义的模仿定义，即"模仿是对他人话语中全部或部分词语的重复"。这种模仿是基于当前学习内容有选择地模仿，但是由于出现的频率很低，并不对语言发展产生重要影响。但这种简单重复的模仿在成年人语言课堂中发生的频率会相对高些（Lantolf & Thorne，2006）。Ohta（2001）提到了这样一种情况，学生在回应老师和同学时，会进行多次重复，即进行"替代回应"，比如私语，但他指出这种成年人发出的私语不仅是语言的重复，也是语言的创造。私语是由 J. Flavell，F. Green，E. Flavell，& J. Gross（1996）提出的，它不仅可以重复信息，还能解释所重复的信息（段玲琍，2013）。因此，私语可以看作模仿的下一阶段。维果斯基也认为，私语在智力发展和具体行为中具有重要作用，可以进一步发展转化为具有管理思维语言能力的内语（马俊波，2008）。概括地说，内语是无声的私语，是发生在大脑或思维中的语言（Lantolf & Thorne，2006）。

总而言之，内化理论认为个体预期的心理活动始于外部活动，随后会转移至内部而成为内部的心理活动（刘星河，2011），也就是说内化始于他人的社会言语，随后会通过模仿至私语和内语，而后发展为个体的社会言语。因此 在社会文化理论框架下，模仿、私语、内语和社会言语可以被看作在不同阶段内化机制的不同表现形式（刘学惠，2011）。

二语习得中的内化理论主要体现在对私语（个体话语）的研究中。Lantolf（2006）对现有研究进行了总结，在《社会文化理论和第二语言发展的起源》一书中，发展了私语在二语习得中的使用。私语不仅具有模仿特征，而且更具有游戏的特性。由此，二语习得中对于私语的使用证明了语言为一内化过程，表明了内化在语言发展中的重要地位，即如果内化的私语在以后的使用中外化为社会话语，就表明学习者习得了语言。在二语儿童的私语问题上，Saville-Troike（1988）研究最为著名，这些私语包括同龄人和老师话语中的重复、回顾和联系，新形式的创造，扩展和代替，还有人与人之间交际的演练。其他较有代表性的研究诸如 Tarone（2000）、Broner & Tarone（2001）等。这些实验表明，模仿发生在交际活动之后，甚至出现在儿童独处的时候，他们会对语言模型进行试验，有选择地注意语言模型的某些特征。在二语成人的私语问题上，Ohta（2001）和 Centeno-Cortés（2003）的研究范围最为广泛，Lantolf（2003）的研究较为小巧。Ohta & Centeno-Cortés 例证了二语成人在私语和公共场合交谈之间的关系。正如 Lantolf 所说，如果私语中的模仿出现在真实场合，那么就要尽快在私语和以后的社会言语中所发生的一切之间建立关系。总之，二语习得中确有私语现象。不仅儿童会对话语进行模仿，成人也会在二语学习中模仿语言高水平者的使用。不同的是，成人具有儿童所不能的自我评价行为。私语现象说明内化对语言发展作用犹巨。通过观察私语现象，可以了解学习者的内化过程，从而更深入地探究学习者的语言习得过程。

二、内化的机理模式

通过上述对内化理论及其于二语习得中的作用，即私语现象，我们可以了解到，在外语学习过程中确实存在着内化过程。在此，我们将这个过程划分为四个阶段：起点、过程、终结和再循环，并一一解释各阶段，最终将二语习得过程融为一个连贯的整体。

（一）外部客体的影响——内化起点

社会文化理论中的内化区别于认知视角的关键就是强调思维与外界环境的联系。因此，这两条路径在起点上便分道扬镳。在社会文化理论中，不论是维果斯基的人心理发展两条规律，还是高级心理机能的两次登台，走在第一位的始终是社会环境、社会活动、集体活动、人们的协同活动、人与人的交往、心理间的机能等外部客体对内化主体的影响，继而从方方面面作用于主体，即内化始于由外而内的作用方向。若将单个个体比作一个点，那么此点周围的空间便为围绕该个体的外部客体，位于中心的主体受到了客体各方面的影响，内化由此得以发源，这便是内化的起点。值得注意的是，此点的外部客体可大可小，可远可近，既可为主体的家庭环境，亦可为社区、学校，还可为省市国家，当然也可指另一完全优于或是部分优于主体的另一高等主体（对此主体而言兼有客体源功能的作用），由此方可引发由外而内的吸收与融容。

（二）主体内部的重组——内化过程

正如维果斯基人心理发展的第二条规律所言，受到外部客体的影响之后，主体开始正式进入内化过程，此时仍为人的内部心理过程的结构、个体活动、内部心理机能等受周围客体影响阶段。内化开始之后，主体便大量接收周围客体的各方面影响，从而有选择地部分接收周围客体的影响，即为全部接触中有选择的部分吸收，这种兼具吸收与摒弃客体影响的内外互动开启了内化之路。经由个体接触进而被吸收的外部客体影响进入主体内部后会接触到主体的各个不同专属领域，这些领域或有重叠，或有相邻链接，或有远离，从而形成了领域间的多维关系。由于涉及领域间的动态交互过程，此处仅以讨论某一专属领域，即二语习得领域为例。如同主体与客体第一次的选择与摒弃，二语习得这一特定领域接触到主体吸收的外部客体影响，于是进行再选择，即为主体内部的选择。由此，这些客体影响抑或被吸收到某一专属领域内部，成为优化组合后的某一专属领域内部知识；抑或兼存于某两个或多个领域，进而体现出主体内化知识的多领域属性；抑或未被融入任何一领域，由此复被主体摒弃回最初的外部客体影响。这便是某一专属领域的内化初始阶段，在二语习得领域的内化过程中，私语发挥着举足轻重的作用。

（三）内化形成——内化终结

主体内部经过优化整合之后便完成了内化过程，但并未完成二语习得这一过程。在内化的终结部分，占主导地位的还是主体，不同的是，此阶段着重强调以内部为主，同时注重内外部的动态交互，即主体知识之于客体影响的反馈，这是一个由内而外的过程。这一阶段从本质上而言是指外部客体成功转化为相应的内部主体，而在表现上，则为内化重新外化的过程，即内部主体知识的实际使用。因而，这一过程源于主体内部的某一专属领域，如二语习得，由所属的特定专属领域选择性地反馈到内部主体部分，继而经由各种原因，如环境、人与人的关系等的再一次选择而反馈到内部主体的外围，即主客体的实际使用部分，由此完成外化过程。这标志着之前所述内化于主体内部某一特定专属领域的整个内化过程的彻底终结。

（四）主客体交互——内化再循环

内化过程的终结标志着主客体某一特定动态交互的结束,也代表着主客体之间的相互内化与外化的结束,但这并不是说主客体之间动态交互的终结,而是两者间另一新的交互过程的开始。由此,在主客体此消彼长的交互过程中,两者相继互为主次、互有内化、互有外化,在内外双向互动中推动着主体的某一特定领域,抑或各个领域的进步与发展。

三、内化理论研究的现状与启示

在国外,学者们十分重视内化理论。维果斯基认为,人类对自然情感功能的控制是通过社会文化产物对思想活动进行调节实现的,而其最终的结果就是内化。他认为,每种心理功能会首先在个体思维之间出现,接着在个体思维内部出现,总共经历这两次的出现。文化产物就是在外部世界和个体世界中发挥着调节的作用(Vygotsky,1978)。Kozulin(1990)认为,"内化"是构成人类高级心理机能中最基本的内容。Veresov(1999)也坚信外部系统指个体活动和活动所发生的社会环境,而内部系统包括个人思想和情感的主观世界。如果不能经过这两个系统,人们将不会接收任何信息。

国内有关社会文化理论框架下内化理论的研究话题并不多,关于内化理论的实证研究更是少见。在1999年,张俭福在《自控式学习的内化机制》一文中认为:"内化就是把外部的转化为内部的,客体的转化为主体的一种转化过程"。在2004年,周天梅在《知识内化的心理机制》一文中指出:"凡是外部客体的内容经过主体重新整合转变成主体的内部的内容,就叫内化"。近年来,在二语习得方面,与社会文化理论相关研究主要书评有牛瑞英(2007)对James P. Lantolf所著的《社会文化理论与第二语言发展的起源》的述介以及徐锦芬和聂睿(2015)对James P. Lantolf & Steven L. Thorne所著的《社会文化理论及其在二语教育中的必要性》的述评。相关的专著有秦丽莉(2017)所著的在社会文化理论视角下进行的应用研究《二语习得社会文化理论概论》。此外,李丽娜(2016)和李锲(2017)探究了翻转课堂中的内化视角,陈晶晶和张智义(2017)、刘磊(2017)等将内化理论与社会文化理论框架下的其他理论进行了结合。

通过内化理论国内外最新研究,思考国内二语习得领域教学现状,可以得到以下启示:首先,对社会文化理论框架下的内化理论理解要全面准确。目前国内关于社会文化理论的综述与研究相对较多,但具体到内化理论的综述和研究还有待发展。只有真正理解内化理论,才能进一步做出有价值的实证研究并在该研究设计中充分体现内化理论。其次,对相关内化理论的研究话题需要更加多样丰富。在二语习得领域,既可以与具体的习得内容,如听力、口语、阅读和写作等进行结合,又可以与新的社会文化情况进行结合,如邹娟娟(2017)将内化与大数据时代结合起来进行了研究。除了关注习得内容之外,还可以考虑学习者方面的个体差异,如李勇(2009)研究了学习动机的内化水平,这些因素也是二语习得中需要认真思考的内容。再次,可以开展相关内化理论的实证研究。如何将内化理论与二语习得实践相结合,帮助二语学习者提高习得的内化水平,正是学者们要思考的问题。在结合研究的探索中,如果该研究能够证明其理论对二语学习者有积极作用,就将会引起更多学者们的应用和推广,从而使更广大的师生们受益。值得一提的是,在开展语言学习上的实证研究时,不仅要重视内化知识,也要考虑相应的外化知识(Lantolf & Thorne,2006)。正如 Wertsch 所理解的,"内化"和"外化"一起推动着人类高级心理机能的发展(刘星河,2013)。换言之,内化是通过外化表现出来的,所以可以通过对相关外化形式来理解内化,这就解决了相关实证研究的研究方法问题。最后,可以在研究方法上进行创新,除了国内较流行的定量定性结合法,还可以使用混合研究等方法对内化理论进行更全面细致的研究。

社会文化理论跨越了语言学习和语言使用之间的鸿沟,把个体从乔姆斯基所设想的听说世界和固定的实验室中解放出来,使个体自由于日常活动中。社会文化理论框架下的内化理论就是建立在一个能够控制天赋的平台上,人类通过社会文化活动调节而形成新的思维活动,以此来控制人类的高级心理机能,这就是内化过程(魏月红,张莉,2015)。维果斯基也认为,人类一切高级心理机能的发展都是在社会文化活动中得以发展和借助语言得以实现的(文秋芳,2011)。同时,构成高级心理机能各要素的发展,也是各种活动相互作用和不断内化的结果。在二语习得方面,语言知识的习得可以看作由个体通过外在活动逐渐内化并与思维结合的过程。因此,内化在二语习得中的作用不容忽视。简言之,研究和把握内化理论不但对二语习得效率的提高有一定的指导意义,而且对于二语教学水平的提升有一定的参考价值。因此,社会文化理论框架下的内化理论为探索二语习得开拓了新的研究领域,提供了新的分析视角,但还需要通过具体的实证研究和教学运用,以便验证和发展该理论。

第三节 最近发展区理论

社会文化理论把人的高级心理机制发展引入到社会发展领域,是关于人类认知发展的理论,并非是论及社会或文化的理论,而是重视社会文化因素或环境在高级心理机能发展中的主导作用。维果斯基的学生随后进行了一系列研究,证实了社会文化历史因素对人的高级心理机能发生与发展的影响。例如,狼孩长期脱离社会,失去了与周围人交往的机会,即使他有正常的头脑,也不能产生高级心理机能。维果斯基认为,高级认知功能是人类在参与社会文化活动的过程中,通过语言使用和调节逐渐发展起来的。语言(或符号)作为人与人交流互动的思想工具和媒介,在高级心理功能发展中发挥核心作用。语言是一种认知活动,人们的思想就是通过语言这项认知活动得以形成的。

作为维果斯基社会文化理论的精华,最近发展区理论是应用最广、对很多学科都产生深刻影响的理论。它将学习者心理与社会、教学与发展紧密地结合在一起,突出了认知发展的社会性,教学对发展的促进作用,支架对减轻认知负荷的作用,合作学习对提升学生的重要性,儿童发展具有潜在性等特点,这些思想对心理学和教育心理学的发展和研究产生了不可比拟的影响。

从20世纪30年代起,最近发展区思想奠定了儿童发展与教育心理学的基础,对西方心理学产生了深远的影响,逐渐引起教育领域的重视。最近发展区思想对第二语言习得领域的影响追溯于20世纪70年代,已有几十年的历史了。迄今为止,无论是行为主义理论还是认知主义理论,都没能对第二语言习得过程和机制的影响因素做出令人信服的解释,实验研究的结论也是各抒己见、各执一词。维果斯基的"最近发展区"思想引导人们从人类社会和文化发展的过程来探讨第二语言习得过程的社会属性,关注语言习得过程产生的社会成因,强调语言习得过程的社会文化环境,从而突破了行为主义和认知主义研究所聚焦的个体单行为的狭隘空间。本节从最近发展区思想内涵探析其在第二语言习得研究中的应用与拓展,即最近发展区思想对"可理解性语言输入""支架式教学"和"合作学习"语言学习理论的影响,以期从社会文化视角探讨第二语言习得过程中的外在因素和内在因素,从而进一步拓展第二语言习得研究的视野。

一、最近发展区理论的思想内涵

作为维果斯基社会文化理论的精髓,最近发展区理论关于发展的重要思想,为教育学和心理学带来了突破性的影响。"最近发展区"指的是"实际发展水平与潜在发展水平之间的距离",实际发展水平是独立解决问题的现有水平,潜在发展水平在成人指导下或更有能力的同伴帮助下解决问题的水平,这两种水平之间存在着本质的区别,两者的距离便构成了每个人的最近发展区。该区域孕育着某些处于萌芽状态、尚未成熟的能力,但是这些能力将来可能变为成熟的能力,我们将这些能力视为发展的花苞,而非发展的果实。我们认为,发展花苞更多、更好地结为果实而非凋零的过程,是学习者在社会互动中发展其更高层次认知能力的过程。知识的本质是社会性的,是学习者通过社会环境中的合作、互动和交流来构建的(Vygotsky, 1978; 1986)。事实上,任何心理功能从自发注意到概念形成和判断,始初都是社会性和合作性的,它始于学习者的人际心理活动,并渐渐转变成学习者自己的心理活动(Lantolf, 1995)。学习是一个与他人或自己的互动过程,并受其所处的社会环境的影响。从社会文化角度来看,知识和理解不是单靠传授,而是通过相互作用的过程来构建的,这种建构是无法由他人来代替的。学习者对外部信息进行主动地筛选和处理,从而获得自己所需的意义,这需要学习者加进来自己的理解和构建。这种互动揭示了人交流的本质:交流是双向的,不是单向的,交流中的说者和听者都在思考着同样的问题,谈论着同一问题。在交流时,学习者会不断地进行着修改、调整和澄清,如交流方式、发音方式、选词等方面的调整,以便更好地理解他人和被他人理解。

最近发展区概念强调社会对个体学习起到重要的支持和促进作用,知识的获得离不开与他人的社会互动。维果斯基认为,学生认知发展中的任何心智机能的生成都出现在两个层面上,即先出现在社会层面上,后出现在心理层面上;先出现在人际间,后出现在个体内。在这样的认知发展框架下可出现两种发展水平:一种是儿童现有的心智发展水平,指其独立解决问题的水平;另一种是儿童潜在的发展水平,也就是通过长者指导或通过与水平更佳的同伴合作学习所获得的水平,两者之间的差异就是最近发展区。教学应从学生的最近发展区入手,为学生提供略具挑战性的教学内容,调动学生的积极性,发挥其学习潜能,超越其现有的学习最近发展区,从而达到下一个发展阶段的水平,然后在新的水平上再次进行下一个学习最近发展区的指导,以此不断循环发展。

"最近发展区"思想对教育教学最大的启发是：学生个体心理发展起源于社会环境,最近发展区为学生学习创造了适宜的社会环境,正是通过最近发展区中的课堂教学活动、现代教育技术、师生和生生之间的互动促进学生个体知识的建构与心理的发展。在最近发展区概念中,教师、学生、同伴的作用和角色都有了重新定位,教师是学生发展的领路人和帮助者,而不再是知识的灌输者;学生是知识的主动建构者,而不再是知识的被动吸收者;同伴是学习过程的积极合作者,不再是他人学习的旁观者;教师既要了解学生的已有知识,又要预测学生的潜在知识,这样才能较准确地界定学生的"最近发展区"。从这个意义上讲,最近发展区与建构主义理论相吻合,它将个体与社会、教学与发展、内部与外部、现在与将来紧密地联系在一起,不仅阐明了认知发展的规律,而且突出了认知发展的社会性、发展方向的多样性、教学对发展的促进性、教师作用的主导性、合作学习的有效性。在教育教学研究领域,对"最近发展区"概念解读最多是学生独立解决问题的"实际水平"与通过教师的指导和学习伙伴合作解决问题的"潜在发展水平"之间的距离,这一发展区域就是在教学互动的过程中创造的"最近发展区"。根据这一观点,学生的学习和发展是同步的,都是发生在其"最近发展区"内,为学生提供帮助的两类人(即教师或同伴)对学生的学习和发展起着重要的促进作用,而"最近发展区"正好开拓了学生目前学习状态和即将发展状态之间的动态发展路径,并阐明了学生个体认知发展规律以及教学、学习与发展之间的辩证关系,促进了教学、学习和发展关系的新转变,具有教育教学的启示意义和适度教学的哲学意义。

一个人的最近发展区并非是一成不变的,而是随着学习者与他人互动与交流自然发生,并不断发展和变化的。人的能力水平是在自身发展过程中通过与外界的互动形成的。在接受帮助和帮助他人的过程中,人们完成了本来自身无法完成的任务,其潜在的知识和技能转化为现有的发展水平,而新的知识和技能又源源不断进入这个动态的最近发展区,它随着个体的成长而发展。维果斯基指出,要特别关注潜在的发展水平,它以未来预期的心理发展为特点,代表了学习者可能达到的最高水平。

当学习者与他人或能力较高的同伴共同参与某项任务或互动时,就促成了其认知的发展。在互动性的教育活动中,通过接受他人指导和指导别人,学习者对社会性的参与活动有了自己的理解,并通过将这些理解与自己的知识经验整合起来,从而主动获取文化知识和构建自己的思想。因此,最近发展区代表了学习者认知发展的潜能,它意味着教育应该走在发展的前面,更好地引导发展。

最近发展区的实质是某一任务的完成不仅反映了人与人之间的互动关系,而且显示了在互动条件下个体认知能力的高级发展过程。最近发展区涉及的两种水平的距离,帮助教育者了解儿童发展水平的空间,并找到促进其潜在发展水平的方法与途径。最近发展区的关键是考察学习者在有帮助和无帮助情况下,两种水平间的差异,并注重挖掘学习者的学习潜能。学习者通过接受帮助和与他人合作,也许今后会具备独立完成该项任务的能力。

二、最近发展区理论的影响

维果斯基(1962;1978)认为,语言,更确切地说,以语言为中介的社会互动,促使基本的认知能力向高层次的心理功能转变。这种变化发生在孩子与成年人或比自己能力强的同伴的社会互动和交往中。正是通过这个互动过程,儿童具有了完成日益复杂的认知任务的能力。当儿童遇到解决不了的任务或挑战时,通常就会使用语言向成年人或更熟练的同伴请求帮助。当遇到相同或相似的任务而又无人可以求援时,就只能使用自己的语言援助(个人言语)来解决问题。来自成人的语言援助有几种不同的形式。社会语言可以帮助孩子学习区分经验,注意环境中的重要方面,记住有用的信息,抑制无关紧要的、自发的行为,把具有挑战性的问题分化成简单的小问题,构建解决复杂任务的计划等。当孩子自言自语或与自己交谈,该过程有些类似自己与他人的交谈,都是通过话语来提供各种认知的帮助。当孩子一旦掌握了这种语言的自我帮助,个人言语(private speech)会逐渐消失,并转变成了简化和内化的内在言语(inner speech)。因此可以这么说,由于高层次的认知过程依赖于语言的使用,这些认知过程是以语言为中介的。维果斯基认为,语言是认知工具(cognitive tool)并能促进认知功能的提高,他的这一观点引起认知科学和心理学研究者的广泛兴趣,有众多研究者在进行不断地探索和验证。

此外,需要说明的是,自言自语与自己交谈和与他人交谈的不同在于,与自己交谈似乎不需要什么复杂的、符合语法的语言,而只需要用语言的象征性,即语言形式和意义的映射,把意义(重要经历的内部表征)与语言联系起来。维果斯基认为,内部言语是言语最初社会形式的内化形式。有研究者认为,内部言语是母语和二语思维发展中的关键性概念(De Guerrero,1990);同时,内部言语也是人类高级认知功能发展的最后阶段。内部言语有着完全独特的性质,是一种特别的言语活动形式。

儿童在学习一项任务时,该任务便变成了儿童内部言语的一部分,一且转换成内部言语,它就是与词语相关联的思维,就能组织儿童的思想,变成内在的心理功能。内部言语和自身思考的发展源于儿童与周围其他人的互动活动,这种互动是儿童有意行为发展的源泉。儿童利用言语互动来发展自己的内部言语,并用于监控学习新任务和概念。内部言语是社会产生的言语,起源于交流和交际中,从心理本质上说内部言语是一种独特的言语机能。

最近发展区和内在言语在发展中相互制约。当儿童的语言发展时,他们在自己的最近发展区里与他人互动,建立自己的内部言语,成年人为儿童发展自己的内部言语搭建各种支架和提供帮助。许多研究者致力于研究如何利用最近发展区和内部言语的概念来理解和帮助儿童发展和提高他们的表达能力。

维果斯基(1978)认为,社会互动的隐性目标是能力强的个人帮助比自己弱的个人发展其内心的声音。当儿童面临新的互动或学习新的概念时,他们无法辨别或无法处理这些互动或概念,但是那些已经了解和熟悉这些互动或概念的个人,可以帮助儿童处理这些互动或学习这些概念。可以这样理解,能力强的个人正在努力地将自己的内心声音传授给比自己能力差的个人,帮助他们创建和发展内心的声音,更好地表达自己的意图和思想。

维果斯基注重社会发展和个体发展的统一。强调一定时期的社会文化历史背景在个体认知发展中的作用,认为内部言语起着调节作用,语言不仅是交际工具而且还是认知工具。语言活动是高级心理活动获得社会文化起源所借助的工具,也是某一具体人类思维借此组织和发生作用的工具。语言作为认知手段的能力是要在各种社会文化背景下不断得到锻炼才能发展成熟。互动是以言语交际活动为主要方式。言语交际活动是社会言语活动,不是具体的个体言语行为。学习者在年幼或能力较差时要依靠能力强或经验丰富的他人、社会等外在媒介的帮助,然后随着认知能力的发展,逐步内化,从人际心理活动到个体内部心理活动,能够进行自我控制,通过高级心理活动独立地解决问题。但一旦问题难度加大,超出了自己的能力范围,便又会重新回到使用早些时的一些策略,比如求助于他人、查阅参考书籍、使用内部言语等,心理过程再次转为社会过程。不难看出,维果斯基既强调高级心理过程中学习者所处社会文化背景的影响,又重视社会性互动在高级心理功能发展中的功能。

维果斯基强调,人类社会文化对人的心理发展具有重要影响。互动是形成一切高级心理机能的社会基础,随着儿童内部言语的发展,语言能力的不断提高,他们的交往不断扩大,高级心理机能也就不断地发展。在维果斯基看来,社会互动,特别是与经验丰富的人不断互动,能促进人类高级思维的发展。

三、最近发展区理论的启示

教育学和心理学领域的研究者从最近发展区理论中得到诸多启发,布鲁纳提出的"支架式教学"(Scaffolding Instruction)便是其中具有代表性的教学模式。Scaffolding 本意是建筑行业中使用的脚手架,布鲁纳借此比喻形象地说明了这种教学模式,即教师引导着教学的进行,促进学生掌握、建构和内化所学的知识,强化认知能力的自我建构和发展,实现知识的内化并发展认知能力,进而能进行更高水平的认知活动。该理论进一步具体地阐述了如何帮助学生成功穿过最近发展区,从需要他人帮助到独立完成任务,使其认知能力不断获得提升。

教育学家已把最近发展区理论用于指导和研究合作学习中。这些研究者发现,最近发展区不仅存在于不同语言水平的合作者之间(比如,老师和学生、讲母语者和外语学习者、高水平和低水平的学生之间),还存在于相同语言水平的合作者之间,甚至低水平者也可以为高水平者提供帮助或建议。合作学习等教学实践从该理论中汲取营养,武装自己。合作学习也有搭建支架的效果,而且在某种意义上说优于后者,因为它是双向的、多维的、灵活的。参与者相互搭建支架,并根据同伴的实际需要,互相提供解决问题的策略与方法,共同取得进步,最终获得能独立完成学习任务的能力,顺利通过并超越各自的最近发展区,获得更高层次的文化认知能力。有些研究者发现,学生完成某个新任务的能力与他们批判性评估自己已知和需知能力紧密相连。对那些有能力完成任务的学生,教师应放手,加以鼓励和支持,而对那些缺少能力或有困难完成任务的学生,教师应确定他们的最近发展区,并有针对性选用和提供某种适合的支架。

有些研究者指出,学习者在学习过程中,由于受到认知负荷的影响,完成复杂任务或解决较难问题时,经验较丰富的学习者能做得更好。另外,学习者若不能参照计划和监控完成任务,会感到不知所措,根本无法完成教师分配的任务。因此,当任务相当复杂,超出了学习者的现有水平时,应该在面对面的环境中为学习者提供合适的支架,这样可使学习者有清晰的策略,帮助他们更好地安排任务,确保学习者能主动参与互动,并减轻其认知负荷,使其顺利完成任务。认知学习过程中得到的帮助或支架越明确、越清晰,学习者便能更好地参与讨论和互动。通过解决问题和完成某项任务,学习者的能力也会随之提高。

"师生互动中的解决问题或完成任务可看成是为今后学习者完成任务提供的支架"。在这种学习氛围中,学习者可自主决定学习目标以及解决问题的方法。换言之,解决问题或完成任务为学习者提供了与他人互动的机会、学习阶段的支架和指导性的反馈。在这种教学环境中,教师最大的挑战是如何平衡学生自主性与教师支架或帮助之间的关系,如何正面影响学习者积极参与互动,这些都关系到任务完成中学习者的参与比例以及他们能力的提高。

支架式教学模式促使教师进一步反思自己在教学过程中的角色和作用。反思是教师专业成长的前提和基础。反思能让教师意识到自己欠缺的知识、教学方法的单一、教学理念的陈旧,从而激发教师在教学过程中不断建构自己的专业和社会知识。这种教师主动建构知识的观点本身确定了教师的终身学习者的角色。建构主义也主张教师的自主建构和反思,同时强调教师间的合作。教师的学习和发展与学生的学习和发展一样,同样是一个社会性协商的过程,教师的专业和社会知识也是在与学生、同事、家长、管理者等的社会交往过程中形成的,这不仅需要教师自身的努力,也不能离开同事之间的合作与帮助。教师的发展也是在与他人的交往中进行的。社会建构主义的核心就是强调个体在社会背景下的协作与发展。正如维果斯基指出,"由外部到个人的社会影响过渡到由内部到个人的社会影响即是我们研究的中心"。

每个人的最近发展区存在着个体差异。不同个体因其年龄、性别、需求、动机、所处的社会环境、文化背景、教育背景等不同,决定了他们的最近发展区的差异;而同一个体在不同情境中也可能有不同的最近发展区。学习者进步、提高、发展的快慢与大小,与各自的最近发展区密不可分,而这些个体因素很大程度上影响最近发展区的变化和自身能力的提高。

四、最近发展区与可理解性输入

20世纪80年代初,美国语言学家克拉申(Krashen)在维果斯基"最近发展区"思想的影响下,提出输入假设理论(The Input Hypothesis),该理论特别强调"可理解性输入"(Comprehensible Input)。克拉申认为,人类习得语言的最基本途径就是对语言输入的理解。所谓"可理解性输入",是指学习者接触并理解略高于自己现有水平的语言材料,用公式表示是"i+1"。"i"表示学习者现有的水平,"1"表示所提供的语言输入略高于学习者现有的语言水平。如果学习者在习得过程中大量接触"i+1"的语言输入,便会在理解信息的同时,不知不觉地习得新的语言知识。

　　尽管有学者认为"i+1"与"最近发展区"的概念不尽相同（De Guerrero，1996；Dunn & Lantolf，1998），即"i+1"注重的是语言难点，而"最近发展区"则关注儿童认知水平差距，但是"i+1"与"最近发展区"显然有着不谋而合之处，即两者都强调学习者个体现有水平和潜在的发展水平，特别是通过更高的教学目标所达到的水平。维果斯基坚信，从学习者整体发展角度来看，针对已有的发展水平的学习是无效的，因为这样的教学目标不是朝着学习者发展过程的新阶段而是滞留于现有阶段；只有走在发展水平之前的教学才是"好的教学"。也就是说，只有当教学内容略高于学生现有水平，处在潜在发展能力范围以内时，教学才可能有效。同样，克拉申认为，只有当学习者接触到的语言输入略高于其现有水平，该语言形式才能被理解，继而内化。因此，"可理解性输入"是语言习得的必要条件，只有恰当、有效的语言输入才能激活学习者大脑中的语言习得机制，使学习者语言习得成功。"最近发展区"是个体语言发展和认知发展的关键，是实现可理解性语言输入的重要的心理机能。在语言发展和认知发展过程中，教师应该给学生提供有效的语言输入和科学的概念框架，帮助学生穿越"最近发展区"，发掘学生的潜在发展水平，使语言学习促进语言发展水平。

　　因此，在第二语言教学过程中，教师应该从各方面对学生现有的实际发展水平进行评估，准确把握教学的最近发展区，选择难度适中的语言材料，科学合理地安排教学活动，避免低层次的无效重复，确保教学目标、教学内容、教学进度和教学方法尽量与学生的知识水平、认知能力、特别是"最近发展区"相适应，促成潜在发展水平向实际发展水平迅速转化，不断地创造新的"最近发展区"，以便达到更高的二语发展水平。

五、最近发展区与支架式教学

　　20世纪70年代，美国教育心理学家布鲁纳（J. Bruner）在研究幼儿语言发展的过程中，发现母亲在与幼儿互动时不断地提供语言支持，与工人在建筑房屋时搭建支架有极其相似的地方，继而根据维果斯基的"最近发展区"思想，进一步将这种理念拓展到第二语言课堂教学中，由此提出"支架式教学"（Scaffolding Instruction）这一概念。布鲁纳通过借用建筑行业中使用的"脚手架"（Scaffolding）作为概念支架的隐喻，为学习者建构知识提供一种概念框架，即按照学生现有水平与在他人帮助下表现出来的水平之间的距离（最近发展区）来建立支架。根据支架式教学观，学生的知识建构是一座"建筑"，教师的教学功能是搭建"脚手架"，在脚手架的辅助和支撑下,建筑的高度不断提升,教师根据需要为学生提供帮助,并在他们能力增长时撤去支架;如此循环,通过一个又一个的脚手架的支撑作用,不停地把学生的智力从一个水平提升到另一个新的更高水平,建构知识大厦。"支架式教学"被认为是一种教学理念,实质上是师生和生生互动的过程,教师听取和接纳学生的想法、意见或问题,并与学生开展讨论,以帮助学生建构对知识的理解与思维的策略,促使学生跨越其"最近发展区"。实际上,支架式教学是一个师生关系与地位随着学生成长而不断变化的互动过程,教师在学生已有的知识基础上,帮助学生逐步建构知识体系、扩展知识网络,最终发展新的能力,即独立解决问题的能力。这种教学理念将"最近发展区"的概念不仅定位在教师和学生之间或能力高低有别的个体之间,而且还衍生到水平相当的同伴之间,从广度上发展了最近发展区的内涵。从这个意义上讲,支架式教学不仅重视教师在教学中的主导和引导地位,而且强调学生和其同伴在学习过程中的相互协作和协商的主体作用。支架式教学关注学生的现有发展水平和潜在发展水平,尤其强调教学决定这两个发展水平之间的状态,即支架式教学可以创造最近发展区;教师应该针对"最近发展区"从学生潜在的发展水平开始,及时地提供"支架",不断地创造新的"最近发展区"。

在第二语言习得过程中,虽然学生的最近发展区存在差异,学生的现有发展水平和潜在发展水平不在一个起点和终点上,但是同伴间最近发展区范围内的支架作用对个人语言习得起着重要的作用。因此,教师可以通过支架式教学,以学生原有语言知识为基础,从语言外部学习到语言内化加工这一顺序进行,即教师首先在学生的现有语言水平和语言学习目标之间建立一种帮助学生理解的"支架",然后在这种支架的支持下,帮助学生掌握、建构和内化所学的语言技能和语言知识,最后再逐步撤除"支架",让学生独立完成学习任务,并发展为对学习的自我调节。从这个意义上讲,支架式教学不仅为第二语言习得提供一种教学理念,而且为进一步探索第二语言习得规律开拓更加广阔的视野。

六、最近发展区与合作式学习

20 世纪 70 年代,美国教育界兴起一种"合作式学习"(Co-operative Learning)热潮,而且至今仍然盛行不衰。"合作式学习"在美国第二语言课堂上运用较广,其目的是促使不同背景移民学生的语言能力大幅度提高,该方法在 20 世纪 80 年代中期逐步发展为一种课堂教学策略而被西方国家广泛重视和研究,形成多种合作学习模式。

　　"合作式学习"是"最近发展区"框架内的重要研究内容之一,体现了最近发展区理念下的人际社会互动。"合作式学习"又称"共同学习"(Learning Together),就是在教学中通过两个或两个以上的个体组成合作学习小组,以提高学习成效的一种教学形式。合作学习的核心思想是:当学习者为一个共同学习目标聚在一起工作的时候,靠的是相互团结的力量。相互依靠促进个人的动力,使他们互勉、互助、互爱。合作学习为学生创设了一个能在课堂上积极交往的机会,对于学生形成良好的人际关系及在交往中养成良好的合作意识,培养合作能力等方面都有积极作用。合作学习激发学生主体意识,使学生在较短的课堂时间内充分发挥其主观能动作用,促使他们相互交流、相互学习,逐步培养他们的探索精神和创新意识。

　　"合作式学习"之所以被第二语言习得研究者广泛应用和不断拓展,是因为它在改善第二语言课堂内的社会心理气氛,以及大面积提高学生语言学习成绩,促进学生形成良好的合作意识和创新精神等方面卓有实效。更重要的是,"合作学习"建立在众多的理论基础上,其中支撑合作学习的理论主要有:社会互赖论、选择理论、发展理论、精致理论、接触理论、人本主义学习理论、自控理论、建构主义学习论等。合作学习正是从各种理论中汲取不同的观点并进行相互补充,才为其提供了坚实的理论基础。尽管合作学习模式是一个复合性、多层面的概念,但是其基本特征和要素是遵循"最近发展区"的核心理念,所关注的是教学过程中的师生互动、生生互动,并以生生互动合作为教学活动的主要取向和共同特征。

　　从第二语言课堂教学实践来看,"合作式学习"中的多向交往、师生交流和生生交流有利于确立学习者的"最近发展区",形成活跃的课堂氛围,提供更多的信息分享,促使学生互相帮助、互相学习、互相启发、互相激励,促进学生个体能力提高和整体能力发展。第二语言习得也是一个社会化过程,语言的本质功能是交际功能,需要通过在社会情景(最近发展区)中与他人交流而习得。因此,在第二语言课堂教学中,教师应该注意语言学习的社会性,积极倡导师生间的合作和生生间的互动,使学生在集体互动和同伴交流中构建个体知识。同时,第二语言教学提倡以学习者为中心,以小组合作学习为教学形式,以满足学生的个人潜能和需求为目标,充分发挥学生的自主性和能动性,培养学生独立解决问题的能力和学会与他人合作共事的能力,让学生在合作中取得个人进步,突破和超越最近发展区,最终得到共同发展,进入更高的最近发展区。

　　从第二语言习得的语言环境来看,语言习得效果主要由"最近发展区"中的语言输入、语言输出、语言环境和情感因素这些变量而决定的,"合作式学习"为语言习得提供了这些重要的变量,即在"最近发展区"中提供学习者一个倾听他人说话的机会,提高说话者语言表达的能力,丰富学习者信息反馈的途径,增进学习者情感交流的渠道,取得第二语言习得良好的效果。

总之,第二语言习得中的"合作式学习"就是在学生现有的语言水平的基础上,通过合作探究,突破最近发展区,从而使学生不断地经历将"最近发展区"转化为"现有发展区"的过程,即将未知转化为已知,把不可能转化为可能的过程。"合作式学习"就是要促进"现有发展区"和"最近发展区"的良性循环。

"最近发展区"思想对语言教学有着重要的指导意义,在第二语言习得研究中的应用价值已经引起广泛的重视。第二语言习得研究应该借鉴"最近发展区"中的理论假设,在教与学的过程中充分重视语言学习者的社会文化心理特征;教师应充分了解语言学习者的心理发展过程,不失时机地开发语言学习者的最近发展区,了解学习者已有的语言发展水平和潜在的语言发展水平,重视语言学习者的个体差异,调动语言学习者的学习积极性,指导学习者利用教师的扶助和同伴的合作,突破语言学习中的一个又一个难关,不断地超越语言学习中的最近发展区,及时地创建语言发展中的新区域,促使学习者朝着目标语语言水平尽快地发展。

第四节　活动理论

活动理论是二语习得社会理论流派的重要新成员,进入 21 世纪后,活动理论引起了更多二语习得研究者的重视,如 Mitchell & Myles 于2004 年在 *Second Language Learning Theories* 一书中讨论了"活动理论",Johnson 于 2004 年在 *A Philosophy of Second Language Acquisition* 一书中同样讨论了"活动理论",香港大学的 Army Tsui 在 2005 年全国外语教师教育与发展学术研讨会上做主旨发言时指出,目前在二语习得领域最流行的理论是"活动理论"和"社会学习论"。

二语习得活动理论是指用活动的概念来解释人类的行为、意识与人格发展的理论,它综合了理解人类行为的多种学术领域,发展出超越了个体与环境的二元论的活动概念。活动理论也可以叫"社会文化分析模式"(实际上所有人类活动都是处在由人和物组成的大系统之中)或"社会历史分析模式"（实际上所有人类活动都在与时俱进且分布在个人与他人的文化之中）或"中介行动理论"（关注行动者和其文化工具，文化工具是活动的中介），活动理论还可以叫"文化—历史活动理论"。活动理论中的所谓"活动"指的是"主体与客观世界的交互作用的过程"，它跟一般心理学框架内的理解是不同的。人类通过能动地作用于外部世界而变革外部世界，进而变革自身。二语习得活动理论中的活动指的是主体与周围世界之间的交互作用的动力系统，在这种交互作用的过程中对客体的心理表象得以表征与具体化。借助心理表象的中介，主体与客体世界的关系得以实现。所谓"活动"，是指人与客体之间的关系；通过从心理学中引进的"活动"范畴，说明人类受外部客体的制约，特别是受社会环境的制约；在"活动"的过程中"主观性"亦即"意识"得以产生等。不同的理论使用了不同的术语，如"语境"（context）、"实践团体"（community of practice）、"事件"（event）、"活动"（activity），但是"活动"更能说明问题，因为它没有"语境是容器"这一隐喻色彩，也没有将行为与时空剥离开来。

虽然以维果斯基的学生和助手 A. N. Leontiev 和 S. L. Bubinstein 为代表的活动理论的实验研究开展得比较早，并继承发展了维果斯基的文化历史心理学思想，但活动理论引起西方学者的重视却是在 20 世纪 80 年代末和 20 世纪 90 年代初，并且得到了迅猛地发展，继而应用于第二语言习得研究。从 20 世纪 80 年代末开始的在哲学、心理学、社会学领域对活动理论所进行的广泛探讨引起了一些西方学者的注意，他们不仅积极参加到对这一理论的研究和发展中来，而且成立了"活动理论研究国际协会"。1988 年，这个协会在柏林创办了自己的刊物《活动理论》（Activity Theory）。1986 年，在柏林成立了"国际文化研究和活动理论学会"（International Society for Cultural Research and Activity Theory, ISCRAT），并举行了第一次"国际活动理论研讨会"（International Congress on Activity Theory），本次大会的主题是讨论维果斯基的理论、Leontiev 的观点和批判性心理学。这里需要说明的是，随着活动论研究范围的扩大，2002 年 6 月 19 日"国际文化研究与活动理论学会"（ISCRAT）和"社会文化研究学会"（Society for Sociocultural Studies, SSCS）同意合并为"国际文化与活动研究学会"（International Society for Cultural and Activity Research , ISCAR）。2005 年 9 月，在西班牙的 Sevilla 举行了合并后的第一次研讨会（ISCAR Congress），会议的主题是"在跨文化活动中的学习、交际和心智"，并决定每三年举行一次研讨会，2008 年在美国的加利福尼亚召开第二次研讨会。从活动理论国际研讨会的内容看,活动理论的跨学科研究已不仅仅是理论上的展望,而且已付诸行动,开始踏上了征途,取得了一定的成绩并得到了很好的发展。活动理论应用于第二语言习得研究领域始于 20 世纪 90 年代中后期,进入 21 世纪后,才真正引起了更多人的关注。总之,活动理论是由教育学家创立、经过二语习得研究者如 Lantolf & Appel（1994）、Lantolf（2000）、Lantolf & Pavlenko（2001,见 Block,2003）等采纳并加以改进的二语习得新理论。

一、活动理论的理论基础

（一）哲学基础

活动理论的哲学基础是辩证唯物主义关于人类活动、意识、反映以及它们的历史发展过程的学说。活动的最初和最基本的形式乃是实际的感性活动,在活动中人们与周围世界进行实际的接触,并感受到来自它们的阻力。同时,人们会依据周围世界的客观属性,作用并征服着周围世界。活动尤其是外部的实践活动是人与客观世界之间的中介物,活动应是认识心理反应、认识意识问题的关键一环。人与世界的和谐关系要通过人的活动来实践,而人的活动方式是多种多样的,概括起来包括人对世界的认识活动、物质改造活动以及渗透于人的认识和改造活动中的价值活动。这些活动在本质上是相互依赖、相互制约并相互促进的有机整体。因此,可以说哲学是活动理论的重要理论基础。

（二）心理学基础

在活动理论中,心理是主体生命活动的形式,人的积极性表现为其不仅完成着外部的实践活动,而且也进行着内部的心理活动。在心理学中,活动指的是人在一定条件下有目的的、主动的行为过程,是人心理活动交互作用促进身心发展的过程,是人创造自我、完善自我的过程。人类的心理是在实践活动中形成的,因此,必须从活动的基本形态(劳动、学习、游戏等)之中研究这种现象。而且,活动是受客观因素制约的,但不是直接的制约,而是借助活动的内部因素(目标、动机)作为调节的,这就是所谓的外因通过内部条件而起作用。在心理学的活动理论中,实验研究了感觉、表象、记忆、智力、情绪等动作的形成,使动作不仅成为研究的对象,而且是心理过程的分析单位,这是活动理论这一学派的突出贡献。活动理论在知觉、记忆、思维、动机、情感、个性等心理学更广泛的领域中进行了深入研究,对心理学的基本理论和方法论问题、活动的自觉性和随意性、不同活动类型的形成以及活动理论在教育心理学等领域的应用方面都取得了很大的成绩。

(三)社会语言学基础

社会语言学研究语言和社会的相互关系,也可以说联系社会因素研究语言,这些社会因素包括社会阶级、教育水平、教育类型、年龄、性别、种族等,还有人与人之间交际的细节研究也是社会语言学研究的范畴。活动理论的产生受到了社会语言学的极大影响,因为活动理论在研究二语习得的过程中重视社会文化因素。

二、活动理论的主要特点

(一)体现等级结构

一些人简单地把活动理论理解为做某事,但实际上要复杂得多,它包括三个层次:活动、行为和操作。在"活动"层次,活动通常指总体的动机和推动力,动机通常与内在需要有关,但只有需要作用于特定的目标下才能转化为动机。在"行为"层次,起作用的是目的,只有在行为阶段,活动才能转化为现实,如果在上一层次没有将目标定位于一个有目的的计划上,那么活动将不复存在。在"操作"层次,操作属于表面行为,也是行为实现的具体方式,在这一阶段,在遵守实现行为所需要的限制和条件的前提下,上述几个概念发生了变化。活动由有意的行为组成,这些行为必须承担实现目标的任务;行为是活动的要素,行为是有意识的,不同的行为可以保证实现同一目标。

(二)内在化和外在化相结合

在二语习得活动理论中,活动分内在活动和外在活动,内在活动指的是人类的想象能力、对待问题的思考方法、心理活动等,如果内在活动与外在活动孤立地进行分析讨论,内在活动就不能被理解,因为它们互相转换。内在化是外在活动对内在活动的转化,外在化使内在活动转化为外在活动。活动的概念是构成活动理论的基本要素,可以视为人类与环境交互作用的基本单位。活动可以视为外部制约与内部制约的交互作用。在活动理论中,知觉、记忆、思维、想象等的认知过程是依存于动机、目的和结构的。在活动理论中,外部的实践活动是基本的活动形式,个体内部的心理活动由它派生,活动的这两种形式都有社会历史性质和基本相同的结构。活动的主要过程也就是外部的实践活动内化为内部的心理活动的过程,内部的心理活动也向相反方向外化为外部的活动形式。活动的这种互相转化之所以成为可能,是因为它们有着相同的结构和这种共性的揭示。

"主体"指的是个体或有共同"客体"的小组;"客体"指的是原材料或问题,如知识、经验、文化、社会、真正的物理产品等;"工具"可以是符号、语言、器具、机器等内在的和外在的东西;工具和符号使人类"活动"成为典型的中介,也可以说工具使人的思想成为中介;执行活动的"团体"同样使活动成为中介,"团体"包括不同的个体或共有相同客体的小组,"团体"可以支持或反对"活动",它也可以支持或利用对"主体"限定的"规则",这些可能是关于产品、知识、经验方面的规则,这些"规则"限制活动系统内的行为和相互作用;"主体"和"团体"可能会为了取得"客体"的成功而共同承担责任,这就要通过"执行者的分工",其指的是"团体"成员间的分工、权利和地位的分工;"输出"指的是成功、健康、快乐等。

（三）不同于认知论

20世纪60年代以后,认知论被提到了引人注目的地位,到20世纪末已经到了顶峰。但是,由于认知论有其自身的局限性,它并不能解决所有的问题,特别是不能很好地解决新出现的与下列有关的问题,如更好地理解工作学习的环境、专门技术的等级、工具的作用和强调个体在合作工作中的作用。

活动理论是一种自觉的或有意识(consciousness)的社会理论,强调自觉(有意识)就是强调所有的心理功能,包括记忆、决定、分类、归纳、概要等,如同我们和别人交互作用和使用工具的产品,这里的自觉指的是任何心理功能。然而,大部分其他心理学理论区分自觉和不自觉功能。

（四）强调双重刺激

二语习得活动理论强调双重刺激,使我们有可能在真正意义上理解行为主义心理学不能解读的社会与心理过程的互动。它不同于行为主义的刺激—反应模式论。在刺激—反应模式中,主体对于来自外界的刺激是被动的反应,是单一的刺激。在双重刺激模式中,主体首先创造刺激的手段这一人工刺激,然后运用这个刺激对来自外部的刺激施加影响。

活动理论的特点包括：活动的结构(包括：动机,行为或目的,操作)、中介(活动靠工具和符号系统成为中介)、方法(活动通过微型变化法进行研究)、互动(活动在社会互动中得到发展)、内化(活动在模式内化的过程中得到了发展)。

从活动理论以上特点可以看出,活动理论既不同于行为主义论,又不同于认知论,活动理论强调社会文化因素在语言习得中的作用。

三、活动理论在外语教学中的应用

在外语教学活动中,学生的活动指向人类积累下来的社会经验的习得。在这里,社会经验就是利用并创造文化的社会实践活动的手段与方式,习得意味着这种社会经验转换成学生的人格素质。就是说,学生通过学习,学会多种社会文化活动的方式与方法。活动理论对外语学习与教学将产生直接的影响,并应用于我国的外语教学。

关注教学中的社会关系。"活动理论为教学设计分析学习过程和结果提供了新的视角,它关注的不是知识状态,而是人们参与的活动、他们在活动中使用的工具的本质、活动中合作者的社会关系和情境化的关系、活动的目的和意图以及活动的客体或结果"。教学中的种种个人的活动总是伴随着"教学"这一领域中的"特殊关系"的。因此,外语教学中同他人的社会关系的状态,即外语教学活动的特定的社会环境决定着每一个人的活动,体现着各自活动的特征。因此,在外语教学中,外语教师要特别关注影响学生学习和教师教学的社会因素,强调各种关系的和谐和配合,强调学生的参与和教学的效果,强调教学手段和方法与教学效果的关系。没有教学中良好的社会关系的外语教学是失败的教学。

强调"集体性主体"。教学活动不是仅在单纯的个体心理学层面上展开的,而是在社会集体层面上展开的过程,活动的主体是"集体性主体",不能把教学活动的"主体"还原为每一个教师和学生,也不能分割开教师的"教"与学生的"学"。教学的"集体性主体",即课程改革方案、课程标准及教科书的编制者;要直接实现教学活动,通过个人与个人的相互作用构成教学过程的"集体性主体",即教师与学生。二语习得活动理论强调在外语教学过程中师生之间、生生之间的相互作用。强调外语学习和教学的合作性,因为合作性"学习活动"可以为每个成员提供良好的知识资源,使每个成员能够从中获得更多的知识。在外语教学中,学生之间的合作和师生之间的合作是外语教学成功的重要条件。其中的"主体"指的是语言教师;"客体"指的是语言学习者;"输出"指的是外语交际能力(熟练程度);"工具"指的是外语课堂话语;"规则"指的是学校纪律、教育法规、语言规则、社会规则、合作、学习环节等;"团体"指的是语言学家、学生家长、外语团体、学习小组、社会等;"执行者的分工"指的是同事、领导、教学辅助人员、合作者、指导教师等。在外语教学活动中,只有调动上述活动系统中的诸多因素,强调各因素之间的相互作用,并做到有机的结合,方可收到理想的教学效果。

重视符合活动理论的课堂活动。根据二语习得活动理论的观点,在外语教学活动中,外语教师要关注学生的融入,融入课堂的各种活动中去,而不仅仅是对学生进行知识的传递。要重视社会文化知识的传授和能力的培养,而不是学科的内容。要重视学生人格的熏陶,关注学生全人(whole person)的发展。强调改进、应用、互动和交叠,Engestrom 在 1999 年推出了第三代活动理论,对其进行了更深入的讨论。进入 21 世纪后,又进行了补充修订,使其更加完善。活动理论的每一次改进,都使这个理论更加趋于成熟。

社会派是二语习得领域的新范式,范式的选择取决于研究目的,如果我们要研究与语言形式、语言技能相关的问题,如中国学生学习哪些语法形式有困难、学生是如何理解加工阅读材料等,我们需要选择认知派范式;如果我们要探究与文化、情景、概念相关的问题,选择社会派的范式就比较恰当。二语习得活动理论是社会论的重要一员,强调社会文化因素对二语习得的影响,活动理论解决了纯认知论日益增长的明显不足,使二语习得研究者可以从不同的侧面进行研究、分析和解释二语习得,促进二语习得研究全面健康地发展。同时,多方位开展二语习得理论研究,包括对活动理论的研究,有利于推动我国外语教育事业的健康发展。

第五节　实践社群理论

实践社群理论是由 Wenger(1998)在 20 世纪 90 年代初提出的学习理论,该理论为研究学习和认知提供了有用的视角,已经被越来越多地应用到研究各个社会领域的学习活动中。所谓实践社群,是指在一个社会性学习的过程中,一群人参与到共同学习中,他们有共同关心的问题,有共同的社会文化的实践,在固定的时间周期进行交流和互动。从这个意义上讲,在一个教室里共同参与到一门课程中的教师和学生,就构成了一个典型的实践社群。Wenger(1998)指出人类可以通过实际参与到社群活动中来从属于某个 / 某些社群(Direct Communities = DC),或者是通过想象自己加入到目的语社群来提高语言水平,即加入想象社群(imagined community = IC)(Wenger,1998),IC 指将自我(self)通过超越时间和空间的方式,建立社会和自我新的形象的过程。想象社群的成员是指不能直接接触到的人群,因而需要通过想象(Murray,2011)。Norton (2001)采用了 I 的概念探索了学习者,通过想象加入不能直接接触到的目的语社群,对学习者的身份构建和语言学习的影响。

实践社群理论的核心理念是学习者身份在二语习得过程中发挥的作用,认为语言学习也是身份构建的过程,Norton (2005)将身份定义为"一个人如何理解他 / 她与社会的关系,这个关系如何通过时间和空间而构建,以及这个人如何理解未来与社会可能的关系"。Van Lier (2007)认为 "身份是个人与社会相关联的方式"。Wenger (1998)认为学习者在语言学习过程中除了参与社群构建不同的身份,为语言学习提供机会之外,学习者的想象也能使他们归属于某些不能直接接触到的社群(如由于地理距离造成的构建更多的身份)。正如 Wenger (2000)解释道:"身份并不是抽象的,或者是一个像头衔、少数民族或者是个人特征等一样的标签,而是一个从属(或不从属)某些社群的生活经历"。然而,一个人的身份并不是一个统一的形式,而是以多种社群成员身份形势存在着多种变体,他进一步对此解释到身份是一个复杂的系统,该系统对个人的生活经历开放,因此形成不同的辩题,在二语习得领域,这种身份拓展过程,通过学习者加入到不同的语言社会实践而形成。

实践社群理论将学习者置于社会文化环境来研究,认为学习者的身份学习资源和实践行为构成了作为社会成员的学习者的自主能力(Toohey,2007)。语言习得的心理特征主要是由学习者与所属的社群的意识形态和期望的互动形成,学习资源是由社群所拥有的社会文化环境调节而构成,因此学习者的语言习得表现主要由学习者在所属社区内部与社区内部成员的多方位协商行为而形成的(Dang,2010),这种协商既包括社群资源使用的协商,也包括与社群其他成员的关系建立的协商。

一个学习者与所在的社群的互动和协商可以是一对一的、一对多的,也可以委托的形式进行协商(Wenger,1999),主要取决于学习者在每一项语言学习活动中的具体情况,而每一个学习者参与一个活动的程度既反映了学习者在该社会文化下的个人特点能力和局限性,同时体现了学习者身份的转化。换句话说,将一个社群的新成员(这里指语言学习者)的地位,从边缘成员转换为内部人员,从被动成员转换为主动成员,从无意识的学习转换为自主学习,需要在该社区内参与很多有促进性作用的实践活动,因此学习者的自主能力是一种与社会文化紧密关联的能力。它的发展需要经过社会文化环境的其他相关因素的共同作用,(Dang,2010),同时需要考虑不同个体的个性化特征和独立的内化过程,因此社会实践框架下的最高层次的学习者的自主能力被描述为与学习者直接相关的社会活动的对话性协商与互动,而不应被认为是独立学习的能力。

一、实践社群理论的核心思想

实践社群理论认为有效的学习需要以学习的社会性为前提:实践社群理论是基于社会文化视角的理论,认为学习从本质上来说是一种社会现象,学习者围绕着所属的社会群体组织学习活动,社群成员之间的关系在学习中处于重要的地位,学习者作为社群参与者也是社会性的。教育者的任务就是使得人们能够成为实践社群的参与者,并且使所有的人充分的参与。

实践社群理论认为有效的学习需要学习者有一定的自主性:所谓自主性及学习者,对自己是否参与到社群的学习活动,以及参与的程度如何负有一定的自主责任,学习者如果能够具有一定程度的自主性,有利于其在更高的层次上参与学习活动。

实践社群理论认为有效的学习需要学习用具作为参与者进入学习活动:学习用具,应当作为社会实践社群的参与者进入合作和互动学习,用具的介入,能够改变实现社群成员之间的关系以及成员与学习任务之间的关系,实践社群理论,认为学习就是以学习用具作为媒介的群体活动。

实践社群理论认为有效的学习需要学习者在不同层次上的参与:人们一般认为所有的成员应该同等的参与学习活动,但是实践社群理论认为,由于人们兴趣程度的不同,这种预期是不切实际的,实际上从参与的程度上来讲,实践社群有三个层次及核心成员,活跃成员和外围成员,与传统的学习理论不同,实践社群理论认为外围成员也是实践社区不可缺少的一部分,随着实践社区的成长和完善,外围成员会进入更高的层次,从而核心成员和活跃成员的比例会增加。

二、实践社群理论对多媒体教学的指导

实践社群理论可以给多媒体教学带来丰富的启示。多媒体教学有别于传统课堂教学,并不在于教室里是否配置了计算机、投影仪等设备,也不在于教师是否用鼠标代替了粉笔,用屏幕代替了黑板。实践社群理论视角下的多媒体教学,体现了教学活动中社会关系的改变和学习特征的变革。

基于实践社群理论的多媒体教学的根本任务是开展合作性和互动性学习,既然学习是社会活动,学习存在于人与人之间的关系中,那么在课堂教学中充分开展合作和互动就是十分必要的。实践社群理论也指出这种合作和互动是需要环境提供资源和支持的,多媒体环境为开展合作和互动提供了充分的资源和支持。

基于实践社群理论的多媒体教学的主要目标是,学习者在多媒体环境中获得更高的学习自主性。在传统的课堂教学中,教师是具有权威的主导者,除此之外人们常常忽略的一点是,教材也是以权威的一成不变的面目呈现在学生面前。这样不仅是教师,教材也成为凌驾于学习者之上的主导者,传统课堂教学制造的一个地位不平等的环境,在这个环境中学习者不需要也不可能具有充分的自主性。在多媒体课堂教学中,多媒体课件以其开放性、交互性和人文性的特征介入教学活动,创造了有利于提高学习者自主性的环境。

基于实践社群理论的多媒体教学的核心特征是多媒体成为世界社群的参与者。实践社群理论赋予教学用具很高的地位,其是课堂活动的参与者,其可以改变社群成员之间的关系。多媒体作为一种现代教学媒体,包括投影仪、计算机、网络等,以文本、图像、动画、音频、视频等多种媒体信息作用于实践社群。它的介入改变了社区成员之间的关系,是教师和学习者的地位趋于平等。更重要的是相对于传统的教学用具而言,多媒体是开放的、合作的,学习者可以有机会改进这种教学用具。

基于实践社群理论的多媒体教学的重要成果是学习活动中核心成员和活跃成员比例的增加。传统的课堂教学中的实践社群,其重要特征是核心成员的担保,通常就是以教师作为社群的核心,活跃成员的比例较少,而外围成员的比例相当高,这就是为什么传统课堂尤其是语法课堂通常给人沉闷的感觉。多媒体的介入使得教师和学习者的地位趋于平衡,更多的学习者进入核心成员和活跃成员的行列。

第六节　对话理论

俄罗斯语言学家巴赫金最早提出了对话理论,它超越了结构主义,继承并发展了维果斯基的社会文化理论中关于语言和对话的功能以及对言语和对话的重视。巴赫金对话理论的核心是对话性,他认为对话性就是"同意和反对关系、肯定和补充关系、问和答关系"。在这种关系中,说话人和听话人是平等的独立主体。只有双方的主体性和能动性得到重视，对话才能顺利进行下去。巴赫金认为所有的话语都是对话的。对话的条件建立在对个体的尊重，并且参与对话者应该是平等的。关于意义，他的观点既不是个人主义的，即认为"我拥有意义"，也不是解构主义的，即"没有人拥有意义"，而是"我们拥有意义"。他认为意义产生于文本中，是多种声音的相互碰撞。沃罗辛诺夫认为，巴赫金的对话理论表明，"任何真正的理解在本质上都是对话的。因此，理解话语就是理解对话之间的话语的关系"。该理论对教育的影响很大，尤其是近年来在关于教育与对话的研究中，巴赫金的对话理论得到了越来越多的运用。德国的克林伯格进一步发展了对话理论。他认为，对话在教学中的意义可以概括为"在所有的教学中，都进行着最为广义的对话。不管哪一种教学方式占支配地位，相互作用的对话都是优秀教学的一种本质性标志"。保罗·弗莱雷的"解放教育理论"则是对话理论在教育中的发展和运用，该理论最主要的思想就是反对传统的"讲授式教学"，而提倡"对话式教学"。他认为教育是具有对话特性的，因此教学应该是对话式的，并且可以看成是一种创造性活动。按照保罗·弗莱雷的观点，"没有了对话，就没有了交流；没有了交流，也就没有了真正的教育"。因此，对话既是教育的手段，又是教育本身。

一、西方哲学的三次转向对主体间性对话教育的呼唤

学界普遍认同，西方哲学发展大体经历了三个阶段，即本体论阶段、认识论阶段和语言哲学阶段。在古希腊，哲学侧重于探讨世界构成的最终成分，他们试图找出现实存在的本源或某种形而上学的本体，因此本体论成为他们哲学研究的中心。到近代，从笛卡尔开始，哲学研究的中心从本体论转向研究认识的起源，也就是研究人类认识来自经验还是来自理性，研究人的认识能力的界限，研究认识世界的途径和方法等。到了现代，哲学发展又从认识论的主体哲学阶段转向了语言论的解释哲学阶段，语言成了西方当代哲学的"本体"，语言研究成为哲学的中心问题。

20世纪初，西方哲学中的"语言论转向"在语言研究中的反映就是语言学家不再把语言仅仅看作一种理性的工具，而是越来越关注语言与存在、语言与社会的关系（辛斌，2005）。从本体论到认识论再到语言哲学，20世纪西方哲学的语言学转向被称为是现代哲学的一场"哥白尼式"的革命。海德格尔（M. Heidegger）的"语言是人类存在的家园"、维特根斯坦（L. Wittgenstein）的"我的语言的界限意味着我的世界的界限"都体

现了认识论的主体哲学认为语言带有极强的主体性的观点,即语言只有当人们使用时才显示它的存在,而人的存在也正体现在语言的使用中(张莉,2008)。西方哲学的转向经历了从主体性走向主体间性的转变;随着20世纪西方哲学的现代语言学转向,语言学也实现了由传统的认识论到现代对话论的革命性转变,许多不同传统的哲学家都各抒己见,纷纷阐发了语言与交流和对话问题的重要性,这其中最为典型的是巴赫金的对话理论(张雪,2006;张莉,2008)。对话理论又是21世纪初苏联巴赫金学派语言学理论中的一个核心。由于打破了传统结构主义长期的支配地位,对话理论很快在学界传播开来。

"主体间性"是20世纪西方哲学中一个极为凸显的概念。它正式成为一种哲学话语发轫于现象学大师胡塞尔(E. Husserl),他在《笛卡尔的沉思》中提出了主体间性的概念,用以对主体性的超越和深化。胡塞尔指出,主体间性是通过主体的"类比统觉""同感""移情"等"视域互换"来实现的(岳伟、王坤庆,2004)。每一个主体身上都有他者的意识,所有的主体共同生活在一个世界里,彼此之间必然发生联系,主体之间在语言和行动上相互平等、相互理解、相互融合、双向互动、主动对话,最终达成共识(李晓红,2010)。如果说笛卡尔近代哲学从本体论转向认识论是提出"我思故我在"的命题,那么胡塞尔的主体间性在认识论上则是提出了"我们思故我们在"的新命题(李晓红,2010)。

康德也使用"主体间性"这个术语,他试图用主体间性来抓住个体与他/她的社会世界之间的关系;自我通过交流,进入到他者的知识内容之中(Manjali,1999)。对话主义(dialogism)与主体间性以交谈者进入"暂时共享的社会世界的情境"为基础,而自我—他者(我—你)的关系对于我们理解这种观点是至关重要的(Rommetveit,1974)。Voloshinov(1973)认为为了发挥他者在话语(discourse)中的作用,他者自身必须清楚地理解其他参与者在话语中的地位。

《西方哲学英汉对照词典》指出,"主体间性"一般的定义为"如果某物的存在既非独立于人类心灵(纯客观的),也非取决于单个心灵或主体(纯主观的),而是有赖于不同心灵的共同特征,那么它就是主体间的。……主体间的东西主要与纯粹主体性的东西形成对照,它意味着某种源自不同心灵之共同特征而非对象自身本质的客观性。心灵的共同性与共享性隐含着不同心灵或主题之间的互动作用和传播沟通,这便是它们的主体间性"(布宁、余纪元,2001)。

Iddings, Haught & Delvin(2005)对于主体间性的理解更加言简意赅,他们认为,"主体间性"是"人类经验之共享"(the sharedness of human experience）。

上述各种对于"主体间性"的阐释,都折射出主体间性是当代哲学用对话理性、交往理性取代主体中心理性、消解一元主体的基础性论题(高秉江,2005)。语言使主体间性成为可能,这最终预示着知识是参与到对话中的人们共同建构的(Flecha,2000; Wells,1989,1993,1994,1996,1999,2000,2002,2006,2010),这点也是对话学习这个新领域的基本研究前提(Plaza,2010)。因此,对话与主体间性的紧密联系得到了广泛重视(Gillespie & Cornish,2010),学界很多学者对于各种对话理论的研究与应用也越来越感兴趣,巴赫金的对话理论就是其中最为学者所推崇的理论之一。

二、巴赫金对话理论与教育教学研究

自20世纪50年代起,巴赫金的理论逐渐在苏联、意大利、法国得到传播,到了20世纪80年代英美掀起了"巴赫金热"(Bakhtin Boom),《斯拉夫与东欧研究》《批评研究》等杂志纷纷开辟专栏、专号评价巴赫金的学术思想。到20世纪80年代末90年代初,各种研究巴赫金的论著在西方问世,巴赫金的学术研究所涉及的领域包括哲学、神学、语言学、心理学、社会学、诗学等几乎所有的人文科学领域(K. Clark & M. Holquist,1992),他在每一领域均做出了杰出的贡献,在世界思想史上都堪称奇迹,他成为20世纪最具影响力的思想家之一。美国两位巴赫金研究专家克拉克(K. Clark)和霍奎斯特(M. Holquist)(1992)指出,像米哈伊尔·巴赫金这样在世人眼中如此多姿多彩而具有动人魅力的思想家真是寥若晨星。国内学者刘康(1994)评价巴赫金是继弗洛伊德、索绪尔、列维斯特劳斯等之后,备受西方学术界关注的重要理论家。

巴赫金的学说虽然涉及广泛,但其基本思想则可以概括为交往与对话。不妨说他的哲学就是交往哲学,他的学说就是对话学说(李斌,2001),正如钱中文所言:"巴赫金自称为'哲学家'。贯穿于其绝大部分著作的有一种精神,就是交往、对话的哲学精神……对话思想在古希腊哲学中早就存在,在20世纪初德国哲学中,对话思想已经逐渐流行开来,而且在后来发展起来的阐释理论中都广泛地涉及这一问题。巴赫金则对这一理论进行了独特的阐发,形成了对话主义理论,并且深入到了今天的人文科学。"

毫无疑问,巴赫金在文学领域最负盛名。在《对话想象》(*The Dialogic Imagination*)(1981)中,他对比了文学中的对话和独白作品。

然而,"对话"(dialogic)这个术语不仅仅只适用于文学领域。同维果斯基一样,巴赫金也将语言看作社会实践,认为所有的语言、所有的思维,都具有对话性(Lyle,2010)。巴赫金理论中"对话性"(dialogicality),"社会语言"(social language)和"言语类型"(speech genre)等概念,拓展了维果斯基关于人类心理机能的社会起源的观点(Wertsch & Smolka,1993)。巴赫金理论中提出的"对话的意义生成"(dialogic meaning-making)观点,认为学习者通过对话交流的过程,达成他们对于课程的建构性的理解。由此可见,对话主要强调作为社会系统的语言所具有的主体间性本质,以及知识是人们共建的而不是个体独有的(Lyle,2010)。20世纪下半叶,学者们意识到,巴赫金的理论对于我们关于语言对话的思考做出了巨大的贡献,因为他的理论影响着哲学、心理学和教育学等领域(Roberts,2010)。

巴赫金对于对话研究做出了主要贡献,他选择对话作为所有的社会—语言学的互动的隐喻理论模型。该理论近些年开始进入到教学理论研究领域中,并被国外学者广泛讨论(Linell,2003,2007;Savin-Baden,2008;Readings,1996;Alexander,2008;Galin & Latchaw,1998;Renshaw & vander Linden,2004;Wegerif,2006,2007;Wells,1999;White,2007;Freedman & Ball,2009)。在教育领域,有研究者(Roberts,2010)从认识论的视角(epistemological perspectives)出发,引用巴赫金的理论开展课堂环境与课堂话语的研究;也有研究者(White,2007)明确指出,针对巴赫金理论的研究不应仅限于对话和不同的哲学取向,他的"对话主义"(dialogism)可以作为一种方法论,为当代教育实践提供重要启示。

巴赫金的一些概念工具(conceptual instrument),对于分析教学过程是十分有益的,而将其理论与其他的建构主义理论家的理论加以比较也是非常有意义的。 对话理论有助于研究教师是如何通过与学生的对话而有效地支持学生的(Kubli,2005)。也可以说,巴赫金的对话理论(Bakhtin's Theory of Dialogue)是教学法(pedagogy)、方法论(methodology)和分析(analysis)的构念(aconstruct)(Hamston,2006)。由巴赫金发展的关于文学和日常交流的对话理论,也可以应用于外语教育实践中。过去20年,外语研究领域对巴赫金理论的研究已成潮流。Cazden(1989,1993)将巴赫金和海姆斯(D. Hymes)作为反传统形式(antiformalist)和非索绪尔语言学(non-Saussurean linguistics)的代表,因为他们对于话语与语境密不可分的观点是极其相似的。Wertsch(1990,1991,1998)讨论了巴赫金的思想,特别是将声音(voice)的概念与社会文化理论(sociocultural approach)相联系。Wertsch(1991)强调了符号中介(semiotic mediation)和交际实践(communicative practice)在理解人类认知中的作用。Kramsch(1995,2000)注意到,巴赫金理论可应用于作为符号中介的语言学习的讨论中。Wells(1989;1993;1994;1996;1999;2000;2002;2006;2010)强调对话是一种特殊的活动类型,在人类学习中发挥着重要的作用。他试图将巴赫金的对话主义(dialogism)理论、皮亚杰(J. Piaget)的活动理论(activity theory)与维果斯基关于思维(thinking)的观点相结合。Wells(2002)关注课堂互动并且批评"反对话本质"(antidialogic alnature)的观点。多声(multi-voice)和复调(polyphony)的心智在包括语言学习和治疗语篇(therapeutic discourse)等很多研究中受到重视(Hermans,2001;Leiman,1998;Wertsch,1991,1998)。目前很多课堂合作学习(collaborative learning)和小组学习(group work)(Cohen,1986)的核心思想或学习方式是"对话",因此如果概括巴赫金理论对于教育领域的贡献,那就是通过对话过程(dialogical processes)和"社会学习空间"("social learning spaces")之内的对话式学习(Zack & Graves,2001)。后来,很多教育学者基于这些理论,指出教学就是达成从个人内部学习向学习者之间互动的转变(Marchenkova,2005)。巴赫金围绕对话展开的主要理论(major theories around dialogue)和他对于狂欢庆祝(the celebration of carnival)的思想,及其对二手资源的分析结果(ananalysis of secondary resources)被广泛地应用于课堂教学及研究中(Delgatto,2011)。他的对话主义理论(dialogism)有助于我们探索师生和生生关系的本质,有助于我们将课堂实践与教育环境相结合,有助于我们将对于学习新的理解与已有的理解相结合(Bentley,2010)。

三、二语习得的对话研究传统

从历史角度看,二语习得的对话传统由来已久,但是随着社会认知主义二语理论(刘永兵,2010)近几年的异军突起,对话理论越来越受到二语研究者的重视。国外学者Johnson(2004),Brown(2007),国内学者刘永兵(2010)等都指出在二语习得研究领域存在着三种主要的传统,而这些学者也均指出其中的第三种传统即可以归结为对话传统。

在国内二语习得领域,刘永兵(2010)比较明确地提出在二语习得领域,从历时角度出发可以界定三种认识论视角或科学传统,分别是结构行为主义(structure-behavirorist)传统,心灵认知主义(mental-cognitive)

传统和社会认知主义（social-cognitivist）传统。对话理论属于社会认知主义传统中主要的分支（Johnson，2004），而对话传统又与以下的研究取向紧密相关：话语的（discursive）（Harré & Gillett，1994），解释学（hermeneutic）（Young，1999，Markee，1994，Ochsner，1979），解释的—辨证的（hermeneutic-dialectical）（Rommetveit，1987），基于社会认知的对话（dialogically based social-cognitive）（Rommetveit，1992）和文化的（Bruner，1996）研究取向。

在《第二语言习得哲学》（*A Philosophy of Second Language Acquisition*）（2004）中，Johnson 批评了在二语习得研究和理论中占主导的认知主义和试验主义的观点。她认为以维果斯基的社会文化理论和巴赫金的对话理论发展而来的新范式为二语习得理论、研究和教学提供了一种可以替换的研究框架。事实上，Johnson 是将文化范式（enculturation paradigm）——通过维果斯基（1986）和巴赫金（1981）的理论——应用于二语习得研究中。Johnson 指出了狭隘的认知主义和实证主义方法的不足，从而强调进一步理解二语习得的复杂现象的重要性。因为这种现象不仅仅发生于学习者的心智中，而且也发生于多样的社会文化和制度背景（institutional settings）的对话互动之中。因此，她指出，我们应该同时关注语言学习中的心智和社会过程；我们应该调查在使二语习得成为可能过程中的人际间的和个体内的动态辨证的关系。

根据维果斯基和巴赫金的理论，Johnson（2004）认为第二语言习得研究应从对二语抽象与真实的能力的关注转向对社会和历史背景下的二语实际能力（practical competence）和真实行为（actual performance）之间互动的关注。正如她（2004）所言，"二语习得不应被视为乔姆斯基（N. Chomsky）的'语言能力'，而应该被视为他所阐述的'行为'"。根据这种社会文化和行为的理论取向（performative approach），二语学习需要"教师、学生、研究者和理论家的积极参与"（2004）。根据这种观点，二语学习的过程需要对话互动；在对话互动中，所有的参与者有着平等的地位和权势关系。只有这样才有真正的合作与合作性学习（collaborative learning）。正如 Johnson 强调的，"没有一个能给力于所有参与者的新的理论框架，我们所有关于教师和学生参与二语习得知识建构过程的讨论都是没有意义的"。学习者"习得语言"不是通过观察，而是通过行动。

Brown（2007）虽然未明确提出二语习得的对话传统，但是从他对于二语习得划分出的三种思潮中也可以发现他对二语对话传统观点的赞同。他认为二语习得从历史角度分为三种思潮：即 20 世纪早期、40 年代和 50 年代的结构语言学和行为主义心理学；20 世纪 60 年代、70 年代、

80 年代的生成语言学和认知语言学；20 世纪 80 年代、90 年代和 21 世纪的建构主义。作为最新的思潮，社会认知主义的典型主题包括交互性对话(interactive discourse)、社会文化变量(sociocultural variables)，合作学习(cooperative learning)，发现性学习(discovery learning)，意义建构(construction of meaning)，中介语可变性(interlanguage variability)等。按照 Brown 的划分，社会认知主义在近年来成为二语习得历史上的第三种传统，而该传统所强调的主题也正是二语对话传统所关注的内容，因此，二语习得的对话传统应是社会认知主义取向的。

　　Brown 在其《语言学习与教学的原则》(*Principles of Language Learning and Teaching*)第一章中也指出，与维果斯基社会建构视角紧密相连的是俄国文学理论家巴赫金的理论，巴赫金的理论正在引起二语习得研究者和从业者的注意(Hall, Vitanova & Marchenkova, 2005)。巴赫金指出语言是"沉浸在社会和文化环境之中的(as a social and cultural context)，它的中心功能是作为交际的中介(a medium of communication)"。在这种精神下，21 世纪初，学界已经日益强调二语习得的社会文化维度，或是 Watson-George (2004)描述的二语习得的语言社会化范式(language socialization paradigm for SLA)的重要性：因为它是一种新的合成，包括了研究者心智、语言和认识论的重新考虑，与对认知源于社会互动并且是由文化和社会政治过程所形成的全新认识。一语习得和二语习得的研究者通过对话语篇、学习中的社会文化因素和互动理论证明了建构主义视角的存在。结构主义 / 行为主义的(structural / behaviorial)，生成 / 认知的(generative / cognitive)和建构主义的(constructivist)视角——对二语习得的平衡描述起着非常重要的作用。二语习得的研究很大程度上就像观山景，我们需要多种工具和视角以确定整个风景。

　　既然 Johnson (2004)承认对话传统常与话语的、社会认知等相联系，而对话互动的前提基础是所有参与者的平等地位与权势；教师、学生、研究者和理论家的参与又是语言学习不可或缺的保证；授权于所有参与者的新的理论框架更是研究教师与学生更好地参与教学互动的必要前提；Brown (2007)等学者也支持相似的观点，指出二语习得中的对话研究传统已由一语习得和二语习得研究者通过对话语篇加以验证。那么综合上述这些观点，将深入分析二语习得对话传统中代表人物的思想，建立外语对话课堂认识论上的理论框架，并且根据理论所需为实证研究提供方法论支持，以满足未来利用多种工具对外语课堂语言运用的分析及对课堂参与者的地位与权势的研究。这样既满足 Johnson(2004)对于教师、学生、研究者和理论家共同关注的构想，也与 Brown (2007)提倡多视角、多方法进行二语习得研究的思想相吻合,更符合师生更好参与到二语学习互动中来的诉求。

第七节　情境学习理论

情境教学理论自 20 世纪 90 年代初一经提出,就使研究教学的人们耳目一新。这一理论由 Lave & Wenger（1991）提出,用来指学习是人类生活的社会（lived-in world）中生成性（generative）、社会性（social）实践的不可分割的一部分。生成性暗指学习是一个个体构建和与他人共同构建的行为;社会性表明至少有一部分的学习发生在与他人合作的过程中;而生活的社会性则指出真正的社会实践和背景学习更加有关联性、实用性和可转化性。美国教育心理学家戴维·乔纳森（2002）赞誉说:以情境为核心的教学"成功地引起了研究者的兴趣",并且成为教学领域"光明前景的另一个信号"。建构主义课程理论更是把"情境"作为一个核心概念来使用。情境教学理论认为,学习总是与一定的社会文化背景即"情境"相联系的;在实际情境下开展学习,可以使学习者利用自己原有认知结构中的有关经验去同化和索引当前学习到的新知识,从而赋予新知识以某种意义;知识是学习者在一定的情境即社会文化背景下,借助教师和学习伙伴的帮助,利用必要的学习资料,通过意义建构的方式获得的。

在情境学习理论下,如果学习者能够进入越来越复杂的、多样化的对话和文化互动中去,而不只是通过背诵和记笔记关注个别的语法练习,那么语言习得的成功度就高。其中情境学习理论下的关于"参与"（participation）的研究就越来越受到学者们的关注,学者们甚至认为参与隐喻（metaphor）与传统的习得隐喻（metaphor）是互补的关系（Donato,2000,2004; Pavlenko & Lantolf,2000; Lantolf Pavlenko,2001）。根据参与隐喻概念,学习是一个成为某个社区成员的过程,这一过程包括通过被该社区认可的语言和行为方式发展交际能力的过程。这里我们对此理念下的两个理论框架展开论述,它们分别是语言社会化理论（language socialization）和实践社群理论（community of practice）。两者都强调学习的社会情境性,并将学习视作学习者成为积极的、完全参与到某个特定社群的过程,这一过程必然包含学习者在这些社区内的身份的构建（Swain,2010）。

语言社会化理论被盖莱特和巴克达诺洛佩兹(Garret & Baquedano Lopez,2002)定义为儿童或者其他语言初学者习得知识与实践的过程,这一过程使他们有效地、恰当地参与到特定社群的社会生活中,并通过使用语言得以实现。语言社会化主要研究学习者如何通过使用语言被社会化,以及学习者如何实现社会化进而使用语言的问题。语言社会化主要从整体的和综合的视角研究人类的发展,通常倾向于纵深性的和民族性的研究(Swain,2010)。近期的语言社会化研究主要来自达夫和尤驰达(Duff & Uchida,1997)、奥赫塔(Ohta,2010;2012;2001;2008)、兰姆(Lam,2004)等。该方向的研究对不同的二语和外语背景下的语言社会化问题进行了研究,研究的重点对象是课堂中教师和学生以及工作场所的移民。

华生·葛吉傲(Watson-Gegeo)将拉夫和温格尔(Lave & Wenger,1991;1998)合法边缘化参与理论(legitimate peripheral participation)与当代的语言社会化理论进行了整合。实际上很多采用情境学习理论的学者都认为语言社会化理论和实践社群理论观点基本相同。但是两者也存在着主要的差异。实践社群理论更加突出语言学习场所中不同成员之间的权力差异性(power differentials),而拉夫和温格尔提出的情境学习理论中核心的理念是合法边缘化参与理论。学习者必须被该社区接纳为合法的成员才能够获得某个特定社群的资源。边缘化(peripherality)是一个积极的(positive)术语,描述了新成员参与该社群活动的不同程度。个体为成为能够完全融入该社区的成员,合法性(legitimacy)和边缘化都是必经的阶段。新成员必须被实践社群接纳,才能获得社会化的资源和机会,其中合法的途径是关键。语言学习者无论是在二语还是外语环境下都不一定会顺利的融入特定的语言社群中。

实践社群理论强调学习过程由具有特定社会文化历史经历的个体实施,注重个体在社会中的活动和与社会产生的互动,主张活动的主体(学习者)、活动和社会彼此相互构成(Lave & Wenger,1991)。同时实践社群理论也认为学习是身份的构建与再构建的过程,因此社群的新成员也会对社群带来变化。除了参与的概念之外,这一理论还包括非参与的概念(non-participation)。温格尔(Wenger,1998;2007;2009;2010)"我们不但通过所参与的社群实践活动构建我们的身份,同时我们也通过不参与某些社群实践活动构成其他的身份。我们的身份不仅由我们是什么构成,还包括我们不是什么的内容。"因此实践社群理论主要关注的是学习者在不同的实践社群之间所进行的具有潜在冲突性的不同身份的协商。因此,二语学习是一个高度复杂的、具有社会情境性的过程,而且这一过程是动态的,包括进入和参与某个社群的协商过程,这其中最重要的是身份问题。实践社群理论为二语习得研究带来的重要启示在于它注重语言学习活动、学习者和学习者自身能动性之间的偶然的和辩证性的关系。同时这一理论也注重在社会情境学习中权力关系对某特定社群新成员获得该社群资源的影响。

一、情境是学生实现"意义建构"的平台

情境教学理论认为:学习是意义建构的过程,意义不是与情境脉络相分离的,而是在实践与情境脉络的协商中合成的。学生是认知主体和意义的主动建构者,学生对知识的意义建构是学习的最终目的。基于此,教学设计不应从分析教学目标开始,而应从创设有利于学生意义建构的情境开始,整个教学过程设计紧紧围绕"意义建构"这个中心而展开。不论学生的独立探索、协作学习还是教师辅导,学习过程中的一切活动都要从属于这一中心,都要有利于完成和深化学生对所学知识的意义建构。每个教师和学生都被看成是一个与心理环境发生交互作用的有辨别力的人,教师的主要职责是促进学生积极健康的知觉的发展,使之形成更优秀、更和谐的个性。学生则通过对自身和周围环境的辨别、归纳和重组而学习,以获得新的或改变了的知觉、理解和意义,进而改变动机、团体归属、时间直觉和思想意识。

在以学习者为中心的环境里,学习者积极建构意义。事实上,如果情境提供给学习者自己选择和追求自身兴趣的机会,学习者就会对自己的学习承担更大的责任。学习者与周围环境的交互作用,对于其理解学习内容具有关键性的作用。学生在教师的组织和引导下一起讨论和交流,共同建立起学习群体并成为其中的一员。在这样的群体中,学生一起批判地考察各种理论、观点、信仰和假说,进行协商和辩论。通过这样的协作学习环境,学习者个体的思维和智慧可以被整个群体所共享,即整个学习群体共同完成对所学知识的意义建构,而不是其中的某一位或某几位学生完成意义建构。教师应该理解个体和个体心理环境的结构,确定它们的动力特征,认清学生生活空间的各个部分或区域之间的关系,评价学生生活与学习空间不同区域间的界限的可穿透性程度,判断学生的认知结构在情境下是否容易发生改变。这也是最初的建构主义把情境作为学生意义自主建构平台的思想。

维果斯基认为:人类自出生的婴儿期开始,就生活在一个属于人的社会背景中。社会情境中的一切,诸如风俗习惯、宗教信仰、生活中的衣

食住行、历史文化、社会制度、行为规范等,构成了人类生活中的文化世界。儿童的认知发展,无疑是在社会学习的历程中进行的。个体的学习是在一定的历史、社会文化背景下进行的,社会对个体的学习、发展起到重要的支持和促进作用。人的认知是在社会文化背景以及与他人和社会的互动中主动建构的,其发展的根本动力依赖于思维的社会基础。因此,文化和社会情境在儿童认知发展中起着巨大的作用——文化给了儿童认知工具以满足他们发展的需要,这些工具的类型和性质决定了儿童发展的方式和速度;社会情境则是儿童认知与发展的重要资源。

由此可见,基于现实世界的真实情境是学习者学习的基本条件。教育要为学生创设含有真实问题或真实事件的情境,使学生产生学习的需要,并通过学习共同体成员之间的互动、对话,实现主动学习。

二、情境是教学的"支架"

这里所说的支架原本指建筑行业中使用的脚手架,但在建构主义那里则被用来形象地描述为一种教学方式:儿童被看作一座建筑,儿童的"学"是不断地、积极地建构自身的过程;教师提供的教学情境则是一个必要的脚手架,支持着儿童不断地建构自己,生成新的能力。建构主义认为:教学应当为学习者建构对知识的理解提供一种概念框架,这种框架中的概念是为发展学习者对问题的进一步理解所需要的。学生是主动建构自我和环境的主体,社会环境应当为学生提供必要的支持和框架以加快学生的发展,帮助他们获得更多的新能力。这种形式的交互作用能够不断地促进学生的认知发展,有助于他们完成多种任务。创设情境的根本目的就是要为学生的"知识建构"提供"支架",为学生解决问题、建构意义起到支撑作用,从而使学生从现有的实际水平发展到未来的潜在水平。搭建支架的一种主要形式就是让学生参与到有意义的问题解决活动中来,这种活动是现实的、有趣的,并且是需要与他人合作才能完成的。通过创建共同的交流平台,促成成员间的相互影响。课程实施和教学设计的主要目的和任务,是为学生进行"知识建构"创造一种具有"情境性"和"协作性"的互动环境,推动学生在"知识建构"的过程中获得发展。知识不是简单地通过传授获得的,而是学生借助已有的经验和信念,以自己特有的方式,在与作为认识客体的知识的互动中以主动、积极的方式建构的。

处于一定教学情境中的学生,总是努力地为自己创造最有力的情境认同,并采取最符合当时情景的行为方式,以从总体上感知和把握学习内容,提高学习效率,达到预定的"知识建构"。"知识建构"的过程实际上也是学生的认知结构和认知策略、经验方式与情感态度发生积极变化的过程,是一种发展和提高的过程。教学从本质上看就是一种围绕着"知识建构",以"知识建构"为核心,为"知识建构"创设良好环境和支撑的过程。支架式情境教学对教师提出了更高的要求——教师应当成为学生建构知识的忠实支持者。教师的角色从传统的传递知识的权威转变为学生学习的辅导者、学生学习的高级伙伴或合作者。教师必须创设一种良好的学习环境,让学生在这种环境中通过实验、独立探究、合作学习等方式来进行学习。情境教学理论要求教师成为教学过程的组织者、指导者以及意义建构的帮助者和促进者。教师要成为学生建构知识的积极帮助者和引导者,就应当激发学生的学习兴趣和学习动机,并使之保持下去。通过创设符合教学内容要求的情境和提示新旧知识之间的内在联系,帮助学生建构当前所学知识的意义。在教学中,教师要注意让同一教学内容在不同时间、不同情境下为了不同的教学目的而以不同的方式呈现出来。情境教学同时强调:学习者并不是空着脑袋进入学习情境的,教学不能无视学习者已有的知识经验,应当把学习者原有的知识经验作为新知识的生长点,引导学习者从原有的知识经验中生长出新的知识经验。

三、学习者在情境中完成"同化"与"顺应"

情境教学理论把学习环境看成是学习者可以在其中进行自由探索和自主学习的场所。在此环境中,学生可以利用各种工具和信息资源来完成自己的学习目标。在这一过程中,学生不仅能得到教师的帮助和支持,而且可以得到同学的相互协作和支持。换言之,学习应当被促进和支持而不应受到严格的控制和支配;学习环境是一个支持和促进学习的场所。从这个角度上说,教学意味着更多的控制和支配,而学习则意味着更多的主动和自由。基于这一认识,瑞士心理学家皮亚杰认为:儿童与环境的相互作用涉及两个基本过程:"同化"与"顺应"。同化是指个体把外界刺激所提供的信息整合到自己原有认知结构内的过程;顺应则是指个体的认知结构因外部刺激的影响而发生改变的过程。同化是认知结构数量的扩充,顺应则是认知结构性质的改变。认知个体通过同化和顺应这两种形式来达到与周围环境的平衡:当儿童能用现有图式去同化新信息时,他处于一种平衡的认知状态;当现有图式不能同化新信息时,平衡即被破坏,而修改或创造新图式的过程就是寻找新的平衡的过程。儿童的认知结构就是通过同化与顺应而逐步建构起来的,并在"平衡—不平衡—新的平衡"的循环中得到不断的丰富、提高和发展。个体不仅将自己的生活和学习空间区分为新的区域,而且与此同时还对生活空间加以重新组织,根据自身与他人的关系改变或调整自身的认知结构。

情境教学理论认为,人类的知识和互动不能与人的生活空间分割开来。在情境化的脉络中,当学习者认识到了知识的时间效用以及利用知识去理解、分析和解决真实世界中问题的需要时,同化与顺应就自然而然地发生了。从学习者的视角来看,人与环境的相互协调是学习者的认知得以进行、展开和构建的真正基础。学习不是教师把知识简单地传递给学生的过程,而是学生自己建构知识的过程。学生不是简单被动地接收信息,而是主动地建构知识的意义,这种建构是无法由他人来代替的。学习不是被动地接收信息刺激,而是主动地建构意义,是根据自己的经验背景,对外部信息进行主动的选择、加工和处理,从而获得自身意义的过程。外部信息本身没有什么意义,意义是学习者通过新旧知识和经验间的反复的、双向的相互作用而建构成的。学习意义的获得,其实质是每个学习者以自己原有的知识和经验为基础,对新信息进行重新认识和编码,建构自己的知识体系。在这一过程中,学习者原有的知识和经验因为新知识和经验的进入而发生调整和改变。人与环境作用过程中所表现出来的同化和顺应,就是学习者认知结构发生变化的两种途径或方式。情境理论的一个潜在的价值观是:个人的信念和经验为新的理解提供了独特的个人框架。背景知识和经验形成了组织和吸收新知识的概念关系项。把新知识与已有概念整合起来被认为是更有意义的学习。建构主义要求教师经常利用熟悉的问题、驱动型的提问和起激活作用的情境,帮助学生在学习过程中促成个人对理论和经验的接收和利用,引导他们利用这些经验来解释、说明和形成自己的知识体系。

四、情境为教师、学生与文本的对话创造空间

情境教学理论把人们开发出的在特定情境脉络中对类型和特性做出回应的共享方式称为"对话"。"对话"是人、客体、谈话方式、动作、互动、思维、评价、协作、阅读这些方式的社会历史性协作,这种协作能显示并使人认识到自身具有社会文化意义的个人身份。情境之于教学的突出特点是把个人认知放在更大的物理和社会的情境脉络中,这一情境脉络是互动性的,包含了文化性建构的工具和意义。情境教学理论认为:课程不是预先设定的内容,而是师生之间的对话。它强调课程要通过参与者的行为和相互作用而形成,允许学生与教师在教学中"互动""对话"。美

国学者布雷多说:"协作、交谈和思维是对话的结果。其中个人和环境相互改变,并创造出一个整合的表现。以这种方式看,一个成功的个人同环境一起行动,而不是其中的某一因素对别的因素的单方面行动。"学习是一种有意义的社会协商,学习环境由情境、协作、对话和意义建构四个要素构成。情境是意义建构的基本条件,师生、生生之间的协作和对话是意义建构的核心环境,意义建构则是学习的目的。其中,"情境"并不意味着某种具体的和特定的东西,或是不能加以概括的东西,也不是想象的东西。这意味着在特殊性和普遍性的许多层面上,情境是社会实践与活动系统中的多种因素之间的多重的交互联系。

因此,情境中的对话要求把协作贯穿于整个学习活动过程之中。这是由于在以情境为核心的教学中,学生知识的建构和意义的获得都依赖于人与情境中各种因素的互动。教师与学生之间、学生与学生之间的互动和协作,对于学习资料的收集和分析、假设的提出和验证、学习进程的自我反馈、学习结果的评价以及意义的最终建构都具有十分重要的作用。协作在一定的意义上是指协商。协商主要包括自我协商和相互协商两种形式。教师要成为学生建构意义的帮助者,就要对协作学习过程进行引导,使之朝有利于意义建构的方向发展。协作性的目标结构还使得团体成员之间的交往更为频繁。他们相互帮助、相互鼓励,每一个成员都能在更大程度上感受到自尊和被其他成员所接纳,因而使得他们在完成任务的过程中更为积极,成就水平也提高得更快。事实上,协作学习的过程就是交流的过程。在这个过程中,每个学习者的想法都为整个学习群体所共享。通过探索、解释和协商,多种观点得到考察,学生的理解也得以深化。因而,来自教师、文本或同班同学的不同观点可以加以协调,组成一个知识库,学生可以从中对不同来源的意义进行评价和协商。交流对于推进每个学习者的学习进程来说是至关重要的。在教师的组织下,由于情境的作用,团队成员之间必定会形成积极的相互促进的关系,以一种既有利于自己成功又有利于同伴成功的方式活动。

第八节 复杂理论

复杂理论源自数学领域,Pointcare(1921)首先提出,即使是最被人熟知的系统,也会表现出无限新的情况。之后气象学家 Lorenz(2001)提出了蝴蝶效应(butterfly effect)的隐喻,用来表示复杂理论中对起始状态的敏感性的依赖及很小的变化也可能带来巨大的结果。Larsen-Freeman（1997）认为混沌／复杂理论科学与语言和二语习得的关系惊人的相似，他先后提出了不同的论述，将语言和第二语言习得看作复杂的、非线性的、动态的现象。之后，Larsen-Freeman & Cameron（2008）还进一步论述："复杂系统主要处置系统中的各个成分以及次级系统之间以多种不同的方式相互依存和互动的特性"，此外复杂系统还具有适应性特征，同理第二语言习得系统也展现出自由的能够适应不同环境的能力。正如 Van Lier（1996）指出的，我们既不能宣称学习是由环境刺激引发的行为主义观点，也不能宣称学习是由基因决定的先天论观点，学习是个人与环境之间的复杂而偶然的互动产物。

一、复杂系统的概念、理论及特征

复杂系统所具有的动态性、非线性、开放性特征以及所表现出的自组织性和互动性颠覆了传统意义上的语言理论、假设、数据、分析与方法。传统概念的因果律开始让位于共适应性（co-adaptation）及突现性（emergence）。语境不再是背景因素，而是演化成了复杂系统本身，同时和其他复杂系统交叉关联。变异性作为系统行为的体现具有越来越重要的意义。

复杂系统产生于构成于其中的行动者及各种要素之间的互动。复杂系统是由不同的行动者及不同要素所组成，因而是异质性的；它随时间而变化，因而是动态性的；它常常是突变的、非连续的，因而是非线性的；它对外部影响具有高度的敏感性，因而是开放性的。复杂系统存在于从内向外的各个层级，即从神经层级扩展到社会层级。这些层级之间存在着各种方式的互赖与互动关系，共同构成了一个庞大复杂的生态系统（eco-system）。在语言系统中，复杂系统由无数的次系统组成，各个次系统之间相互关联、相互包容。复杂性理论的目的就是研究这些复杂、动态、非线性的开放系统及其相互关系。如果把言语社区看作一个复杂系统，其中的社会文化群体就发挥着复杂系统的功能，身在其中的每个个体次系统也就成为个体复杂系统，而他们的大脑系统也成为个体复杂系统。复杂系统的层级架构表明，它是由无数异质性的不同层级的次系统所组成，这些次系统之间既相互独立又相互依存、相互关联。次系统既是被建构的对象，又是建构的主体，既被复杂系统所决定，反过来又决定了复杂系统。

复杂性理论（complexity theory）不仅包括复杂系统理论（complex

systems theory, CST），而且和混沌理论（chaos theory）一起成为动态系统理论（dynamic systems theory, DST）的核心和基础。复杂性理论把复杂系统看作一个复杂生态系统，用生态方法观察、分析、阐述人类的语言使用和学习系统及其机制。正是因为系统的复杂性机制及其关联特征，用传统的方法来描述这种复杂性行为的变化就变得极为困难，而复杂系统的动态临界性思想为我们提供了解决这一问题的一把钥匙。

丹麦著名物理学家 Bak（1997）用沙堆（sand pile）效应描述了系统的自组织功能和随时间变化而发生的临界性。把沙粒撒落到桌上，形成一个圆锥状的小沙堆，沙粒堆得越多，坡度就越大，直到某个临界点。此时只要再撒落一粒沙子，就会导致沙堆坍塌，即系统到达了临界状态。处于临界状态的系统会表现出特有的性质，即高度的不稳定性和不可预测性。撒落的沙粒——输入和坍塌——结果之间呈现出非线性的关系。一个沙粒可能引发或大或小的坍塌，一次坍塌可能引发连锁反应。我们无法预测哪一粒沙子导致了坍塌，但可以肯定的是，不断增加的沙粒最终会导致坍塌。我们可以根据沙堆的结构和稳定性而不是个体沙粒的行为来解释沙堆坍塌现象。

这样的观点似乎和传统科学的还原论方法相悖。从一般科学的观点看，对某个事物的了解可以通过将其拆解成不同的组成部分加以观察而获得对整体的认识。从复杂性理论的观点看，仅仅了解局部个体是远远不够的。复杂性理论所关注的问题是事物的各个组成部分之间是如何互动的？这种互动产生了怎样的新的行为模式？还原论方法无法对系统做出全面的解释，因为系统的每个个体的性征都是无法完全了解的。即使能够了解个体的行为及其互动状况，也无法确定个体在不同时间对互动参与程度的变化。系统高度的敏感性，即所谓的蝴蝶效应（butterfly effect），也导致了复杂系统的不可知性（unknowableness）。复杂系统的不可知性和非线性导致了非连续性和自组织变化，使传统意义上的可预测性变成了不可预测性。

复杂性理论的中心任务不是预测，而是反思性地解释系统发展的轨迹——系统发生的行为变化，即语言发生了什么样的变化，并据此重构系统的要素、互动以及变化的过程。这样的过程不是预测（prediction）而是回测（retrodiction），不是预言（forecasting）而是回顾（retrocasting）。

二、复杂系统下的因果律

传统科学的经典范式是原因 x 产生结果 y，即所谓的因果律。根据还原论的语言研究方法,在因果链上关键要素的改变即会导致结果的改变,此要素即是结果的原因。如果某一事件出现多种前提或原因,研究就会被认为是失败的。根据还原论的观点,自变量都是客观存在的,或者说都是可以通过因变量找到并且确定的。复杂性理论认为,系统的不可知性(unknowableness)和互联性(interconnectedness)使得自变量在因果链上即使并非不可能也很难被单独提取出来。以寻找某些单独变量为目的,以确定变化的原因或决定因素的所谓变量中心分析法(variable centered analysis)即便不是完全误导,也会使人偏离甚至迷失正确的方向。

复杂性理论摒弃了传统的预测方法,不是通过单一变量而是通过改造后的集合变量(collective variables)描述语言系统的变化。这种模式的研究特点是把自组织(selforganization)和突现包括在观察范围之内。当变化在社会群体水平上或者在系统的某一时段上发生时,突现性特征或现象就会导致新的模式在不同的水平或时段(timescale)上发生。当一个词汇第一次在个体间使用时,会逐渐被其他人所接受,而重复行为的出现会使词汇在语言中的使用广泛化和固定化,并最终成为被词典收录的词条。复杂性理论把这种现象称为共适应性,它揭示出一种互为因果性,即某一系统的变化会导致与之相关的另一系统的变化,而且这种变化会随着时间的变化不断持续下去。例如,母语言语者(native speakers)和非母语言语者(nonnative speakers)说话时会有意识地调整发音、语速和用词以适应对方的理解水平,而非母语言语者也会在语言容易理解时做出相应的调整以跟上对方的速度。这种共适应现象在语言交际和语言发展的过程中是屡见不鲜的。共适应性表明,任何事物都和其他事物在某种程度上相关联,单一变量的独立性是难以立足的,更无法产生复杂系统,而且任何的转变或结果背后都存在着多种相关的原因(Gaddis,2002)。

复杂性理论通过解构因果律打破了一个好理论就必须能够描述、解释并且做出预测的传统观念,向自然科学、社会科学和应用语言学中的静态观点和法则提出了挑战,用自组织性、关联性系统中的共适应性思想取代了单因素变量思想,从而将自己的理论建立在非连续性、或然性、不可预测性和突现性的基础上。在此基础上的互动模式及其动态性就成为复杂性理论所要研究的中心任务。

三、复杂系统下语言使用与发展的三组要素

复杂性理论中的语言使用及发展观摒弃了传统的语言研究方法,不

再把语言研究建立在假设、因果律和预测的基础上。复杂性理论认为,一切事物都是相互关联的,处在不断的变化之中。复杂性理论改变了经验研究的方式,尤其是对语境和环境的重新认知,转向对语言变异的观察。复杂性理论认为,语言系统的复杂性特征反映在其流动性(flux)及变异性(variability)中,语言系统的行为特征根源于系统自身的自组织性与突现性,即突然的相位改变(phase shifts)可能引起系统及其他相关次系统的重大变化。产生这些变化的原因主要和稳定性与变异性、语境、互动水平(interacting levels)与时段三组要素有关。

（一）稳定性与变异性

在复杂系统中,语言现象或系统行为发生于状态空间(state space)中。状态空间是一个多维的发散空间,复杂系统穿越其中并被吸引到该空间的某一区域。系统在空间中的运行轨迹代表了系统在该空间中实际的连续性运动状态。复杂性理论认为,即使是处于稳定状态,即引子状态(attractor state)下,系统仍然处于某个持续变化的状态中,并和其他相关联系统保持随时变化的状态。也就是说,稳定性并非是静态的,而只是处于变异性的不同阶段而已。一般来说,我们可以通过两种方法来判断和测量变异性和稳定性之间的关联度。一种方法是将偏离稳定性中位数的变异性程度作为观察系统行为引子(behavioral attractor)的指数。如果变异性增加的同时伴随稳定性的降低,就表明系统可能开始进入变化状态并转换到新的相位。另一种方法是通过测量系统偏离稳定性状态的扰乱度(perturbation)来评估系统的稳定性。因为系统越是偏向稳定,摆脱扰乱趋向稳定的回归力度也就越大。稳定性较小的系统更容易改变原有的行为,在变化的过程中也就越容易受到扰乱而偏离原有的运行轨迹(Thelen & Smith,1994)。

稳定与变异之间的交互作用为系统的变化提示了潜在的有用信息。在相位变化的过程中,系统行为的变化揭示了语言的变化,变异性其实反映的是语言的发展。如果把变异性排斥于语言之外,我们就失去了发现语言突变性的重要信息。当我们注意到稳定性和变异性相互作用所产生的变化本质时,我们就找到了理解语言学习和语言发展过程的新方法(Larsen-Freeman,2006)。

（二）语境

和以往理论不同的是,复杂性理论不是把语境看成对系统施加影响的外在结构,可以据此解释系统的行为,而是把它看作系统不可分割的一部分。语境通过物理、社会、认知和文化所反映出的语境因子(context factors)的参数变化显示和系统之间的关系。复杂系统对语境变化的敏感性指标反映在对变化的动态适应性的软集合(soft assembly)过程中(Thelen & Smith,1994)。从较长期的时段来看,对语境环境的局部适应性成为突变,即发展的基础。引子通过对此时此地语境的反复适应性体验而在系统中突现,这一状况代表了从局部发展到整体的秩序过程,体现在更高水平的社会组织以及更长时段的时间过程中。

在复杂系统的应用语言学语境中,任何语言的使用都被视为通过语言资源的软集合对特定语言活动所做出的反馈。无论在教室内还是教室外,语言的使用可以没有言语,但绝不能没有活动。活动既可以是心理的,如理解活动、记忆活动,也可以是肢体的和言语的,如身体活动、会话活动、实践活动等。语言学习或者发展是随着对语言使用的适应性体验而突现的。

语言学习和语言活动的语境存在于学习者的内在动态性中,即语境是由每一个个体所带入到学习活动中的内容的软集合。语境涵盖了以下维度:(1)认知语境,如参与者的思维活动和记忆活动;(2)社会语境,如教师和学生的相互关系;(3)文化语境,如教师和学生在某一特定文化下的行为以及交际方式;(4)教学语境,如教学材料、任务以及目标的设置;(5)社会政治环境;(6)物理环境。这些语境条件的集合构成了复杂的、动态的、适应性的系统。参与活动的学生将语言和这些语境条件下可资利用的资源带入到活动中,通过其他学生和教师的适应性活动实现软集合。因此,我们无法把学习者和语境截然分开去描述和测量语言活动,而是应该通过搜集参与变化的系统的数据来对学习活动的过程及状况进行描述和解释。这一方法和社会文化观点以及生态学观点颇有相似之处,只是更加倾向于将学习者和复杂语境视为互动的、共适应性的动态系统。

复杂性理论认为,学习意味着变化,它既是个人的,同时也是社会的。每个个体都是独一无二的,都处于各自发展的不同起点,都具有各自的身体我、情感我和认知我,都有各自的社会生活史和独特的生活体验。所有个体都将自己的系统带入到学习活动之中,并且对活动做出不同的行为反应,使得参与的结果反映出个体学习的差异性。每个个体自身的系统都成为一个独特的学习语境。当个体参与到群体中时,群体作为一个系统既受到参与个体的影响,也影响每个参与个体,两者既是适应性的关系,也是共构性的关系。因此,要研究语言学习的真实过程,不但要收集个体的数据,也要收集群体的数据;不但要了解独立的个体,也要了解作为群体中成员的个体。在研究群体活动时,我们就可以将其视为由关联个体所构成的复杂系统网络。从短期时段来看,个体与群体之间发生的即时性互动所产生的新的语境供子(context affordances)使得个体的能力得到提高。从长期时段来看,个体会通过主动选择驾驭语境来提高自身在其中的功能重要性,而语境反过来也会有助于个体个性和能力的提升。供子概念指的是某个物体或某种状态给予不同行动者使用或互动的机会(Clark,1997),如家庭主妇用水来洗菜烧饭,船夫用水来驾舟载物,农夫用水来浇灌土地。

（三）互动水平与时段

从复杂系统的角度看,研究语言及其发展的另一组要素是系统的互动水平和时段。系统存在于各个层级,从微观到宏观,恰如共存于一个互生互动的生态系统中。处于不同层级的各个系统虽然水平各不相同,但是相互关联、相互作用,构成了从微观到宏观的庞大互动网络。每个层级上的系统都受到其他系统的影响,同时又影响着其他系统;每个系统的行为都受到其他系统行为的影响,同时又影响着其他系统的行为。虽然每个系统所处的层级、大小、功能、参与程度、施加的影响不同,但都对整体的生态系统做出自己的贡献。这些大大小小的不同系统在互构与共构的过程中所形成的作用力不但体现出整体生态系统的动态特征,也反映出系统之间的互动水平以及由此产生的差异性和适应性特征。

需要特别指出的是,时间是影响复杂系统互动水平的一个极其重要的参数。在复杂系统中,不同的事件发生在特定的时段上,因而显示出特殊的意义。发生在不同时段上的事件可能反映出不同的互动水平。发生在某个时段的互动水平上的事件可能会对发生在其他时段的互动水平上的事件产生影响。某个时段互动水平上的前事件虽然在线性时间上远离当下的某个后事件,却可能比在线性时间上接近该后事件的某个其他事件显示出更大的关联性(Lemke,2002)。这是因为当某一水平和时段对其他水平和时段产生影响时,由于前期时段或者较低水平上的事件的投射,使得在随后某个时段和水平上发生了突现现象,这就是课堂活动中时常发生的时间加工的变化现象。因此,在应用语言学的研究中,我们有必要用复杂系统的方法去发现发生在不同互动水平和时段之中或者之间的事件的关联性,并据此找到解开语言使用和发展规律性的钥匙。

四、复杂系统下的语言系统特征与机制

1997 年,最早提出复杂系统语言模型的应用语言学家之一 Larsen-Freeman 的文章《混沌 / 复杂性科学和二语习得》问世。她在文章中将语言看作动态复杂系统,认为语言是动态的,随时间发生共时和历时变化;语言是复杂的,有众多互动的相关次系统(语音、词汇、句法、文本等);语言是非线性发展的,有时是混沌的、不可预测的;语言是开放的,具有对初始条件的敏感性;语言是适应性、自组织性和反馈性的,在发展中具有引子的状态(Larsen-Freeman, 1997)。把语言看作一整套静态的语法规则是不符合语言发展的实际情况的。在二语习得和二语发展领域,语言的复杂性体现在影响学习者中介语(interlanguage, IL)发展的非线性和多因素性上,如一语(L1)和二语(L2)之间重合的数量和类型、输入和互动的数量和类型及语境、动机、年龄、才能等。

IL 系统是典型的自组织系统(selforganized systems)。自组织系统是复杂动态系统,具有灵活性和适应性的特征,根据优化原则选择适应变化规则的路径。这种适应性由于系统的动态性而呈现出自发的特征,表现为临界的突现性,即复杂系统的动态性特征会使得新的事物自发地产生(Pessa, 2004)。每个学习者都是一个自组织系统,并由此发展出自身的 IL 系统,因为学习者总是根据输入状况发展出一套反映自身独特发展个性的高度自主化的系统。和语言习得的天赋观不同,动态系统理论认为,学习者由于自主能动性和个体差异性,在反复应用简单程序的过程中使得语言输出的复杂性超过了语言输入的复杂性,甚至导致了语言系统的多向复杂性(Tarone, 1983)。这一现象表明,学习的过程并非是基于输入的简单线性的增长过程,而是会出现倒退、停滞或者前进、跳跃等难以预测的变化。学习不但是通过重述(iterations)带来的生长(growth),而且是输入和自组织系统之间互动的结果。

IL 复杂系统的发展还可以通过 IL 变异(interlanguage variation)特性加以阐释。传统的二语习得观点仍然用线性方法解释各种语言问题和学习者的行为问题,而不是把变异性看作语言变化系统的本质特征。动态理论认为,IL 既体现出系统性,又体现出变异性。IL 是由规则约束的,即使变异性也是和任务、言语者、语言情景等诸种因素系统性相关。Tarone (1985)在分析社会情景和规则使用概率之间的关系时建立的 IL 模型表明,学习者的 IL 是一个包含了不同变异程度和内在持续性的言语风格连续体,各种各样的语言形式沿着连续体从低向高排列,表示 IL 从

零到最大值的变化。学习者按照对言语产出的注意量大小在连续体上上下摆动，或者随着新语言结构的习得沿着连续体逐渐上升，或者随着语言损耗或损失沿着连续体下降。这种双向运动体现了动态复杂系统随时间变化所突现的变异能力（variable competence）（Tarone，1985）。

虽然动态系统理论早已应用于气象学、数学、神经学和心理学，然而直到 20 世纪 90 年代才用于二语习得（SLA）研究，而 Herdina & Jessner（2002）的多语动态模型（dynamic model of multilingualism，DMM）的出现则被看作探索多语以及 IL 机制的第一步。Cook（2003）进一步认为，只有将整体论作为理解多语复杂系统之间动态互动关系的前提，才能发现语言发展的转化机制。这种整体论的方法就是将个体认知因素，如内在的动机、焦虑、语言能力，和外在的自尊、态度、交际意愿、行为以及其他一些社会因素一起作为测量多语系统复杂性和变异性的参数。从这一观点出发，Cook（2003）提出了在应用语言学中描述双语及多语能力时广泛使用的术语——"多能力"（multicompetence），并在此基础上重点阐述了 L1 和 L2 之间的动态关系。他发现不同语言之间不是作为各自分离的系统发生互动关系，而是作为一个整体的整合连续统（integration continuum）。L2 使用者在语言知识、思维方式以及语用行为等方面既不同于母语使用者，也不同于 L1 使用者，而是呈现出跨语言的非线性变异特征。L1 与 IL 之间的思维关系和 IL 与取代 L1 位置的 L2 之间的思维关系是不同的（Cook，2002）。Cook 之所以指出这一差别的主要原因在于强调要用整体论方法看待语言之间的转换，而不是简单地把多能力看作只是 IL 语码的机械转换。

复杂性理论认为，IL 复杂系统就是自组织系统中受内在与外在反馈过程影响的复杂信息流（complex information flow）。任何新的输入所引起的反馈既可能给系统带来更高一级的秩序，也可能使系统进入混沌状态。此时微小的紊乱都可能引起所谓的蝴蝶效应，即反馈的放大一旦超过临界值就会对系统产生重大的影响，而系统的失衡也会使局部变化演变为整体的重组。但这种表面的无序恰恰表明了系统内部的高度关联性以及系统对于外部信息的高度敏感性。值得注意的是，输入的新信息不一定会同时对所有次系统都产生同样的影响，也可能对有的次系统先影响，而对有的次系统后影响，或者对有的次系统影响大，而对有的次系统影响小甚至没有影响。因为不同的次系统处于不同的界面（interfaces），因而和输入信息的关联度不同，如处于不同结构层面的语义、语音、语词、语句、语用等对某个新信息的敏感度就可能不同。次系统之间的影响因子既可能形成一种共存关系，也可能形成一种竞争关系，进而在这两种关系之间寻求动态的平衡。由于系统的复杂性,新的信息可能一开始只有局部的影响,随着影响从局部向整体扩大,对信息流的反馈过程不仅会具有调整、放大信息的功能,而且还会具有引起未来变化的潜在功能。

动态系统理论认为,L1 对 L2 的影响,特别是对 L2 早期发展的引子作用,具有自我参照(self-reference)的特征,即表现出 IL 特征的学习者系统(learner system)和其原有的语言知识具有明显的耦合(coupling)作用,使学习者的语言能力保持稳定的状态。随着信息输入的不断增多,不断增加的复杂性打破了原有的平衡,引起了系统内部的冲突,导致了系统间的脱耦(uncoupling)(Plaza-Pust,2000)。此时学习者系统进入分叉区域(bifurcation regions)的不稳定状态,在 L1 和 L2 之间的替换性引子(alternative attractors)产生的摆动作用下发生显著的变化。在复杂系统的语境下,变化呈现出三个特征:第一,变化并不是即刻发生的,而是随着摆动的增加,学习者系统进入不稳定状态后才出现的;第二,老系统对变化的抵抗迟滞了学习者系统的相位转换(phase transition),所产生的滞后效应使得替换性引子无法对后者施加足够的影响。这一现象表明,原有系统的超稳定性只有在系统到达临界点时才能显示出变化对其产生的影响,即前引子总是尽可能长时间地控制系统,直到被竞争性参数所替代。第三,变化的结果所产生的多样性选择表明,不稳定状态使系统具有了向整体开放的特征,标志就是系统穿越分叉区域实现转换(Briggs & Pea,1990)。

变化是复杂动态系统的灵魂。变化代表语言的发展,没有变化也就没有语言的发展。变化的潜力来自冲突,而冲突则产生于替换性选择(alternative options)的共存之中,冲突为变化的出现铺平了道路。没有冲突和变化,学习者系统就会面临石化。在稳定和变化的关系中,稳定是相对的、暂时的,而变化则是绝对的、永恒的。稳定只是变化的一个特殊形式,是一种暂时的平衡状态。只有不稳定状态才预示着新事物的诞生,才能使系统的自组织原则发挥作用。这就是变化的哲学、变化的辩证法。

五、复杂系统下语言研究的方法论

复杂系统下语言使用与发展的研究方法应遵循以下基本原则:(1)从生态观点出发,将语境看作复杂系统的一部分;(2)以复杂性观点取代还原论,以多因素影响因子研究的整体观取代单一因子的局部观;(3)把复杂系统看作变量关系随时间变化的动态过程,将自组织性、反馈、突现性置于中心的地位加以考虑;(4)坚持复杂性观点下的因果关系,用多因子因果关系取代单因子因果关系；（5）避免二元论思维，用共适应性、软集合等观点取代习得与使用、行为与能力相对立的二元思维方法；（6）将互动看作多因子系统随时间变化产生集合变量的原因，并从中寻找变量之间的相互关系；（7）关注相同水平和时段中的系统变化，更要关注不同水平和时段中的系统互动所发生的关联性及其意义；（8）从变异性的角度观察稳定和变异性之间的关系，以寻找系统发展的真正原因。

形成性实验（formative experiments）和传统实验不同，传统实验追求的是近似的、线性的因果关系，而形成性实验从复杂性理论的生态效能观出发，观察和解释互动变量随时间变化导致的多因子因果关系。传统实验通过控制语境或情境变量获得实验数据，这种人为控制的方法往往造成数据的失真而扭曲了结果的真实性。形成性实验避免了这一局限性，从复杂动态性的角度观察真实的场景，通过软集合和共适应性的方法研究和解释学习者对语境特殊性因子产生的变化与适应过程。在形成性实验中，研究者先设立一个教学目标，然后观察需要什么样的材料、组织或变化的参与才能实现这一目标。形成性实验所关心的不是系统的状态，而是系统的潜力；不是系统的功能，而是一个系统的变化如何引起其他系统的变化；不是个体的形成过程，而是变化所影响的互动网络为实现教学目标所形成的共适应性的过程和机制。这一思想方法和新维果斯基主义的理念十分相似。

设计性实验（design experiments）和传统实验的区别在于，传统实验关注的是学习的结果或者是最终的产品，而设计性实验注重的是学习的过程。复杂性理论认为，在复杂的学习环境下很难通过实验设计测量特殊变量所产生的影响，而设计性实验通过反复变化不同时间条件下的学习环境，收集影响变异的数据，并将其补充到未来的设计中去。在设计性实验中，教师不必按照事先的实验规定刻板地操作，可以根据课堂发生的实际情况做出灵活的调整，从而获得更为真实的数据。

行动研究（action research）关注系统行为发展的可能性以及在复杂系统环境下次系统对环境所做出的反馈。行动研究者不是系统之外的局外人，而是活动的指导者和组织者。行动研究根据教学中的问题首先有意设置一个干扰项（noise），以观察次系统可能做出的反应，然后利用列文环（Lewinian cycle）诊断、计划、行动、评估、确认系统对扰乱（perturbation）所表现出的反馈特征，以更深入地了解系统的动态机制（Baskerville & Wood-Harper, 1996）。

纵向案例研究（longitudinal case-study）与时间序列法（time-series approach）着眼于复杂性系统下的个案研究，和中介语研究有着显著的差别。中介语研究常常是横向研究,因而无法对个体的发展和变异性进行个案描述。而纵向案例和时间序列研究将个体发展放在不同时段中加以考察,通过系统之间水平及时段的关系了解个体的变异状态。在复杂系统中,不同的系统处在不同的水平及时段,其变化率是不同的。因此,要了解系统的变异轨迹,就必须根据变化率选择恰当的时段作为采样间隔来收集数据。系统越是复杂,测量的空间就靠得越近,测量的时段就越多。

微观发展法(microdevelopment)通过在一个相对较短的时段内研究系统的行为变化,以推断其后较长时段可能发生的行为变化以及多种可能发展路径的变化动因。在传统研究中,变化常常是通过对末端测量之后推断而来。而微观发展法寻求在不同的时段上直接观察系统发生的行为演变,将多时段上的小规模变化轨迹绘制到长时段的变化规律的拼图之中,使我们能够分析并发现表面上达到同一末端值实际上却有多种可能性的发展途径。这一发现可以有助于我们了解不同学习者的个体差异性以及由此产生的变异性特征,并以此为基础解释系统的行为特征,最终找到符合个体学习者的最佳发展途径。

计算机建模(computer modeling)是研究复杂动态系统的重要方法。计算机模型模拟真实场景下的系统,对收集的实验和观察数据进行测试。目前最常用的是行动模型和神经网络模型,特别是神经网络模型的研究近年来正在获得极大的关注。神经网络模型通过模拟大脑的学习过程研究人类的学习机制。但这一方法也存在局限性,由于把个体学习者作为孤立的认知对象,割裂了人的情感属性和社会属性,用简约化的系统代替了真实的复杂系统,所以不能准确、完整地反映真实的状况。因此,计算机模拟语言发展模型的有效性必须通过将模型得出的结果和真实的人类复杂系统产生的结果加以分析、对比。如果模型反映了真实世界人类系统的行为机制,就可以证明其有效性,反之则要做出调整和修改。神经网络模型对初始状态的敏感性还会使得获得大量真实的数据十分困难,有时甚至常常得到错误的数据。实验条件和学科的专业性也使得神经网络模型的研究不但艰深,而且代价高昂。例如,大脑成像(brain imaging)技术可以被用来进行脑电图绘制和脑功能磁共振扫描图像,通过详细分析大脑活动的动态机制,将原来对大脑局部区域的学习机制和知识储存机制的静态研究转向大脑对关联信息触发和交互影响的加工机理的动态研究,这些研究大大推动了神经语言学的发展。

交叉使用不同的研究工具,在不同的系统水平和时段上收集数据,是尤其适合复杂系统研究的常用方法。经常使用的有以下三种:(1)话语分析与语料库语言学交叉法。虽然语料库用静态方法收集的语料不能显示语言使用及未来发展潜力的动态性,但是在某种程度上它可以用来代表所收集来的语料的言语社区的语言资源状况。通过将语料库语言学和实际话语结合分析,能够探索语言形式的渊源及动态性特征。(2)二语习得与语料库语言学交叉法。现今二语习得领域已经越来越依赖计算机处理的大型纵向语料库为二语学习理论研究提供实验数据的支持。(3)二语习得与会话分析交叉法。话语分析研究微观时段层面的语料动态性特征,能够结合二语习得研究描述语言学习活动的发生、组织和发展机制。这种微观发展分析方法为语言共时动态性研究提供了又一个有效的手段。

从以上论述不难看出,作为动态系统理论核心概念的复杂系统实际上由两个层面组成:微观层面和宏观层面。前者由个体自组织系统组成,是由个体元语言知识、意识、思维、认知、转换和能力所构成的元系统(metasystem),表现出其独有的行为和体验。后者是由前者共同构成的互动网络,一个庞大的受内外反馈过程调节和控制的生态系统。复杂性理论认为,不能用还原论的观点把生态系统简单地还原成一个个的个体原子,而必须用整体论的观点从宏观背景的视角观察个体的行为及原因。正是个体的不可还原性决定了复杂系统的研究方法具有纵向性和历时性的特点。即便是使用横向和共时的研究方法,也一定要将它们看作动态过程中的不同变化阶段,这样才能真正描绘出复杂系统发展的变化轨迹,这是我们在研究中必须把握的原则。

第九节　生态给养理论

"生态"(ecology)一词由德国的生物学家 Ernst Haeckel 首次使用,他把生态定义为一种有机生物体在其生存和发展的环境中与其他各种有机生物体之间的整体关系(Van Lier,2000)。我们可以将之理解为在某一个特定研究领域采用整体的方法探索某一个物体或者某个过程在某个特定环境下,与其他与之共生/共存的物体或者过程的相互关系。Haugen(1972)曾提出拒绝只关注静态结构的语言研究(比如音系学、语法学和词汇学)的观点,提倡从生态视角研究环境如何影响语言的使用和发展,以及语言的使用者之间及其与环境之间的相互影响与共生关系。

社会文化理论从一开始指导西方二语习得研究就与生态元素结合,发展成为生态语言教学。生态语言教学把语言学习者与语言环境的关系相结合,构成全面解释和指导当代语言教学与研究的新理论流派,采用动态的、宏/微观结合的方法,聚焦社会环境与师生的互动,关注语言的意义、形式及结构,强调语境(高瑛,2009)。该方向的研究认为环境是借助语言调节认知的重要"给养供应站"(provider of affordances),在给养充足的环境中,学习者可以获得更多的机会锻炼使用语言(Van Lier,2000)。Van Lier 给 affordances(给养)的定义是教师引导下的语言学习机会,这些机会允许学生从不同的、经过具体计划的、互动性的、合作性的任务中学习,以期达到在真实社会的特定环境中使用语言的目的。Van Lier 用这一术语代替了 Krashen 等人关注的 linguistic input,认为为学习者提供互动性的学习机会比单纯提供语言性输入更有利于语言的习得。社会文化理论与生态角度的二语习得研究在性质上有共同之处:两者都关注语言学习的社会环境、学习过程中各个变量的整体性(holism),并把它们看作语言学习过程中的重要元素,因此研究人员认为可以借助两者的理论框架从宏观和微观角度设计语言任务。

自 20 世纪 90 年代末期以来,在第二语言习得领域社会文化理论方向相关研究热潮的带动下(Lantolf,2006;Atkinson,2011),与其紧密相关的生态方向的研究也随之日渐丰富,主要代表人物是 Van Lier(1997,2000,2004)、Kramsch(2000)、Steffensen & Fill(2014)和 McNeil(2014)等,他们均认为二语习得研究除了语言输入还应关注社会文化环境,如动物在自然环境中不仅要了解自然界的资源,还要把握利用资源和与其他生物互动的机会,采取相应的行动才能生存下来。因而除了语言学习者大脑内部发生的变化,还应关注大脑处于何种社会文化背景的内部(Van Lier,2000)。

一、环境和给养的定义

生态理念认为"环境为有机生物的行动提供机会和资源,同时也为从环境中被感知的内容提供信息以便于指导行动"(Gibson & Pick,1986);给养(affordances)被定义为"what(the environment)offers the animal, what it provides or furnishes, either for good or ill",(环境为其中的动物所给予、提供和配置的,不论是积极的还是消极的)(Gibson,1979)。在二语习得领域,Van Lier(2004)认为给养是"个人在采取行动时所能获得的内容"(what is available to the person to do something with),也是不同的环境中老师引导的互动学习机会。因此,我们认为给养是语言学习者在其环境中将所能获得的学习资源和互动学习机会,通过行为转化成对语言学习有意义的内容(积极的或消极的)。

根据 Gibson & Pick（2000），"环境为行动提供机会和资源,同时为从环境中被感知的内容提供信息以便于指导行动"。换句话说,环境是客观的一整套资源和互动机会,它们有可能被有机生物获得,环境只有被生活在该环境中的特殊的有机生物认为是有意义的时候,该环境才有可能转化成给养。Gibson 对环境的概念化方法从生态系统中不同作用者（agents）角度承认了感知客观环境的相对性和主观性。在二语习得领域这一概念使我们从学习者的角度认识到环境的重要性,不再将研究局限于影响学习者本身的一系列客观的变量和特征上,而将环境解释为充满不同的意义浅势（meaning potential）（Halliday,1978）。根据 Van Lier（2000）"这些意义浅势在学习者采取行动时,在环境内或者是与环境之间产生互动时,逐渐进入学习者能获得的范围中",即认为环境充满了意义浅势,只有这种意义浅势被学习者认识到的时候才变得对其有意义。夏纪梅（2000）则认为语言学习环境包括"学习环境、学校环境、课堂环境、社会环境等是否有利于外语学习的环境"。

给养一词由心理学家 Gibson 于 1971 年首次提出,之后又在陆续出版的著作中进一步阐述,之后学者们在第二语言(外语)学习和教学相关研究中从应用语言学角度对给养问题进行了探索（Dewaele,2010; Otwinowska-Kasztelanic,2011; Van Lier,2007; 2008）。目前最为广泛引用的给养概念是"环境中的给养是环境为其中的动物所给予、提供和配置的,不论是积极的还是消极的"（Gibson,1979）。后来 Haugen（1972）和 Hornberger（2002）将 Gibson 的定义引用到社会语言学、语言教学和语言学习领域。Van Lier（2000; 2002; 2004）认为,给养概念中提出的相关元厂能性、机会、直接性和互动,他将给养定义为"是环境的特殊成员,与环境中积极采取感知行为的有机生物相关,给养促进有机生物采取的行动。究竟什么内容能成为给养,取决于有机生物做什么、怎么做以及它认为什么是有用的"。Halliday（1978）认为给养是"行动潜势（action potential）",它出现在我们与物质社会进行互动的过程中。因此,环境为我们提供了行动的机会、资源,供我们感知,以便指导我们的行动。换句话说,环境是一系列的机会和资源,可能在某个有机生物可获得的范围之内,环境只有在该生物认为有意义时才会转化成给养。那么在语言学习领域,就可以把给养理解为:语言学习者在其环境中能获得的一切被转化为对语言学习有意义的资源和学习机会。因此,在对学习者所能获得给养状况进行调查的时候,首要的任务是找出学生英语学习环境中所能获得的资源和机会有哪些,哪些被转化成了给养,还有哪些给养需要补充等。作为英语教师则应该找出对语言学习者学习有帮助的给养,并在教学中设计合理的任务尽量让学生感知、解读更多给养,进而采取行动转化更多的积极给养,提高语言教学质量。

二、给养的理论框架

生态理论与社会文化理论兼容性很强,两者都将社会互动作为研究焦点。通常对于实现一个目标,一种独立的给养是不够的,如掌握熟练的口语,需要一整套给养同时发挥作用,如教学方法、老师、网络等,也可以说目标决定了它本身需要的特殊的一整套给养(Aronin & Singleton,2013)。那么给养如何形成呢?

宏观给养理论框架包含三个要素:语言使用者、环境和语言(Aronin & Singleton,2013),给养的产生是三者共同作用的产物。不同的语言学习者在同一个环境中,或者同一个学习者在不同的环境中,转化给养状况都不同。任何一个特殊的情境都可以被看作一个三角(或大,或小),产生适合于这一特殊情境的一整套给养。

微观上,给养由感知、解读、行动三者之间的持续互动作用形成一个循环。语言使用者感知环境提供的学习资源和互动学习机会,对其进行解读,进而采取相应的语言学习行动,将其转化成给养。如果语言学习者是积极的,就会感知并解读环境中的语言学习给养,利用它们采取语言学习行动,因此 Van Lier(2000)认为语言给养调查的评估单位并不是语言输入,而是寻找学习者在环境中感知、解读到的对语言学习有意义的内容,如学习资源、互动学习机会和语言学习行为等。对于不同的人来说,转化给养的情况不同,对一个人有效的给养,可能对别人无效;同样的给养在不同的情境中作用也不同;即使对于同一个人来说,不同的情境中转化的给养也不同。如森林里的蜘蛛可用叶子来避雨,而人类可用来生火取暖或做书签。森林是环境,蜘蛛是行为人,它感知、解读到了叶子(资源)、其遮雨的作用和与环境互动的机会(这里指有避雨的机会),采取了避雨的行为,因此这个微观环境被蜘蛛转化成积极的给养得以生存下来;而在饥饿的情况下,蜘蛛则要从环境中感知某种食物(即资源),解读它是可以吃的(eatable),并与其他生物产生互动,采取吃掉别的生物的行动来获得生存;对人类同理。因此,个体学习语言的过程中,需要感知周围社会文化环境中的学习资源和互动学习机会,解读它们的作用,采取相应的行动转化给养,所以给养是从具体的活动中浮现出来的(Van Lier,2000),即可以从学习者参与语言学习活动过程所包含的学习资源、互动学习机会和行动上调查转化给养的状况。给养的宏观和微观框架都体现了给养复杂性的特征,这与混沌 / 复杂理论(Larsen-Freeman,2011)和将学习环境看作复杂适应系统(complex adaptive system)理论(Van Lier,1997)一致,反对将复杂现象简化成卡迪尔二元论(Cartesian dualisms)(Inwagen & Zimmerman,2008)范式进行研究,与乔姆斯基的普遍语法(Universal Grammar)、格赖斯的普遍性原理(Universal Maxisms)或哈贝马斯的普遍语用学(Universal Pragmatics)等寻求二语习得共相性的研究范式都不同,主张从描述性数据寻找个体的、特殊的、具体的特征。

三、生态给养理论的国内外研究

目前,关于 EFL 学习环境的研究已经对语言学习环境的特征,以及改善学习环境对外语学习的有益启示提供了可参考性的建议,如关于环境对学习者内在因素影响的研究,CALL 在课堂环境有效性的研究和在课堂内互动活动的研究等,但是关于学习者对学习环境的有意义的建构和学习者在构建学习环境时能动性的研究却比较少见。语言学习环境的给养(affordance)是由学习者在环境中进行互动时,积极的发挥学习者能动性塑造的(Lantolf & Pavlenko,2001)。

在中国,英语并没有官方语言的地位,但英语的使用非常广泛。英语在中国虽然不是日常使用语言,但是英语在中国学校教育中却是一个非常重要的科目。确立英语在中国的地位和英语学习环境对中国的英语教育有直接的关系。由于很难评估 EFL 背景下英语学习中有意义的互动,目前关于英语学习环境的研究主要集中在四个方面:(1)学习者内在的因素;(2)英语学习环境的 CALL 的应用研究;(3)教学背景;(4)课堂互动。关于学习者内在的因素将研究的焦点集中在英语学生的学习动机和情感因素的影响;而 EFL 环境中关于 CALL 的目的是通过应用计算机为基础的工具改善课堂环境;第三种研究是对教学方法方面的研究;而最后一种关于课堂互动的研究则主要分析堂内教师与学生之间的互动、反馈、意义协商等问题。但是这些研究没有直接对学生自身在感知和构建有助于自身学习的环境时发挥积极地、能动性的作用进行分析。

实际上,环境并不是客观的也不是一成不变的,环境本身是弹性的、相对的,而且是由学习者主观的认识决定的。也就是说,即使两个学习者在同一个语言环境下(从客观因素方面来看),也可能会对环境有不同的认识和感知,因为他们语言学习历史、生活背景、身份和自身价值观都可能是独特的,而且是动态的。因此,学习者在某个特定环境下学习 L2,势

必会受到他 / 她所能认识、感知和使用的给养的情况影响。

　　将给养的概念应用到 L2 的学习中使我们从学习者的视角认识环境的重要性，并不在于限定学习者的各种客观的变量和特征上。这种视角认为环境中充满了意义潜势（meaning potential，或称潜在的意义）（Halliday，1978）。Van Lier（2004）认为这些意义在学习者于环境内行动和与环境之间产生互动时逐渐被学习者获得，也就是说，环境中本身充满了潜在的意义，但是这些意义只有在被学习者感知和识别的时候才会发挥作用，这种被感知和认识到的意义，被称作给养，也就是 Van Lier（2004）所指出的，"给养即为个体做某些事情时所能获得的内容"。当然，环境中存在着被学习者识别和感知的给养，也存在着没有被学习者识别的给养，而没有被感知和识别的给养仍在作为意义潜势存于环境中。因此，语言学习从生态视角的研究就是依据学习者与环境的关系展开的。

　　主流二语习得研究倾向于脱离社会文化背景对某一个变量进行单独研究，而生态理念下的研究关注人与环境和人与人之间的互动关系对二语习得的影响。自 20 世纪 90 年代末期以来，在二语习得领域社会文化理论方向相关研究热潮带动下（Lantolf，1997，2006，2012；Ganem-Gutierre，2013；Alkinon，2011），与社会文化理论紧密相关的二语习得生态方向的研究也随之日渐丰富，主要代表人物是 Van Lier（1996；1997；2000；2002；2003；2004；2008）、Kransch（2009）、Steffensen & Fill（2014）、McNeil（2014）和 Guerrenttaz & Johnson（2013）等，他们认为二语习得研究应关注社会文化环境，而不应只关注语言的输入，就如动物在自然环境中学会生存不仅要了解自然界的资源，还要把握利用资源和与其他生物的互动机会，采取相应的行动才能生存下来。因而，不应只关注语言学习者大脑内部发生的变化，还应关注大脑处于何种社会文化背景的内部（Van Lier，2000）。

　　目前，二语习得领域关于学习环境给养的研究以理念论证为主，急需实质性的、纵向性的实证数据支撑其观点（Steffensen & Fill，2014）。已有的实证研究主要在技术辅助（如 CALL、网络、手机、ICT 等）的语言教学（如 Orr，2010；McNeil，2014；Jamian，Jalil & Krauss，2013 等）和多语言环境下的语言学习给养领域发展（Dewaele，2010；Smit，2013；Aronin & Singleton，2010；2012；2013 等），只有少数学者研究了自然的语言课内 / 外学习环境的给养状况，如 Menezes（2011）从语言学习历史角度研究了课外给养状况；Peng（2011）利用给养理论对中国大学英语学生学习信念变化进行了调查等，其研究中的不足是对给养的定义解读不够具体，对给养究竟是什么解释不够充分，对给养理论框架的阐述不够明晰，主要证明给养在二语习得过程中的重要性,但对给养转化的具体内容阐述不足;而 Lai(2013)则从学生对语义符号感知和语义行为方面对语言给养的形成进行了深度探索,并发现了语言学习策略的复杂顺应性特征,该方向研究方法多采用质性手段(如语篇分析、学习历史陈述、访谈等)。

第十节　动态评价理论

动态评价(dynamic assessment)又称"学习潜能评价"(learning potential assessment),是对在评价过程中通过评价者和学生的互动,尤其是在有经验的评价者的帮助下,探索和发现学生潜在发展能力的一系列评价方式的统称(Lidz, 2003)。动态评价这一术语由维果斯基的同事 Luria(1961)最先提出。Feuerstein et al.(1979)在 1970 年开发出一系列有影响的评价工具,极大地推动了动态评价的研究和发展。近几十年来,动态评价已成为西方心理学和教育测量研究与应用领域的一大热点。

动态评价的渊源可追溯到一个世纪前的智力测验。1905 年,Alfred Binet 和他的同事发表了世界上第一个关于儿童智力水平测验的量表。但不久他就认识到,智力测验不应只看结果,还应对儿童的认知过程和学习过程进行评估(Binet,1911,转引自 Haywood & Tzuriel,2002)。尽管当时他对这一想法怀有热情,但始终没有拿出可行的方案。

智力测验从出现之日起就存在很大问题,它只是"静态地"反映个体发展的结果。Buckingham(1921,转引自 Lidz,1987)曾指出,智力从教育的观点看应该被视为一种学习的能力,学习过程和学习产物都应是智力测验的组成部分。Thorndike(1924,转引自 Lidz,1987)曾提出测量个体学习能力的重要性。Rey(1934),Rubinstein(1946,转引自 Lidz,1987)都提出过类似观点,这些实际上体现的就是动态评价的基本思想。1950 年,Piaget 关于儿童认知发展的观点和智力评估的过程趋向为动态评价提供了理论上的准备,而真正推动动态评价发展的是维果斯基提出的社会文化理论,其"最近发展区"(zone of proximal development, ZPD)概念是动态评价的核心思想。

一、动态评价与静态评价的异同

Binet 于 1905 年提出、1911 年修订完成的智力测验量表问世后,引起了各国心理学家的兴趣,相关研究到 1940 年发展到顶峰。它对其他层面的心理测验及教育测验也产生了重大影响,在此基础上发展出来的各种测验统称为静态测验,或叫静态评价(static assessment),Haywood & Lidz(2007)称之为标准化测验(normative / standardized assessment)。Sternberg & Grigorenko(2002)指出:在静态测验里,测试者分次或同时向受试呈现一组测验题目,受试者在规定的时间内对相继呈现的测验题目进行作答,没有任何反馈或干预。测验结束后,每个受试者得到的唯一反馈就是分数报告。届时,受试者又为下一次测验或更多的测验做准备。

可见,静态测验的工具和过程都是标准化的,用统计数字表示个体的能力。它测量的是个体已经形成的能力,评价的只是学习的结果。Gould(1996)指出,标准化测验在美国流行由来已久,早期主要用来筛选移民和评估新征入伍士兵,后被用于其他领域。现今流行的 SAT、ACT、GRE 等均属静态测验。

动态评价是指把测量和干预结合起来,通过提示、指导和反馈等手段让受试者积极参与到测验活动中,对其思维、认知、学习和解决问题的能力进行评价的过程,它关注的是学习者未来的发展。Haywood & Lidz(2007)认为,动态评价与静态评价的区别主要是:

第一,评价对比对象不同。动态评价是拿自己和自己进行对比,静态评价是将自己与他人进行对比。

第二,评价所关心的问题不同。动态评价关心的是学生在新的条件下如何学习,其学习和行为表现怎样才能够得到提高,能提高多少,达到理想的水平需要克服哪些障碍。静态评价主要关心学习的结果以及学生能做什么,不能做什么;与同类人相比,其水平如何。

第三,就评价结果来讲,动态评价关心的是学生的潜能,即克服学习障碍后学生能够达到什么水平,如何克服这些障碍,在有经验的干预者的帮助下学生如何活动和表现。动态评价强调的是测验时学生学习和改变的心理过程。静态评价把 IQ 作为学生能力的总体估计,用它反映学生在所属群体中处于什么位置,只关心学生独立活动时所达到的水平。

第四,从评价过程来讲,动态评价的特点是个性化,关心学生学习新知识和新技能的过程,对其行为表现给予反馈。静态评价则采用统一的标准化评价方式,只关心在已掌握知识和技能的影响下形成的结果,对学习者的行为表现不给予任何反馈。

第五,在对评价结果的解释上,动态评价侧重弄清学习中有何障碍,克服这些障碍需花多大力气,以及如何克服这些障碍等。静态评价则看学习的局限在哪里,学习者在能力上与他人有何区别,未来测验的需求等。

第六,测验者扮演的角色不同。在动态评价中,测验者给出问题,判断学习者存在什么困难,必要情况下教给学生元认知策略,积极参与并促进学生发生改变。在静态评价中,测验者始终保持中立,只是给出问题,记录学生的反应,不进行任何干预。

静态评价以客观、量化为特征,设计精密、结构性强。它着重描述学生目前已达到的水平,偏重学习结果,只提供学生的成败信息,以评价者为中心。动态评价强调评价者与学生之间的互动,强调评价和教学的结合,突出了解学生的认知过程和认知变化的特点,着重考查学生潜在的认知发展水平。

二、动态评价的理论基础

动态评价的理论基础源于维果斯基的社会文化理论。该理论认为,人的心理机能是社会学习的结果,是文化和社会关系内化的结果,社会文化因素在人类认知发展过程中起着核心作用。维果斯基(转引自Riebert,1998)指出,"儿童心理机能的发展均两次登台:首先是社会的,作为一种心理间范畴的人与人之间的关系,其次是心理的,儿童内部的心理范畴……所有高级心理机能都是社会关系的内化。"他认为,内化是一个渐进的过程,始于有经验的成年人或同伴的帮助。随着儿童变得主动,成年人不断改进指导方式。当儿童能够独立调适自己的学习过程时,成年人仅仅扮演辅助的角色。

维果斯基创立的社会文化理论突出了社会、文化、历史对儿童心理发展的影响,他还创新性地提出了中介(meditation)、最近发展区以及支架(scaffolding)等概念。这些概念对动态评价的发展产生了重要影响,其中最有影响的是"最近发展区"这一概念。

"儿童独立解决问题的实际水平与在有经验的成年人指引下或与能力高的同伴合作解决问题时所体现出的潜在水平之间的差距,这个差距被称为该个体的最近发展区"(Vygotsky,1978)。最近发展区也就是个体未来可能的认知发展。维果斯基指出,把儿童独立解决问题的能力作为衡量其心理机能的唯一有效指标是不正确的,它揭示的只是儿童心理发展的部分机能,即他的实际发展水平。

"评估儿童的实际发展水平不仅没有反映其发展全貌,而且常常包含的是不重要的部分"(Vygotsky,1998)。他强调指出,儿童对于成人或同伴给予的帮助做出的反应是了解儿童认知能力一种不可或缺的特征,它预测了儿童最近未来的发展态势,即儿童在帮助之下现在能够做什么,未来他就能够独自完成什么。他曾举例说道：

假定我们对两个孩子进行测验，结果确定其心理年龄都是 7 岁。这意味着两个孩子解决问题的能力可达到 7 岁孩子的水平。但如果对这两个孩子的测验再往前走一步，给出一些超出他们实际年龄的任务，结果会发现他俩之间有实质区别。在提供范例或演示的情况下，其中一个孩子能够容易地完成超出其实际年龄 2 岁的孩子完成的任务，而另一个孩子只能完成超出自己半岁的孩子完成的任务（Vygotsky，1956，转引自Wertsch，1985）。

在维果斯基看来这两个孩子的能力既相同也不相同：

从他们独立完成活动的角度来说，他们的能力是相同的。但从最近潜在发展能力的角度来看，他们的能力又完全不同。在成年人的帮助下能够完成任务的孩子让我们了解到他的最近潜在发展能力。这意味着依此方法，我们不仅可以了解今天孩子发展已完成的过程、已结束的发展周期和已成熟的过程，而且可以了解正在形成的态势、逐渐成熟的态势和正在发展的态势（同上）。

所以，全面评估某一个体能力的发展，仅关注其实际发展区是不够的，要重视最近发展区，即看他明日能够形成什么，能够变成什么。了解到这一点，评估也就最大限度地接近了认知发展过程本身。最近发展区概念为动态评估理论和实践奠定了扎实的基础。

三、动态评价模式和方法

与动态评价有关的研究始于 20 世纪 30 年代，但大量专业化的研究在 20 世纪 60 至 70 年代才出现，在 20 世纪 90 年代后期达到高潮，主要代表人物有 Feuerstein、Budoff、Carlson、Campione、Brown、Stott 和 Lidz等。由于不同学者所强调的理念和侧重点不同，形成了一系列不同的动态评价模式。Lantolf & Poehner（2004）认为，这些模式可大致分为两类：干预式（inter ventionist）和互动式（inter actionist）。在干预模式中，帮助的形式是标准化的。它关注评价的"量化"指标：学习的速度指数（index of speed of learning）（Brown & Ferrara，1985）和学习者迅速有效地达到事前规定的学习目标所需要的帮助的量。在互动模式中，帮助出现在评价者和学习者的互动过程中。Elkonin（1998）曾举火车的例子阐述这两者的区别。他指出，干预式动态评价对学习速度和效率感兴趣，强调的是火车如何沿着轨道快速驶向终点。互动式动态评价更接近维果斯基的思想，对火车如何沿着已建好的轨道行驶的速度不感兴趣，强调如何帮助学习者自己铺设新的轨道,从而通向一个又一个规划好的车站。

（一）干预式动态评价

依据评价过程中辅导方式的不同,Sternberg & Grigorenko（2002）把干预式动态评价分为两类:"三明治式"（sandwich format）和"蛋糕式"（cake format）。前者就像传统的实验研究设计,先是前测环节,然后是实验处理,最后是后测。Sternberg 将凡是把指导环节安置在前测与后测之间的测验（评价）程序统称为三明治型,指导的内容完全依赖前测的结果。在后测阶段,评价者可以看出通过辅导学习者取得了多大进步。

Budoff 等人提出的"测验—训练—测验"模式就属于三明治型。Budoff 认为,通过训练,个体的测验成绩得到了提高,这一变化本身就反映了他的学习潜能,这种评价个体从训练中的获益能力,就是 Budoff 提出的学习潜能评价（learning potential assessment）,迄今已发展出 12 个标准的动态测验（Grigorenko & Sternberg, 1998）,每个测验都有一套特定的操作程序。这些测验可单独使用,亦可团体施测,前测之后的训练环节尤为重要。Budoff 指出,缺少中间训练环节,个体解决问题能力的改善就不能得到证明。训练时要特别注意引导学生的注意力,指导学生掌握解决问题的策略,给予学生展示解决问题的能力和通过训练提高操作成绩的机会。该模式采用"残差获益分数"（residualized gain scores）计分,依据获益分数把受试分为高分者、获益者和无获益者。高分者指前测和后测成绩俱佳者,获益者指后测成绩取得明显进步者,无获益者指后测成绩无显著进步者。Budoff 设计的测验程序创造性地把静态评价融入动态评价之中,在动态和静态评价结合方面做出了重要尝试。

"蛋糕式"动态评价指在测验过程中对受试者在每一测验项目上的反应逐项进行指导,包括明示的和隐性的指导,这种辅导就像在蛋糕（测验项目）上涂抹一层奶油（暗示）,因此被称为"蛋糕型"。测验时,测试者向受试者逐一呈现测验项目,如果受试者能够作答,就呈现下一项目;如果受试者不能回答或解决问题,就给他呈现一系列暗示,直到能够正确作答或放弃为止,然后再呈现下一项目。在此过程中要注意观察受试者的表现,给予多少帮助或什么类型的帮助要视情况而定,而且要有详细记录。

Lantolf & Poehner（2004）指出,较成熟的蛋糕型评价程序有两个,一个是 Güthke 等人 1982 年在莱比锡大学开发的学习测验程序（the Leipzig Learning Test, LLT）,另一个是 Brown 等人设计的逐步提示评价程序（the Graduated Prompt Approach, GPA）。LLT 最早叫 Lerntest,由

多项测验组成,包括语言测验(Güthke et al.,1986)。其语言学能测验程序是,给受试者呈现一组几何图形,与之相配的是一组人造语言词汇,要求受试者通过完成任务的方式找出其中的模型。如果受试者首次尝试失败,先给他较模糊的提示,让他想一想。第二次不成功,提示稍明确些。若再不成功,提示再明确些。最后答案还不正确,就告诉其正确的模型,并给出正确解释。报告测验结果时除结合提示次数和所花时间给出分数之外,还要报告所犯的错误、获得的帮助和提示过程。Güthke 认为,在教师的帮助下,儿童的每项认知功能都能在最近发展区内形成、发展并内化。因此,他们开发的多种不同类型的测验均特别强调在训练环节突出测验者重复、鼓励和提供系统反馈的作用。Güthke & Beckmann(2000)及其同事还开发了电脑版的 LLT,尝试在大规模范围内实施。

GPA 按照"前测、学习或训练、迁移、后测"的程序来了解学生学习和迁移的能力。此程序也采用了标准化的提示系统,其独特之处在于增加了迁移任务。测验的第一步先呈现给学生一些题目和任务,了解其当前水平。学生如有困难,就给予暗示、指导或建议,帮助他们发现解决问题的规律,并应用这些规律去解决问题。一旦学生能够独自解决问题,就给他呈现一系列迁移问题,先是与前面的问题或任务相同但稍做变化的"近迁移"(near transfer),然后是有较大变化的"远迁移"(far transfer),最后是更加复杂的、有大幅变化的"极迁移"(very far transfer)。迁移过程完成后,实施后测,这样就可以评价出学生最大可能的表现水平。在计分与评价方面,可根据提示量的多少核算,提示量越多,表明学生学习能力越低,迁移能力越低。反之,提示量越少,说明学生的学习能力越强,迁移能力越强。该模式的特点是,它不但可以让我们了解学生学会新东西的速度,也能告诉我们学生把所学的规则和原理用于解决新的问题的能力(Brown & Ferrara,1985)。

(二)互动式动态评价

Minick(1987)指出,在维果斯基看来,最近发展区不是评估学生学习潜能的途径或测量学习效率的方法,而是"了解学生在下一个或最近的发展阶段所能具备的各种心理过程(潜能)的手段,是确认学生实现这些潜能需要什么样的指导或帮助的手段。"与强调量化的干预式动态评价不同,互动式动态评价更侧重对学生心理潜能发展的质性评价。

Feuerstein 是动态评价范式的奠基人物,是互动式动态评价模式的坚定支持者。他认为,必须放弃传统测验中测验者和被测验者的关系,取而代之的应是一种师生关系。为了学生的最终成功,师生应该共同合作。Feuterstein 所提模式的核心是"中介学习经验"（mediated learning experience, MLE）理论。他认为，学习是一个相互作用的过程，教育者、学习者和学习任务三者之间不断相互作用。教育者作为中介者有意图地选择、安排和重复那些对学习者认知发展重要的刺激，唤起他的好奇心，保证"学习者能以某种方式体验到这些刺激之间的关系"（Feuerstein et al., 1988）。通过中介者带有明确意图的互动，学习者增长了经验，领悟到了其中蕴含的规则，会较容易地将所学到的经验、知识和技能内化到原有的认知结构中。学习者把已内化的东西应用到解决新的具体问题中，会形成解决问题的能力，最终促成其经验的内化。

Feuterstein 等人提出的基于 MLE 的动态评价程序叫作"学习潜能评估程序"（learning potential assessment device, LPAD），这是一个多水平、多维度、多侧面结合的测验工具，成套的 LPAD 由 15 个子测验组成。在 LPAD 实施过程中，测验实施者随时根据对学习者的观察调整呈现任务的频率、顺序、复杂程度和测验的情境，以引起学习者的好奇心和兴趣，并极力促进学习者认知结构的改变。测验者实际上起到中介的作用，他随时对学习者的行为做出反应，他关注的是学习者认知结构的转化，而非行为表现的水平。可见，LPAD 设计上与干预紧密相连，是过程取向而非结果取向，强调测验者与学习者的互动，指出学习者如何通过帮助取得成功。

Minick（1987）认为，Feuterstein 的模式反映了维果斯基的最近发展区思想，给测验者较大的自由与学习者互动，通过一系列有针对性的帮助使学习者的潜能得到发展。这种模式还可清楚地诊断学习者的行为表现及其思考过程，这正是传统测验无法做到的。

（三）动态评价在外语教育领域的研究及应用

在心理学和普通教育领域，动态评价的研究硕果累累，但在外语教育领域则刚刚起步。Lantolf 正带领一批人专门从事二语动态评价方面的研究，出版了由 Poehner 撰写的首部关于二语动态评价的著作 *Dynamic Assessment：A Vygotskian Approach to Understanding and Promoting L2 Development*，详细探讨了如何把动态评价用于解决学生二语发展过程中出现的问题。他们编制的《动态评价教师操作手册》（*Dynamic，Assessment：A Teacher's Guide*）配有实例和录像，系统介绍了中介互动的做法，并把这些做法搬到了大学附近的小学西班牙语课堂，边应用、边改进，同时发表了一些相关研究（Poehner & Lantolf, 2005；Lantolf & Poehner, 2004, 2007；Ableeva, 2008）。

Kozulin & Garb（2002）也在动态评价研究方面做了积极的尝试。他们把动态评价程序引入基于课程的 EFL 阅读教学中，设计了包括前测、中介学习和后测三个阶段的动态评价程序，研究对象为 23 名因学业有困难没有通过中学英语考试的学生。其基本做法是，先让学生阅读一篇短文并回答问题，前测之后，课堂老师作为中介和学生一起检查学生做过的题目，"有针对性地帮助他们掌握回答每个问题的策略，和他们共同弄清回答每个问题的过程，并引导他们把解决问题的策略应用到新的任务上去"（2002）。他们还采取了其他形式的中介干预和帮助，最后让学生完成与前测平行的后测。Kozulin & Garb 认为，只靠前测不能完全了解学生实际水平，通过有针对性的中介干预不仅可帮助学生掌握解决问题所需的技能，还可确定学生从中获益多少，为此他们设计了一种叫作 LPS（learning potential score）的公式，量化前测后测之后学生的进步情况。他们认为只有这样才能了解学生能力的全貌和每个学生的具体情况，才能采取有针对性的指导，更好地促进学生的发展，这是一种典型的干预式动态评价。

Antón（2003）和 Gibbons（2003）的研究属于互动式动态评价。Antón（2003）把动态评价用于大学西班牙语高级课程的分班测试中。他通过评估学生在语法和词汇方面的准确性了解学生的语言水平，在此过程中通过与学生的互动进一步诊断学生的实际水平，以便将其编入合适水平的班级中。由于学生的最近发展区不同，互动时所需的指导亦不相同。

Gibbons（2003）的研究环境是基于学科内容的外语教学，研究对象是两位老师和他们 8 岁及 9 岁的学生。在有关吸引力的物理教学实验中，两位老师对学生进行了充分讲解和说明。Gibbons 发现，两位老师给出的大部分中介提示（mediation）对学生的最近发展区非常有效。通过中介干预，学生对这一物理现象的表述由使用日常词汇逐渐转变为较专业的词汇，表明教师帮助学生在两种不同的话语间建立了一座桥梁，中介互动促进了学生二语的发展，尤其是帮助学生建立并发展了一套新的专业语言。Lantolf & Poehner（2004）认为，"从动态评价的角度看，这一研究表明学生能够从他们当前实际的水平（用日常用语描述某一现象）发展到更高的水平（使用专业术语更加清晰地描述某一现象）。这一发展当然是教师中介干预的结果，没有中介干预，人们可能会低估学生的能力，更无从指导学生未来的潜能。"

目前正在进行的一些研究虽不属二语习得领域，但也代表了动态评价在理论和方法论层面的发展。Duvall（转引自 Lantolf，2008）把动态评价用于研究母语阅读困难的学生,他把干扰和互动两种评价模式都用在实验中,在找出学生阅读障碍的同时,帮助学生克服这些障碍。把动态评价技术用于延缓老年人认知水平的下降或治疗老年痴呆,虽与语言教育无关(Calero & Navarro,2004),却是心理学家十分感兴趣的话题,这显示了动态评价技术在脑损伤、智障等特殊群体教育中的应用价值和作用。

Sternberg(2002)指出,"动态评价是自 Binet 测验以来心理测验领域少数真正有价值的突破之一"。这是因为传统的智力测验和评价方式在实践中暴露出诸多问题:传统的、用数量表示人的能力的方法,测量的是个体已形成的能力,而不是个体的潜能。这种静态的、指向过去的、"以结果为取向"的评价模式不利于个体的发展。从教育层面来讲,它除了给个体贴上一个标签之外,对教学不能提供更多有价值的信息。当今流行的各种考试,包括外语考试无不只是报告一个分数,除此之外,无其他信息。传统的静态评价不考虑个体的文化背景、经济地位等社会文化因素,对个体的能力采取单纯量化的方式也易造成对来自社会底层人群的歧视。基于社会文化理论的动态评价强调互动和干预,强调评价与教学相结合,将传统评价所关注的"结果取向"转变为"过程取向",侧重对个体认知策略的培训和潜能的开发,通过中介互动探索学生的最近发展区,使评价本身最大限度地接近了个体的认知发展过程(Lidz,1997),让我们了解到学生的未来"所能"。这种评价模式对有效塑造学生的认知结构和指导教学均有积极的促进作用。

动态评价正是由于要求在评价过程中进行干预和互动,因而对评价人员的素质要求较高,评价过程亦耗时费力。评价的动态性也带来了信度和效度难以兼顾的问题。对动态评价持质疑态度的人正是看到了这一点而对其进行批评,Büchel & Scharnhorst(1993)认为测验没有标准化,就谈不上有什么信度。从事动态评价的研究者显然注意到了这一点,干预式动态评价就试图通过标准化中介训练的过程提高测验的信度。但Lidz(1991)指出,"动态"一词本身意味着变化和非固定,传统的静态测验"故意"选择稳定的题目测试学习者,这种做法本身无法准确反映"真实"世界的稳定和变化。照此看法,传统的"信度"概念需要进行修订了。谈到效度,Lantolf & Poehner(2007)认为,从维果斯基关于"发展"的角度看,动态评价程序旨在促进学生的发展,而且很大程度上也做到了这一点,因此也就最大限度地体现了测验的构念效度。这只是理论上的论证,要有更多实证层面的支持才有说服力,尤其是透过评价过程收集反映学习者心理过程的相关信息对构建和验证评价的构念效度最有意义。由于动态评价对学生潜能的发展带来很大益处,其后果效度(consequential validity）无疑值得称道,但效度检验中的校标问题往往是目前动态评价面临的最大挑战。

　　基于社会文化理论的动态评价不仅是一种理念,也是一种方法,它把评价与教学、辅导、诊断、培训、矫正有机地结合在一起,在心理、教育、临床等领域已有广泛应用,在外语教育领域只是刚刚开始。动态评价虽然在理论和实践层面还有很多问题亟待解决,但从"文化公平"和"人的发展"角度来讲,其应用前景是广阔的。

第四章　社会文化理论框架下的二语习得研究

第一节　二语习得研究的认知派与社会派

　　二语习得研究作为一个独门学科已有 40 年历史。该学科目前已形成两大对立阵营：认知派与社会派（或社会文化派）（Larsen-Freeman，2007；Zuengler & Miller，2006）。认知派始于 20 世纪 60 年代，社会派始于 20 世纪 80 年代（如 Frawley & Lantolf，1985；Lantolf & Frawley，1988）。1997 年，《现代语言》（*The Modern Language Journal*）组织公开论战，为两派的交流搭建平台，辩论持续到 1998 年。论战双方情绪对立，矛盾激化（Watson-Gegeo，2004）。时过 10 年，2007 年 12 月，《现代语言》再次组织两派辩论，双方没有丝毫妥协的迹象。

　　为了更好地理解当前认知派与社会派的争辩，我们有必要了解两派形成与发展的历史。只有将争辩置于特定的历史环境中，我们才能全面地、辩证地认识两派的立场与观点。

一、认知派与社会派的形成与发展

　　早在 20 世纪中期，Fries，Lado，Skinner，Weinreich 就发表了系列文章阐述行为主义的语言学习观（Larsen-Freeman，2007）。依据他们的理论，学习者好比被外界操控的 "机器人"，学习就是在外界正反馈的刺激下，通过反复操练，逐步形成习惯。学习成功的关键是适时提供正反馈。1959 年，Chomsky 在批判 Skinner 的行为主义理论基础上，推出了普遍语法理论。他认为所有语言在深层结构上享有共同特征，儿童能够快速高效、不费气力地学好母语，就是因为先天拥有这些共同特征，他们的语言行为不是成人语言的简单镜像反映。外界输入激活个体先天的语言习得机制，个体借助于这一先天机制对输入进行创造性加工，内化为有限的抽象规则,最终依据这些数量有限的规则产出无数语法规范的句子。

在乔姆斯基理论的直接影响下,20世纪60年代有学者挑战行为主义理论。他们开展了两类研究(Larsen-Freeman,2007):(1)对二语学习者错误的研究(如Corder,1967;Selinker,1972);(2)英语语素习得研究(如Bailey,Madden,Krashen,1974;Brown,1973;Dulay & Burt,1974)。这两类研究的结果奠定了二语习得认知理论的基础,他们将二语习得理论从行为主义桎梏中解放出来,二语学习者成了有思维能力的独立认知个体。在当时的社会背景下,这种对学习者主体作用的肯定无疑是一种进步。二语习得的研究内容逐步明确为:第一,储存在大脑内的二语知识体系。第二,习得二语知识的过程。前者从静态的角度分析储存在个体大脑中二语知识体系的特征,后者从动态的角度考察个体学会某种二语的过程。运用Gregg(2003)的术语,前者是建设二语习得的特征理论(SLA property theory),后者是构建二语习得的过渡理论(SLA transition theory)。

20世纪90年代,认知派内部开始出现分化,他们内部争论的问题集中在"语言如何习得"。"特殊先天论"者相信语言习得主要取决于人生来具有的语言习得装置,"一般先天论"者认为学习语言与其他认知技能一样,由人生来具有的一般学习能力与认识能力决定(O'Grady,2003)。特殊先天论与一般先天论的相同之处是:学习者内化储存在大脑里的是抽象语言规则。与先天论相对抗的是"后天论"(Valdman,2002)。"后天论"认为语言学习基于后天接触的范例(Instance),决定语言学习成功的因素是范例的频次与质量(Ellis,2003)。部分学者(如Skehan,1998)提倡运用"基于规则"与"基于范例"两种平行并存的学习模式解释二语习得的过程。

Larsen-Freeman(2000)总结了认知派研究的主要问题:(1)母语对二语的影响;(2)惯用语(formulaic utterances)的作用;(3)可理解输入的充分性;(4)自由变体是否存在;(5)注意(noticing)的必要性;(6)明示教学(explicit instruction)的价值;(7)不接口立场(noninterface position)的可行性;(8)负反馈的必要性;(9)年龄的关键期是否存在;(10)成功学习者的策略是否可教;(11)元语言知识的作用。

Gass等人(2007)认为,尽管认知派从20世纪80年代后期受到社会派的挑战,但是二语习得作为认知科学的总体方向并未由此改变。他们的结论主要依据三种主要二语习得研究杂志(*Studies in Second Language Acquisition*,*Language Learning*,*Second Language Research*)最近10年来发表的实证研究文章。在这三种杂志212篇报道实证研究的文章中,仅有 16 篇依据了社会派理论。当然,这样的统计数据不能完全反映现实。

社会派阵营于 20 世纪 80 年代中期初步形成。他们的理论背景比较复杂,有的受苏联维果斯基(Vygotsky)社会文化理论(sociocultural theory)和里昂且夫(Leontiev)活动理论(activity theory)的影响,有的基于会话分析理论(conversation analysis),有的信奉语言社会化理论(language socialization theory),有的相信后结构主义(poststructualism),有的以巴赫金的对话主义(dialogism)为基础(Swain & Deters,2007)。

对社会派影响最大的是维果斯基理论。维果斯基理论主要包括中介说(mediation)与内化说(internalization)(Lantolf,2006)。中介说主张人的生存与发展依赖于物质或符号工具作为中介。语言是高层次认知的符号工具,儿童运用这一符号工具参与各种社会活动,与他人进行文化与思想的交流,儿童还运用它进行反思与自我调节,甚至儿童的自言自语(private speech)也能够帮助克服认知过程中的困难与障碍。简言之,中介说认为语言是人发展的重要符号工具,脱离人的过去历史以及人所处的文化环境是无法研究语言的特点与规律的。内化说主张人的意识与认知是社会化和社会行为的终结产品。儿童认知发展经历两个阶段:第一阶段为社会交际活动,第二阶段为个体内部心理活动。社会交际活动先于个体的心理活动。这种从外部、人际间的活动形式向个体内部的心理过程的转换就是“内化”。

依据维果斯基的理论,Frawley & Lantolf (1985)率先批评二语习得认知派理论。1994 年,Lantolf 编辑了《现代语言》杂志的特刊“社会文化理论与二语习得”,同年 Lantolf & Appel 主编了《维果斯基的二语学习研究》。Breen (1985),Block (1996),Van Lier(1994)等人也先后撰文严厉指出认知派理论的局限性。1997 年,《现代语言》组织公开论战(Ladfoord,2007)。该杂志登载了 Firth & Wagner 撰写的论文“论话语、交际与二语习得研究中的基本概念”[*On discourse, communication and (some) fundamental concepts in SLA research*],并在同期刊登了不同意见作者对 Firth & Wagner 文章的回应。

2007 年 12 月,《现代语言》杂志再次组织两派辩论。该杂志不仅重新刊发了 Firth & Wagner 于 1997 年发表的文章,而且发表了 2007 年 Firth & Wagner 撰写的“作为社会成绩的二语 / 外语学习:详评重述的二语习得”(*Second/Foreign language learning as a social accomplishment*:*Elaborations on a reconceptualized SLA*)。与此同时,该杂志邀请了一批著名学者讨论 Firth & Wagner 文章发表 10 年来所产生的影响,其中包括

Canagarajah，Block，Freeman，Gass，Kramsch，Lantolf，Larsen-Freeman，Swain，Tarone。

Larsen-Freeman（2007）依据学者对待 Firth & Wagner 1997 年文章的看法，将他们分为三种情况：（1）坚决支持（如 Block，2007；Canagarajah，2007；Kramsch & Whiteside，2007；Lantolf，2007；Mori，2007）；（2）部分支持（如 Ellis，2000；Larsen-Freeman，2007；Swain & Deters，2007；Tarone，2007）；（3）坚决反对（如 Gass，1998；Gass et al.，2007；Gregg，2003；Kasper，1997；Long，1997；Poulisse，1997）。两派的主要分歧认知派与社会派在诸多问题上存在一系列分歧（Larsen-Freeman，2007）。

二、两派的主要分歧

（一）语言观

认知派认为语言是心理现象，由抽象规则组成，储存于个体大脑中，有独立自主性，文化（意义）可以从语言中剥离。语言规则虽然有限，但可以创造出数量无限的句子。这些句子的语法性不受说话场景、交际者差异等因素的制约。

社会派认为语言是社会现象，体现了丰富的文化信息。每个社会情景有其独特的文化特征，这些特征与作为中介的语言紧密相连，无法分离。语言存在于社会交际活动中，而不是由独立于具体交际活动的抽象句子组成。为了表示语言与文化紧密相连的关系，Agar（引自 Lantolf，2007）创造了一个词：languaculture，建议将其翻译成"语文"，这里的"语"代表语言，"文"代表文化。社会派相信"语"与"文"生来为一体，根本不可分。Lantolf 认为语文不仅能够反映人们的意识，还能够体现人们的感知、情感、思维以及行为的方式。

社会派指责认知派把语言看成管道，意义 / 文化看成内容，交际就好比说者把内容装到管道里送给听者，听者从管道的另一端取出内容。这种机械的语言观、交际观完全不符合现实生活中语言的运用。

（二）学习观

认知派认为学习发生在个体内部。人脑好比信息处理器，它将外界输入转化为摄入，作为陈述性知识储存起来，再经过不断练习，逐步转化为程序性知识，期间学习者形成假设，通过外界反馈检验假设、修订假设，使自身的语言体系不断完善。学习的进步体现在大脑内部知识体系的变化,其学习过程呈现出普遍性特征。

社会派主张学习是内化的过程, Lantolf（2006）将其界定为"社区成员通过交际活动获得交际需要的符号工具,继而转化为心理活动工具,作为心理活动中介的过程"。他进一步将内化分为两个阶段。第一阶段为人际交流（Interpsychological）,学习者参加社会交际活动,通过群体互动获得文化符号工具;第二阶段为人内交流（Intrapsychological）,学习者通过个体的努力,将文化符号工具转换为个体心理活动的工具。人脑内部有两个"我",社会派称之为"I-me",一个我（I）选择说什么,另一个我（me）评价、监控、调整选择的内容。这两个"我"在互动、交流。社会派强调在语言习得中,人际活动先于人内活动。尽管有时个体独自思考没有其他人参与,但人内活动总是以人际活动为中介,因为过去经历的人际活动能够跨越时空储存于大脑中,与人内活动交织在一体,形成连续体。Swain（2006）认为语言产出（languaging）是人内活动与人际活动的接口。语言产出行为一方面是思维进步、学习者理解复杂概念的关键,另一方面,正是语言产出使得个体内部的心理活动与人际间的社会活动相联系。通过这些活动,学习者将自己的思维转化成文化形式,这些形式又成为进一步反思的材料。

（三）研究对象

认知派（如 Gass, Lee & Roots,2007; Long,1997）主张二语习得研究的对象是二语习得（second language acquisition）,而不是语言的运用（second language use）。Long（1997）, Kasper（1997）, Gregg（2003）, Gass et al.（2007）都明确表态,二语习得研究的首要任务是考察学习如何发生,特别要弄清楚哪些心理过程、哪些学习者因素对语言习得有贡献,学习是否需要通过以及怎样通过语言运用而发生。他们反对将二语习得研究的范围扩大到真实语境中的二语运用。Gass（1998）建议将其归属于新学科"二语研究"（second language studies）,以区别于二语习得研究。二语习得研究的终结目标是要建立一个具有高度概括力的理论,用以解释除母语以外的各种语言在各种环境中被各种人习得的情况。换句话说,这个理论应该不受学习环境、学习者个体差异的影响。在这种思想的指导下,认知派提出要"优化"二语习得理论（Gregg,2003; Long,1993,2007）。

社会派主张二语习得研究的对象是二语运用,而不是语言习得。研究二语运用就是考察二语如何成功地运用于社会交际活动中。他们不同意运用是学习结果,或者是学习手段。他们相信习得与运用是不可分割的连续体。Firth & Wagner(2007)指出"没有运用,习得不会、也不可能发生。语言的习得必须以运用为基础"。如果要了解二语习得发生的情况,必定要考察二语的运用。语言能力具有过渡性、情景性和动态性。从某种意义上说,语言使用者永远是学习者。例如,多语境中新移民虽然语言资源极其有限,但他们能够成功地进行交际,完成商务活动,这些新移民在运用语言的同时也在学习语言,因此他们既是语言的使用者,又是学习者。

社会派反对认知派为建立一种具有绝对权威的二语习得理论为由,歧视甚至扼杀其他不同流派的理论。Lantolf(1996)以"二语习得理论建设:允许所有的花都开放"(SLA theory building:"Letting all the flowers bloom.")为题批判了认知派的"绝对真理"观,呼吁为各种理论提供平等的竞争环境,而不是只保护少数"有权势"的理论。在二语习得理论建设中,一定要杜绝霸权主义。

(四)研究方法

认知派从客位角度(etic.)描述学习者大脑中的语言体系及其变化。他们通常运用实验法,操控某些变量,如调整输入的凸现度、频次,完成任务的准备时间、要求等,观察学习结果的变化等,也有通过访谈、有声思维等质化法探究人脑内部语言加工或产出的情况。

社会派从主位角度(emic.)出发,理解、解释二语交际者如何在与别人的交际中成功地表达自己的意思。社会派不赞成采用实验方法,通过改变学习条件或任务要求来探究某些变量之间的因果关系。他们主张收集多语环境中自然交际语料,考察交际者多重身份更替的体验以及多种语言的互动,阐释交际者成功交际的过程。

(五)哲学倾向

认知派与社会派的分歧主要源于不同的本体论立场。认知派坚持的是二元本体论,主张人与社会是互为独立的两个实体,语言与文化可以分离为两个自主系统,互不影响。社会为学习者的外部环境,可以激活人的先天语言机制或影响个体的语言学习。认知派关注的是学习者个体语言系统的特征以及这些特征发展的过程,研究的基本单位是脱离语境的句子,主要任务是从现实语言现象中排除情景因素、文化因素的"干扰",概括出正常人脑中储存的抽象语言体系。

　　社会派主张人与社会、语言与文化融为一体,因此社会派与认知派争论的焦点不是人的认知是否受社会活动的影响,而是人的认知是否能够独立于社会活动。社会派相信人的高层次认知活动内含在社会活动的参与过程中。社会活动的载体可以是具体工具,也可以是抽象符号工具。语言是社会交际活动的重要中介,研究语言的基本单位应该是体现社会活动的话语(utterance),而不是所谓的由规则控制的抽象句子。

三、两派争辩的评析

(一)两派之争的由来

　　20 世纪 80 年代中期社会派出现。社会派从语言的社会属性和功能出发,指出在二语习得领域认知派所做研究的局限性,并试图从另一个角度揭示二语习得规律。当时,认知派已历经 20 多年,开展了很多相关研究,作为一门独立学科已基本站稳了脚跟,形成了一套较为完整的理论体系。从 Zuengler & Miller(2006)描述两派争辩的历史可以看出,社会派出现之初挑战认知派时,认知派没有任何过激反应,两派似乎相安无事。随着社会派队伍的壮大,认知派在二语习得领域的霸主地位不断受到挑战,两派的关系开始逐步紧张。20 世纪 90 年代初,两派争论"二语习得理论是否要多元化"。1997 年,《现代语言》刊载 Firth & Wagner 的文章,触及并动摇了认知派苦心经营多年奠定的理论基础,引发了认知派的极大不满。两派之间的矛盾开始激化。认知派指责 Firth & Wagner 自身不从事二语习得研究,对该领域根本不了解。他所从事的会话分析(Conversational Analysis)研究,属于社会语言学或语用学范畴(Gass,1998;Long,1997)。随着两派争论的加剧,Long(2007)大声疾呼:在社会派的批评与攻击对二语习得学科发展产生破坏作用之前,必须给予强有力的、及时的反击,否则影响二语习得科研项目经费的获取、阻碍学科的正常发展,导致转移视线,让众人的时间与精力浪费在争论那些毫无价值的问题上。

(二)评析两派基本概念之争

　　Firth & Wagner 质疑二语习得领域沿用了 30 年的基本概念:本族语者、中介语、学习者。
　　Firth & Wagner 批评认知派长期使用的"本族语者"概念没有现实依据。认知派心目中的本族语者指的是单语语境中的操说标准语言的理想人物。当今多语环境中的交际,这样的理想人物几乎不存在。例如,一群交际者运用英语作为共同交际语进行商务谈判,可能交际者全部来自非英语国家。我们赞成 Firth & Wagner 对"本族语者"的看法,但摒弃这样的概念并不能解决实际问题。例如,二语教学应该以什么人的语言为依据? 如果不以本族语者的语言为标准,我们的标准该是什么?

　　Firth & Wagner 指出认知派长期使用的"中介语"概念带有贬义。研究中介语者关注的是说话者与语言之间的距离,而不是说话者与周围世界的关系;关注的是说话者的语言资源缺陷,而不是他们成功交际的过程与结果。凡是经常使用、但不符合本族语者的语言形式都被认为是石化现象(fossilization)。事实上,这些所谓不规范的形式很可能是说话者为了达到某种社会和交际目的所采取的策略(Firth & Wagner, 1997)。Firth & Wagner 认为研究者应该侧重二语使用者运用语言的成功特征,而不是语言是否规范。需要指出的是,当初 Selinker (1972)提出中介语时,完全是出于对学习者体系自身价值的肯定。他认为中介语有其内在的规律与特点,它不是简单地反映母语的干扰。学习者通过自我构建的假设,创造性地运用语言,应该将它视为一种自然语言体系。同时他还指出中介语是一种过渡语,随着语言水平的提高而变化(Larsen-Freeman, 2000)。我们认为,学习者使用的语言是不是要称之为"中介语"并不重要。交际能否完成和语言是否规范是学习者语言体系的两个侧面。如果要诊断二语习得的语言是否规范,我们可以用"中介语"给学习者所掌握的语言定名。如果要探究双方是否已经顺利完成交际,就没有必要引出"中介语"这个概念。

　　Firth & Wagner 指责认知派没有认识到二语学习者多重身份的变化,使用的仅是"学习者"一种身份。在多语交际环境中,二语使用者又是二语学习者。他们在学中用,用中学。Firth & Wagner 进而主张二语习得研究应该更多地研究真实语境中的二语使用,而不是局限于正规教育中的二语习得。对这个主张,我们不敢苟同。虽然我们同意 Firth & Wagner 的学与用没有清晰分界的观点,但学生在课堂中的学与用,终究与商人在多语环境中的学和用有着本质的差别。前者的语言运用是在想象中进行,交际对象除了教师就是同学,交际角色均为模拟,缺少可见的、真实交际效果;而后者的运用有着特定的任务,交际角色明确,交际效果可以测量。相当一部分探究二语习得规律的人,他们的初衷是为了提高正规教育中的二语教学质量(Kramsch, 2007)。从这个目的出发,研究者自然把精力放在课堂的二语教学上,特别是像中国这样的外语环境中,接受正规外语教育的人数远远超过在真实环境中使用二语的人数。随着经济全球化的加速,二语运用越来越普遍。人们常常能运用不完善的非母语语言完成商务与学术活动。研究人们运用二语成功进行交际的确需要,但为什么一定要纳入二语习得这个学科呢?

(三)评析两派范式不同之争

两派之争,公说公有理,婆说婆有理。我们认为两派确实都言之有理。两派之争,本质上是范式不同。范式是从事某一科学的研究者群体所共同遵从的世界观和行为方式,它包括共同的基本理论、观念和方法。范式的基本原则可以在本体论、认识论和方法论三个层次表现出来,分别回答的是事物存在的真实性问题、知者与被知者之间的关系问题以及研究方法的理论体系问题。这些理论和原则对特定的科学共同体起规范作用,协调他们对世界的看法以及他们的行为方式。

二语习得领域两派之争,说到底,是两派在语言观、学习观、研究对象、研究方法等重要问题上存在系统分歧。双方各执己见。处于弱势的社会派秉承新范式对认知派提出激烈批评。为了捍卫自己的领地和成果,认知派奋起反驳。我们认为,我们可以遵循认知派理论,注重研究二语习得者的语能、记忆能力、实时加工注意力资源等影响二语交际的结果。我们也可以遵循社会派的理论,摈弃学习与运用二元对立的观点,分析交际者会话中学习与运用第二语言的具体事件,阐释交际者构建意义的过程。我们认为,认知派和社会派,他们所做的研究都是必要的,双方需要回答的问题还有许多。两派完全可以从不同角度继续自己的研究,所得的结果可以互为补充,加深对二语习得的认识。正如 Swain & Deters(2007)所说:"我们相信要达到理解二语学习的目标,必须均衡地注意影响二语学习的社会、认知、情感因素,同时客位与主位的视角对于二语习得研究同等重要。我们必须从学习者自己的角度理解学习者,但作为理论家和研究者,我们必须在理论的指导下增加解释力。"

社会派是二语习得领域的新范式,我们认为我们不要盲目"追新"。范式的选择取决于研究目的。如果我们要研究与语言形式、语言技能相关的问题,如中国学生学习哪些语法形式有困难,词汇习得的规律是什么,什么语速的听力材料符合所教学生的水平,什么阅读材料学生感兴趣,什么样的任务能够促进学习者语言的准确性,学生是如何理解加工阅读材料等,我们需要选择认知派范式。如果我们要探究与文化、情景、概念相关的问题,如中国学习者在外语学习的过程中自我认同是否发生变化,英语中某个带有浓厚文化色彩的概念是否掌握,学习者在会话中如何运用并整合自己的语言资源达到成功交际的目的,在真实语境中什么是成功交际的特点,真实交际中双方如何理解对方的意思等,选择社会派的范式就比较恰当。

在二语习得研究领域,两派学者倾心研究,分兵合击,从不同侧面揭示了该学科的内在规律,形成了很多有解释力的理论。也正是两派的深入研究和不留情面的争论,把问题阐述得更加全面、准确、透彻。君子之争和而不同,正所谓党外有党,党内有派。我们认为两派应该可以心平气和、携手并进,共同促进二语习得研究这一学科的发展。当然,我们也赞成 Gass(1998)的建议,将 Firth & Wagner 为代表的、那些从事会话分析真实环境中的二语运用的一类研究,从二语习得研究领域中分离出去,单独建立一门新学科,称之为二语研究(Second Language Studies),或者像 Tarone(2007)所建议的,将其隶属于社会语言学。如此调整后也就缓解了社会派与认知派之间的矛盾和冲突。作为二语习得研究者,面对这场纷繁复杂的学术争辩,我们认为我们需要思考的不是反对谁,而是根据研究目的选择赞成谁。虽然一个学派只能选择一个本体论立场,其认识论与方法论必须与本体论立场一致,但这不意味着作为研究者个人不能吸取两派的研究成果,或从两个不同视角去观察、分析二语学习者的语言行为。我们完全可以博采百家之长,兼收并蓄,为我所用。

第二节　二语词汇习得研究

英国著名语言学家 D. A. Wilkins 曾经说过"没有语法,人们不能表达很多东西;而没有了词汇,人们则无法表达任何东西"。词汇是语言交流的基本要求(Kim,2008)。随着语言学的发展,语言学家意识到"普遍语法与生俱来,且仅含有限的普遍性原则和参数,而词汇能够为参数设定提供丰富的特征和其他语法信息"。然而很长一段时间,词汇学习被认为是学生自己的事情,教师的任务就是听写单词,检查学生对单词意思的掌握情况。单纯的单词记忆使得学习者忽略了语言的文化内涵,最终导致了跨文化交际中的障碍。这是目前我国大学英语词汇教学的普遍问题。

维果斯基的社会文化理论使我们从一个全新的角度去考虑二语习得中的词汇教学。社会文化理论认为社会环境不仅仅是学习者语言输入的来源,而且也是认知能力发展的源泉。学习者会带着不同的先前经验进入所处的文化和社会情境进行学习。社会文化理论的核心内容包括:中介(是由外在的社会文化活动转向内在的心理功能的过程)、最近发展区

（指学习者在独自工作时和受到更有经验的人帮助或与他们合作时所表现出来的解决问题能力之间的差距）、内化（指个人之间以及个人与环境之间交互的形成，并改造内部心理机能的过程）和脚手架（是一种辅助物，学生凭借这种辅助物可能完成其无法独立完成的任务）等概念。

一、第二语言词汇习得过程的阶段性

维果斯基认为，在儿童成长的过程中，由生物因素决定的低级心理机能包括视觉、嗅觉、听觉、自然记忆和无意识的注意得以保持并发展成为由社会文化因素决定的复杂的高级心理机能包括逻辑记忆、有意识的注意、概念思维等。低级心理机能向高级心理机能的转化过程就是调控。调控是通过中介包括符号、工具、语言等的作用来实现的。获得和保持对复杂心理过程的调控是需要个体逐步实现的。维果斯基提出，儿童的认知发展要经历三个阶段客体调控阶段、他人调控阶段和自我调控阶段。这三个阶段是不能跨越的，因为儿童正是通过前阶段中的符号的中介作用最终获得对完全独立的策略性功能的控制，即实现自我调控的。对人类而言，语言的习得和使用当然是一种重要的、高级的心理机能。因此，语言的获得也应该经历这三个阶段。就个体而言，语言习得的过程就是个体通过与外部环境的不断交往与互动，言语机能发生质的变化，纯粹低级的外部言语与思维相互促进，逐渐内化为高级的内部言语的过程。母语如此，第二语言也应该如此。因此，已有的关于第二语言习得过程的研究都沿用了调控的三个阶段。

关于调控方式的实验研究结果表明，客体、他人、自我调控的阶段性不是整齐划一的，成人第二语言学习者并没有显示出清晰明确的三个发展阶段。初级水平的二语学习者主要依赖客体调控和他人调控方式，还处于客体调控和他人调控阶段中级水平的二语学习者虽然他人调控能力和自我调控能力都有所发展，但客体调控的优势效应表明，中级水平的二语学习者的词汇习得过程出现了中间阶段，他们可能与初级水平的学习者仍处于同一个发展阶段。而高级水平的二语学习者已经达到自我调控的阶段。这说明，成人第二语言的发展过程不一定与儿童的母语发展过程完全相同，初级水平和中级水平的二语学习者词汇习得阶段可能出现了重合。因为成人是一个认知与思维、情感的发展都完全成熟的个体，他拥有自己对外部世界的主观理解和判断。影响成人第二语言的习得过程的因素包括文化因素、情感因素、认知策略、母语的影响等大大多于儿童，这些因素都可能对成人的第二语言习得过程产生直接的作用，从而使成人个体的第二语言的习得过程发生变化,出现特殊的表现。换言之,成人第二语言学习者表现出的个体差异可能远高于儿童。

从语言输入材料的性质来看,语言输入材料越简单,习得过程越迅速,越难表现出习得过程中的细微差异。学习者可能只要通过某种中介无论是客体调控中的环境还是他人调控中的言语作为线索就可以理解词义。所以,客体调控和他人调控方式采用的不同的中介所折射出的不同二语水平的学习者在语言中介能力上的差异性就没能显现出来,从而表现为学习者在客体调控方式和他人调控方式上没有显著差异,缺失了他人调控的阶段。

二、从支架合作方式看第二语言词汇习得的机制

"语言是怎样获得的"这是语言习得最核心的问题。不同的研究者基于不同的理论基础提出不同的解释。行为主义语言学习理论试图用"刺激—反应"论来解释语言的学习过程。它们认为人类语言是通过一系列模仿、强化、重复等获得的,是习惯的养成,是对外界刺激不断做出反应的结果。行为主义语言学习理论不把语言看作思维活动,而将其视为一种行为,仅仅从外部环境因素来解释语言获得的根源,是一种环境决定论。以乔姆斯基为代表的心灵学派则试图从人类的自身寻找语言习得的原因。他们认为语言习得是人类与生俱来的先天的语言习得机制与后天环境接触的结果,其中学习者所具有的先天的语言习得机制是决定因素,而外界的环境因素对语言习得只有促进作用。但乔姆斯基的这一假说至今仍然没有得到直接的生理或心理证据的证实。以认知心理学为基础的"互动理论"则认为语言输入的外在环境和语言习得的内在因素都是语言习得发生的必要条件,语言习得是学习者的内在加工机制与语言环境相互作用的结果。互动理论把语言输入环境与内在习得机制结合在一起,从外因和内因两个方面阐释第二语言习得的本质,对语言习得的本质有了更全面的理解。在其修正后的"互动假设"中提出"互动环境是通过选择性注意和学习者发展中的第二语言加工能力来促进第二语言习得的。这些资源整合在一起在意义沟通过程中是最重要的因素"。在最初的"互动假设"中,强调的是互动环境对语言习得的推动作用,但在这个修正后阐释中,希望通过"选择性注意"这一认知机制把语言输入环境和学习者的内在学习机制结合起来讨论第二语言习得的根源。但如前所述,已有的基于"互动假设"的研究并没能得出一致的结论,"互动假设"没能得到证实。虽然"互动假设"考虑了环境和学习者语言获得能力两方面的因素,但由于信息加工理论的局限,它始终是从学习者个体来思考习得的

动因,把学习的过程等同于机器,这是不符合人类自身的发展规律的。此外,"选择性注意"作为连接语言输入与语言习得发展的接口,仅仅为学习者提供了内化语言规则的前提和可能,至于学习者是怎样实现内化的,内化的加工机制是什么,目前"互动假设"还没能提出令人信服的理论解释。维果斯基的社会文化理论则从人类发展的过程中圆满地回答了语言获得的根源问题。

维果斯基在《思维与言语》一书中首先通过考察苛勒和卡夫卡对黑猩猩的实验研究提出,虽然黑猩猩也能学会使用一定的工具,具有一定的智能,但它所属的种系的生物进化过程决定了黑猩猩永远也不可能获得语言,从而从种系发生的角度确认了人类语言获得的遗传根源。然后他又从个体发生的角度考察了儿童言语和思维发展的结果,提出虽然思维和言语受制于种系发展和个体身体机能如个体神经系统的发展具有最初的低级形式,但在"一定条件下",言语和思维会相互结合,形成高级的心理机能——言语思维。维果斯基认为"所有的高级心理机能都能两次登台,第一次是作为集体活动、社会活动,即作为心理间的机能,第二次是作为个体活动,作为儿童的内部思维方式、作为内部心理机能。"这是高级心理机能发展的基本规律。在这里,"一定条件下"正是指的与外部世界的交往与互动。从种系发生的角度看,人类语言的获得来自人类的生产实践。而从个体发生的角度,语言产生于个体与外部环境的互动,它先具有交际功能,进而整合进入个体的心理结构之中,再产生认知功能。个体正是通过与他人的交往与互动实现语言与思维的结合的。儿童语言的习得研究证明,儿童正是通过对父母语言的反复模仿获得语言的。一个词语在父母与儿童的互动中出现的频率影响了儿童对该词汇的获得(郝美玲,2008)。如果没有互动,没有社会文化环境,就不会有语言习得的发生。维果斯基通过内化论把生物因素和文化因素纳入统一的理论框架,充分说明语言的获得是由生物因素和社会因素共同作用的结果。生物因素为语言的习得提供了可能性,而只有在社会文化环境中这种可能性才能转化成必然性。狼孩的故事进一步证实了语言的获得离不开社会文化环境,而实验中互动合作各组的成绩都显著高于独自学习组也证实了在第二语言学习过程中互动环境的作用。据此,我们可以推论,依据维果斯基的社会文化理论,个体所处的社会文化环境是语言习得发生的源头。对第二语言的学习而言,师生和生生之间的关系是主要的互动关系。

三、教师在大学英语词汇教学中的中介作用

词汇学习不是孤立的学习,而是有意义的认知建构。维果斯基认为

认知发展是社会共享活动内化过程的迁移。知识只有在个体作用和互动环境下才有意义。通过课堂各种形式的活动能够促进师生之间的沟通，构建和谐的语言学习环境，从而有效发挥教师的中介作用。

（一）教师是词汇材料的选择者和解释者

最近发展区是指"实际发展水平"与"潜在发展水平"之间的差距。维果斯基认为要让学习者尽可能地发展其潜能，学习的内容和任务必须高于学习者发展的步伐。在最近发展区的教学过程中，教师的重要作用就是引导和帮助学生从当前区域走向高一层的发展区。大学英语教师必须清楚学习者实际的词汇水平，包括词汇量的大小，对词汇的理解深度等，设定合理的词汇学习目标，从而激发学习者的潜在发展水平。一个很好的词汇教学材料应具有以下几个特征：适合语言学习者的语言水平；可为语言学习者提供平衡的学习机会；通过有效的方式监控和测试学习者对词汇知识的使用。语言学习者不可能在短时间内学习并掌握全部的英语单词，教师就要按照实际语言交际的需要为学生提供合理的词汇表，这个词汇表可以按照高频词，学术词和技术词来界定，也可按口语词汇表、听力词汇表和阅读写作词汇表来提供。需要注意的是口语听力对词汇的要求少于阅读写作对词汇的要求。

维果斯基认为开启内化的关键在于人类具有模仿他人活动的独特能力，这种模仿不是简单的重复过程，而是以目的为导向的创造性的认知活动。词汇学习是一个思维的过程，是把见到的某种东西内化的过程，而认知是其中一项很重要的内容。在人们认识事物的过程中，即概念形成和推理过程中，人的生物构造，身体经验以及人的感觉知觉能力（观察、选择、注意力）和人的想象力（图式组织、心理意象、隐喻和转喻认知方式）扮演着重要的角色。这样的认知过程是一个社会化的过程，是一个不断认识世界的过程。正如 Nation 所说："词汇知识可以使语言得到应用，关于世界的知识又增长词汇知识并促进语言的应用"。

展现在语言学习者面前的词汇材料如果不能合理地使用，也不会促进词汇学习的效果。完全习得词汇应包括对词汇形式的认识和词汇深层含义的理解。由于学习材料对于词汇学习者来说都是未曾接触过的，因此教师在帮助学习者对词汇形式的认识和词汇深层含义的理解上就要起到解释者的作用，也就是教师的中介作用。只有这样，教师才能使得学习者认识到自己目前的词汇水平和要求之间的差距，从而缩短发展"最近发展区"的时间。

教师帮助学习者认识词汇的形式。词汇形式是词汇学习的根本，如果没有词汇的形式,那词汇学习就是空谈。人们一贯的假设是语言学习中意义的学习更重要。许多语言教学者对此提出了异议,Laufer, Ellis & Bogaards 认为对语言形式的认识可以更好地帮助语言及词汇的发展。因此,教师的任务不仅要为学习者提供词汇的材料,还要帮助学习者认识词汇的形式。

帮助学习者理解词汇的深层含义。仅仅掌握词汇的形式只是词汇学习的第一步,词汇学习的最终目的是使用词汇,因此理解词汇的深层含义是必要的。词汇学习还有一个标准就是"再认"和"再现"。教师需要根据语言材料帮助学习者理解词汇不同层面的含义要求,这个要求也体现了以意义为核心的输入(meaning-focused input)的思想。通过"阅读"和"听"使得词汇输入是可理解的。这个过程是学习者由"他人控制"向"自我控制"的转变。

(二)教师是词汇学习活动的组织者

社会文化理论中"支架"理论认为学生在学习中凭借自己的能力无法完成任务时,教师可以搭建"脚手架"来支持他们学习。当学生能够达到目标高度时,脚手架就可以被撤离。Carter & Stah 认为在课堂上,单纯的词汇学习对于提高学习者习得词汇并没有多少效果,只有与其他教学活动相结合的词汇学习才是有效的,这也符合语言学习的社会性特征。由于词汇学习的层面要求是不一样的,因此词汇学习活动不能是单一的。词汇学习活动应与其他教学活动相配合,比如与"视听"教学活动结合;与"口语"教学活动相结合;与"阅读"教学相结合;与"写作"教学相结合。教师在这些活动中应该是有效的组织者。同时,学习者与同伴也可以在这些活动中互相支持。

1. 词汇教学与"视听"教学活动相结合

词汇学习在很大程度上是需要记忆的。人类在记忆的时候,视觉会给予很大的帮助,视觉帮助下的记忆会有长时间的效果,并难以忘记。一些语言教学工作者曾在这方面做过实验,比如 Shepard & Standing,他们的实验都表明视觉帮助的记忆成功率和持有率会高于没有视觉刺激的记忆。同时,人类对于事物的记忆有两个系统:一个是文字的,一个是视觉的,如果这两个记忆码能够重合,对于词汇的记忆也就会更深刻。

同时,语言的环境不仅仅是指文字的环境,也同样包括非文字的现实环境。传统词汇教学中,教学工作者往往把语言的环境认为是文字的环境,并且由于技术条件的限制,只能给学生提供文字的环境。研究表明,非文字的环境对词汇的记忆也有很大的帮助。因此,课堂词汇教学不仅要给学生提供文字的语言环境,还要提供非文字的语言环境,比如帮助词汇记忆的听力材料、图片、视频。由于计算机自身的特点,目前能够给课堂词汇教学提供这些环境。计算机辅助语言学习在近期成为世界上许多语言教师关注的领域,并在现代语言教学中占有重要的一席之地。计算机可以帮助语言教师实现语言课堂上的语言真实和语言交互。Green 认为利用多媒体可以使词汇教学更有效,是因为多媒体可以提供更多的词汇展示和变化的语言环境。Diez 等研究者曾用电影进行词汇教学,并报道说电影教学可以提高学生对词汇学习的参与程度。Choi 也采用了电影来进行词汇教学,Choi 发现学习者对使用电影教学是欢迎的,但选择什么样题材的电影会影响他们的学习效果。教师的作用就是为学生选择适合学习阶段的视听材料,帮助学习者提高词汇学习效果。

2. 词汇教学与"口语"教学活动相结合

词汇教学与"口语"教学活动相结合一直被人们认为是一种有效的提高词汇学习的方法,尤其是"辩论"。一些学者认为与教师的辩论有助于词汇学习的提高,一些学者认为与学习伙伴的辩论也能促进词汇学习的提高。除了辩论之外,以下几种方法也适用于词汇教学与"口语"教学结合:一是模仿视听材料内容,在这个过程中,学习者可以使用刚刚获得的词汇进行模仿,对于程度较高的学习者,教师应鼓励他们进行语言创新,发展语言能力;二是短剧表演,这个过程可以帮助学习者深刻理解词汇运用的环境,这个活动能够帮助学生把语言认知水平引导到另一个更高的水平;三是新闻播报,这个过程可以使学生通过口语练习来熟悉最新的现实词汇,课堂上,有效的口语活动会激发学习者大胆使用这些合适的词汇,掌握这些词汇的使用环境。因此,教师在口语活动中的作用就是选择合适的话题和方式激发学习者使用词汇。

3. 词汇教学与"阅读"教学活动相结合

人们一致认为大量的阅读可以帮助学习者提高词汇量,但如果是没有目标的阅读,并不能保证词汇量的提高。Hu & Nation 认为为提高词汇量而准备的阅读材料需根据学习者的级别每 50 个单词有一个不认识的单词。Min 通过实验证明伴随有词汇练习的阅读比单纯的阅读更能提高学习者的词汇习得,增加单词量。由此可见,无论是泛读还是精读,教师须根据不同的学生级别设定不同的阅读活动,并在合适的时候给学习者做出词义的解释和指导。

4.词汇教学与"写作"教学活动相结合

社会文化理论认为,教师的作用不仅仅是向学习者提供丰富的语言环境,而是用语言作为认知的工具,使学习者发展思维并通过语言认识社会,这个思维过程的形成是学习者成长、独立的过程。写作不是单纯的词汇应用,而是通过词汇的使用帮助学习者思维的形成。

写作过程是一个词汇产出的过程。在写作过程中,学习者需要把自己所知词汇呈现出来,这是一个"再现"过程。写作是一个很好地使学习者加强词汇知识的办法。教师在这个过程中的中介作用就是:第一,注意写作选题的合适性。合适的选题会激发学习者使用更多和有效的词汇。第二,注意写作问题的多样性。如果只有一种写作文体,学习者会厌倦,因此写作文体要合理,并时常变化,以提高学习者使用词汇写作的兴趣。

(三)教师是词汇自主学习的引导者和词汇测试的策划者及研究者

根据社会文化理论,教师的中介作用绝非传统意义上的信息传递者,两者之间的根本区别在于:教师作为信息传递者在课堂上的主要作用是示范和讲授知识;而作为中介者的作用是赋予学习者能力,即帮助学习者获得发展进步,学会处理问题,适应各种情景和变化,掌握应对各种挑战所需要的知识、技能和策略。

社会文化理论认为动机和目标对学习过程和结果起着重要的作用,确定学习者的学习目标和动机,培养学习者自主学习的能力是教师中介作用的一个重要体现。教师在引导学习者自主学习的过程中应做到:第一,结合所选材料和教学方式隐性地促进学习者的自主词汇学习。关于隐性学习的效果,目前还没有明确的研究定论,但隐性学习在一定程度上可以帮助学习者获得良好的学习效果。第二,通过显性的策略培训来促使学习者掌握词汇学习策略。比如根据上下文猜词义;使用词卡;使用词汇构成成分和使用词典等方法。但学习策略不是万能的,Laufer认为不能完全依靠猜测的学习策略代替词汇知识。

社会文化理论认为教师在帮助学习者从当前认知区域走向高一级认知区域时一个重要的任务是对学习者学习水平和能力的评估。Chapelle认为词汇测试应包含三方面的内容:词汇使用的环境;词汇知识;词汇使用的认知策略。词汇测试分两种:量的测试(tests of vocabulary size),也叫词汇知识宽度的测试(breadth of knowledge)和质的测试(tests of vocabulary quality),或称词汇知识深度(depth of knowledge)的测试。广度测试是估计语言使用者的词汇总量,通常采用词频法和词典法进行测试。深度测试则是了解语言使用者对词汇知识掌握的程度,比如词的多义性使用是否恰当、句法特征、派生形式、词义的内涵等。任何测试都会对参加考试的学习者起到反拨作用。词汇测试对学习者的反拨作用包括:是否能激励学习者更加关注词汇的学习;检验词汇策略的合理性和测评词汇教学方法的得当性。最重要的一点是是否真正测试到学习者词汇的掌握程度。不同的测试方式会影响词汇测试的成绩,按照词汇测试对语言学习的影响来划分,词汇测试可以分为诊断性的词汇测试(以检测学习者应聚焦哪些词汇);水平测试(以检测学习者的词汇水平)和终结测试(以检测学习者某一阶段的学习效果)。总之,词汇测试是一个复杂的过程,教师作为词汇测试的策划者和研究者既要关注词汇测试效度、信度,也要关注词汇测试的公平性和反驳作用。

　　把维果斯基的社会文化理论运用于二语习得是目前我国外语教学界研究的一个新趋势,同时它开启了我国二语词汇教学研究的一个新视角,使我们认识到教师在词汇教学中的中介作用,为有效地进行词汇教学提供了较好的方法。虽然目前把社会文化理论应用于二语词汇教学的实验并不是特别多,但社会文化理论对词汇教学的启迪作用是不容忽视的。

第三节　二语写作策略研究

　　20 世纪 70 年代以前,二语写作仅仅被视为语言教学问题,教师关注的是写作的成品,强调语法的正确性、词汇拼写的准确性、标点符号的正确使用,二语写作学习者主要是通过记忆和模仿等学习策略来提高写作成绩的。进入 20 世纪 80 年代,随着认知理论的兴起,人们开始从认知的视角审视二语写作——写作是一个不断反复的过程,包括写前计划、草稿、修改、审校等。这一范式的转换标志着从关注写作成品到关注写作者的个体认知行为的重大转变。

　　在认知理论框架下,写作被视为一个"非线性的探索和生成过程,作者在这一过程中不断发现并修正自己的观点",其使用的策略包括规划、翻译、审查、监控、生成思路、组织、目标设定、评估、修改等。然而,认知范式对于理解语境显得人狭隘,它忽视了对社会、历史、政治的语境的关照,于是一些学者建议在认知框架中添加更多元素,认为学习策略的使用应该是认知与语境相互作用的结果。写作过程教学法依托认知心理学理论,致力于揭示写作的科学性本质,为写作教学提供了深层结构理论,然而过程教学法在策略研究中主要存在三个问题。首先,过程教学法把写作策略的主体局限在头脑内部,过度关注头脑中的认知机制,忽视了写作的社会活动本质和人(不仅仅是头脑)作为写作活动的主体。人不仅仅可以挖掘头脑中的符号资源,还可以使用多种外部人工制品(artifacts)介入和丰富写作活动,提高写作质量。其次,过程教学法认为环境和认知是相互独立存在的二元体,忽视了认知的社会起源、认知在社会中的分散性,以及认知被社会资源介入的本质(Atkinson,2003;Lei,2008)。现代认知科学和神经科学研究都表明,认知不仅存在于个体内,也分布在个体间、媒介、环境、文化、社会和时间等之中(Engeström,1999)。认知和环境是辩证存在的,离开环境是无法全面了解写作者的认知过程的(Kang & Pyun,2013)。第三,过程教学法中的写作策略研究对于环境的界定偏狭隘,环境的变量主要局限在任务、语篇、背景、题目和写作者方面(Grabe & Kaplan,1996),不能充分体现写作环境的动态性和多样性。van Lier(2004)从生态学的角度分析了学习环境,认为环境可以包括世界万物,跨越时空,从微观到宏观贯穿于学习者的整个学习过程,并通过形形色色的人工制品实现,这也正是写作策略使用的环境。克服以上局限性首先需要在理论上实现写作策略主体从头脑为主到以人为本的质变,以及全方位地体现策略使用环境的复杂性。

20世纪90年代以来,由于受社会文化理论的影响,学者们开始质疑多年来占主导地位的认知理论。社会文化派学者认为,语言认知不仅仅是单纯的语言能力,也不只是思维所具备的心理功能,而是一种社会能力。换言之,语言认知源于我们所经历的社会、文化和历史方面的情境,所以学习(包括语言学习)是我们从环境所提供的体验中去提炼知识的过程,而这种体验本身具有社会属性。在二语写作学习中,学习者与环境、他人以及特定时间进行交互,而这种交互又是通过一定的中介工具(包括语言)来实现的。在过去40年间,随着二语写作过程教学法的蓬勃发展,写作策略也吸引了诸多国内外学者的关注(De Silva & Graham,2015;王俊菊、杨凯,2014)。过程教学法认为写作是一个非线性、探究性和生成性过程,在此过程中写作者根据要表达的意思构思和组织观点,并使用一系列的写作认知策略,包括计划、构思、复阅、监控、组织、评价、修改和校订等。然而,随着近代认知科学的发展,人们逐渐认识到过程教学法的狭隘性和传统认知策略研究的局限性,不断探索更合适的理论指导写作策略研究,其中社会文化理论尤其受到研究者的关注。

社会文化理论指以苏联心理学家维果斯基的理论为基础发展起来的流派,当代以Penn State University的J. P. Lantolf教授为代表。社会文化理论不是一个单一的理论,而是指一系列研究语言和认知的途径,这些途径的共核是肯定认知的社会起源,研究重点是社会关系(social relationships)和文化制品(culturally constructed artifacts)在人类特有思维中的核心角色(Lantolf &Thorne,2006)。社会文化理论力求用辩证唯物的思路认识学习过程中认知和环境的关系,认为二者是辩证存在的统一体,你中有我,我中有你。在社会文化理论的指导下,学者们开始把写作视为社会行为、文化行为,强调语言习得过程的环境因素的影响和作用,凸显认知与社会文化环境的辩证关系,在这一双向互动的过程中,离不开中介工具的支撑和协助。具体来讲,语言学习是个中介过程。针对二语写作策略来说,学习者要充分利用中介资源,加速语言知识和技能的内化过程,进而提高二语写作的产出能力。近年来,社会文化理论在二语习得与教学研究中受到国内外诸多学者的关注,全面介绍二语习得和语言教学的专著、指南(Mitchell et al.,2013)也都把社会文化理论作为它们的重要组成部分。二语写作领域也不断涌现出基于社会文化理论的研究(Hu & Gao,2018;Kang & Pyun,2013;Lei,2008,2012,2016;Yang,2014;Yu & Lee,2016)。写作策略的社会文化属性在我国英语教学中也被广泛关注,如教育部考试中心(2014)发布的《中国英语能力等级量表工作手册》明确指出写作学习者应能熟练使用(电子)词典、文字处理软件等资源。虽然如何利用计算机设备提高写作能力一直是写作领域的热门话题(郭晓英,2009;李涛、欧阳护华,2017;梁茂成、文秋芳,2007),但相关研究更多的是关注写作者成绩的变化,很少考察写作者通过使用科技手段引起的认知变化或者从理论上探讨写作策略的社会文化途径。近年来,国内针对学习者写作策略的研究还是以过程教学法和认知策略为主,也鲜有研究从社会文化理论的角度系统地探讨写作策略(邓杰、邓华,2017;王俊菊、杨凯,2014)。为了使研究者更深入地了解社会文化理论视阈下的二语写作策略研究,重视写作策略的社会文化途径在写作教学中的作用,从理论和实践研究两方面介绍写作策略的社会文化途径,也希望能为策略研究带来新启示和新视野。

一、社会文化理论视角下的二语写作学习策略

从社会文化理论视角探讨中国大学生二语写作学习策略的研究明显不足,而且,现有的研究成果只限于写作学习者,特别是善学者使用了哪些学习策略。Lei研究表明,英语写作善学者在英语写作活动中使用了中介手段来完成写作交际活动,这些中介资源包括文化中介、规则中介、他人中介、角色中介等。Gao 从社会文化理论角度解读中国学生在外语环境下和在目标语环境下使用学习策略的差异,进一步证实学习环境对学习者语言习得的重要性。Liu 也认为中国学生在外语环境下使用的学习策略与在目标语环境下学习策略的使用有明显差异,学习者更多地使用社会策略,而较少使用记忆策略和补偿策略。从这些研究中我们不难发现,学习者学习策略的运用与具体的社会环境、历史环境以及文化环境密切相关。

学习策略对于写作能力的提高发挥至关重要的作用。随着写作研究从认知到社会文化理论的范式转变,研究的重点已从认知转到了语境。然而,目前有关社会文化理论的二语写作学习策略研究大多属于理论层面探讨,如何应用社会文化理论在大学英语写作教学中进一步指导和培养学生的写作策略还在探索中,尚未引起足够的重视。鉴于此,写作教师要善于在教学过程中发现学生的写作问题和不足之处,有针对性地提供写作训练,并对学生进行写作策略指导,全面提高其二语写作能力和水平。

（一）环境中介策略

传统的以认知理论为导向的二语写作,只关注写作过程和应试技巧;而社会文化理论指导下的二语写作强调社会和文化语境的重要性,良好的社会、文化语境,对于学生深刻理解写作的本质以及提高学生的写作策略和写作能力起着决定性的作用。事实上,学生在外语课堂中进行的二语写作,缺少真实的写作语境和大量的写作实践机会。作为一线二语写作教师,我们应以社会文化理论为指导,整合课内外环境中介资源,对二语写作学习者的学习过程、学习策略、社会文化环境等进行系统的研究和指导,创设有利于二语写作能力提高的学习环境,为进一步提升英语写作教学提供理论支撑和教学原则。

课内的写作环境中介资源是指多种多样的写作活动的组织和安排。教师可以尝试"说写互动"模式,如在写前活动中,教师可以组织学生进行全班或小组讨论。Weissberg 认为,课堂讨论不仅有助于母语写作者,而且有助于二语写作者挖掘写作主题,进行文字编码,并进一步意识到写作过程的方方面面。显而易见,讨论在整个写作过程中起着至关重要的作用。学生在讨论中各抒己见,集思广益,拓宽视野,理清思路。这种以讨论带写作的写前交互活动不仅可以帮助学生克服写前障碍,提高学生的英语口语表达能力,也为后续的写作过程奠定坚实的基础。除此之外,"译写结合"也是值得尝试的课堂活动模式,可以采用与汉英翻译有关的互动方式,将写作课与汉英翻译课相融合。例如,在赏析名言警句或是经典段落时,可以引导学生先进行英汉翻译,让学生体会英汉语言的各自表达方式、特点以及差异。同时,教师还可以在讲授英语句子合并技巧时与学生进行汉英句子翻译的教学互动。

课外的写作环境中介资源主要是指对网络资源的有效利用。根据写作话题,教师要求学生课外搜集相关写作素材。学生通过多听英文材料(例如,英语新闻、英语辩论、英语演讲、英文电影、英语访谈等)知晓国内外大事、热点问题,了解不同的声音和看法,同时也强化了学生的语感,增加语言知识的积累,为写作储备必要的素材。另外,学生通过阅读英文报刊、英文原著,不仅可以接触到原汁原味的英语表达方式,熟悉英文的写作结构、上下文的呼应、内容的连贯等,还可以学到如何用地道的英语表达自己的思想。

总而言之,充分挖掘这些课内外的环境中介资源,为学生提供生态化二语写作学习环境,让学生的写作学习与社会文化语境相结合,将听、说、读、译与写作形成良性互动,不仅有利于英语写作教学,更有益于学生形成有效的英语写作策略,实现写作教学效益最大化。

（二）文化制品中介策略

社会文化理论认为,第二语言习得是一个中介参与的过程。Lantolf把有关二语习得是一个中介过程的研究分成三类,即社会中介、文化制品中介以及个人中介。其中,文化制品中介包括语言和非语言的文化制品。

母语中介策略。根据社会文化理论,语言是最重要的中介工具。鉴于教师和学生都是双语者,他们在交流互动中可以同时使用两种语言,具体选择哪种语言取决于交流的目的和交流的效果。在二语学习活动中,学习者可以通过有意识地使用母语进行自我调控,不应该极力避免使用母语,而是应该把母语作为学好二语的一种策略,尤其是在二语发展初期,学习者还很难运用二语进行高级认知活动,此时,可用母语来协助学习者规范高级认知过程,提升其二语表达能力。鉴于母语在二语学习过程中起着非常重要的作用,在具体的二语写作学习过程中,教师应引导学生适时适量地使用母语学习策略。例如,在预写阶段,从选题、构思的角度来看,汉语来得更直接,更容易,特别是学生在交流相互的看法和意见时,使用汉语明显比英语更顺畅,更易于表达观点,使其更加专注于写作内容本身,避免英语表达上的困难和障碍。同时,在反馈阶段,可以适度发挥母语的中介作用。作为反馈过程中的一种中介策略,母语能够起到促进沟通、提取信息、控制任务过程等作用,而且母语能够帮助学生理解反馈的意义和价值,促进语言习得。因此,母语有助于排除语言障碍,拉近教师和学生之间的距离,便于教师和学生的交流,使学生更专注于写作文本本身,从而减轻学生的认知负担。由此可见,只要学习者适时适量地使用母语,也能使母语在二语习得中发挥积极作用。

网络、图书馆等工具中介策略。除了语言中介工具之外,像网络、图书馆以及电子词典等也是非常重要的中介资源,特别是在英语写作中它们都是必不可少的工具资源。Lei 关于学生英语写作中介策略使用情况的研究发现,善学者在英语写作实践过程中频繁使用网络资源和电子词典,并达到了预期的写作目标。给予我们的启示是:要合理有效地利用这些中介资源,提高学生在应对不同写作任务时采取适当的写作策略的能力,以便使他们顺利地完成写作任务,进而达到交际的目的。社会文化理论指导下的大学生英语写作策略所使用的中介资源又可称为"支架",它分为两种:一种是同伴或教师提供的交互式支架,另一种是工具式支架(如图书馆电子资源、在线语料库、在线词典等),这些都可以成为写作教学中重要并且可以利用的学习资源。教师应鼓励学生充分利用这些工具资源,整合多维度、多视角的写作资源,拓宽写作思路和视野,提高语言表达的准确度和得体性。与此同时,可以根据学生的实际情况和写作水平,建立模拟的写作训练库。写作训练库包括选题的规范、写作提纲的撰写、段落的衔接、词汇的选择等。写作训练库不仅可以激发学生的学习潜能,而且能培养学生的创新意识。语料库可以提供真实语言运用的典型实例,促使学生真正掌握词语的用法以及搭配语境等诸方面的系统知识,并在实际运用中提高交际能力。学生还可以利用现存的网络语料库和美国英语语料库进行写作训练。顾纪鑫等提议可以模仿国外的做法,建立网上写作实验室或网上写作中心,为学生和教师提供更多练习和指导写作的途径。总而言之,教师在写作学习中介的设计和运用中,要充分发挥文化制品的多方面功能,最大限度地服务于学生的英语写作学习,提高学生的写作策略意识和写作能力。

(三)共同体中介策略

目前,对学习共同体的界定主要是从群体关系、社会组织的角度切入,凡是以社会协商的方法建构知识的团体都可称为"学习共同体",也可称为"学习者共同体"。在写作活动中,当学习小组或班级通过写作学习活动相互交往,形成一套共有的写作学习的习惯,共同完成写作学习目标的时候,"写作学习共同体"随即产生。写作共同体的成员相互依赖,协作完成写作任务,实现共同写作目标。在进行写作活动时,学习者不仅要完成自己的写作任务,还要帮助完成小组的写作任务。在共同体中,成员之间形成相互影响、互为依靠、共同提高的人际关系,最终促进所有成员的共同成长。根据社会文化理论,二语写作不仅是个体的学习行为,而且是一种集体的社会实践活动。在这一共同体的活动中,写作者在与教师、同伴的循环交互中不断修改和完善写作文本,提高写作文本的质量和二语写作水平。

教师的中介作用是提供"脚手架"的帮助,对学生的写作过程提供全方位的支持和指导。对于二语写作学习来说,学生在完全真实的环境下学习写作往往是不现实的,这就要求教师必须通过提供设计恰当的支架,为学生提供有针对性的具体的支持和帮助,其中最重要的支架就是评价工具。评价工具包括评分规则、写作档案袋、评估表等,教师要关注学生的整个学习过程,应该根据具体的写作学习需求设计评价工具,并适时提供给学生,目的是让学生了解评价标准,规范自己的写作行为,调整自己的写作学习过程,为自己的写作学习承担责任。

同伴的中介作用主要体现在同伴反馈过程之中。研究发现,同伴反馈有利于培养学生写作时的读者意识,训练学习者的批判性思维能力,促进学习者之间的合作学习能力、社会交互能力和自主学习能力的提升,有助于学生在写作过程中的意义协商以及多样化写作策略和技能的训练等。

学生的写作档案袋是学习共同体中介策略的集中体现。学生写作档案袋通常是以一个文件夹的形式收藏每一位学生具有代表性的写作作品和反思报告。它可以真实客观地记录学生的学习写作的过程,展示每一位学生在学习写作过程中所做的努力、取得的进步。写作档案袋的评价由学生本人、同伴、教师共同参与。同伴互评模式既可以减轻教师的评改工作量,又可以充分调动学生的积极性,培养学生的评判能力,增强学生对自己和他人学习的责任感,使学生获得有价值的反馈,进而改进写作教学。师生面对面交流是关键一步,教师检查学生自评、同伴互评结果以及重新修改的文章,对学生取得的进步适时提出表扬和鼓励,同时指出需要进一步改进的地方。通过师生面对面的交流,让学生分析自己的写作过程与现状,看到自己的进步和不足,及时总结经验和教训,不断进行自我反思;同时也帮助教师了解教学状况,及时调整教学计划,确定新的教学目标。

（四）规则中介策略

规则中介策略包含修辞中介、评价标准中介以及时间中介等策略。

修辞中介策略涉及从选词、造句到谋篇等的策略,这些策略的习得主要是依靠教师的中介作用并在不断地写作实践过程中内化完成的。以议论文为例,首先,学生应了解和掌握议论文的总体框架结构——论点、论据、结论,以及使用推理或演绎的方法谋篇成文。其次,在选词方面,名词的选用要明显多于动词,而且需要采用正式文体,避免口语化的词汇。另外,在句子层面,复杂句的使用要远远超过简单句,而且要使用适当的衔接手段,确保思想表达的逻辑性和流畅性。

评价标准中介指的是如何使用统一的标准来评价一个好的文本。以"What is good writing"为例,好的文本包括四个基本要素,统称为4C,即简洁(Concise)、可信(Credible)、清晰(Clear)、正确(Correct)。第一个C指的是论点明确,语言表达简洁,文中的每一句话、每个细节都能支撑论点;第二个C意味着写作者能够提供足够的论据,不能是空话、大话连篇,没有实际内容;第三个C要求写作者使用适当的衔接手段以达到语篇连贯流畅的效果;最后一个C要求文本格式正确,拼写及标点符号准确,语法及词汇使用准确无误。总体来说,4C评价标准涵盖了英语作文的基本要素——思想和内容、组织形式、选词成句、写作规范等。4C评分规则将笼统宽泛的作文评价变成了可以量化的科学指标,使本来属于内在心理活动和隐性技能的写作过程外显化、程序化、策略化。

时间中介策略的使用在二语写作学习中也起着非常重要的作用。比如,每个学期要求学生写三篇作文,每篇作文在一个月内完成:第一周查阅资料,撰写作文提纲;第二周小组讨论提纲,再修改提纲,完成第一稿;第三周开始同伴互评,课上小组讨论,小组内讲评,修改并完成第二稿;第四周再次修改完善,完成第三稿。这样循环往复的写作过程,使得学生明白英语写作不是一蹴而就的,而是需要精心计划安排,参与管理与实施,并不断调整与内化,逐步完善文本写作的过程。通过这一过程,让学生懂得时间中介在写作过程中的作用不容忽视,而且要善于巧妙利用这一重要策略,不断地与其他中介策略进行整合与协调,使文本达到一个较高的水准。

社会文化理论实际上是关于人如何运用中介工具开展社会活动的理论,为二语写作学习策略研究提供了新的视角。社会文化理论指导下的二语写作可以说是一个多种中介互动的过程。对于二语写作教师来讲,要尽可能地为学生创造多种多样的具有中介资源的写作学习环境,提高学生的社会文化意识;对于学生来讲,要积极主动地利用行之有效的中介资源,探索英语写作学习的真正内涵,不断提高二语写作学习的策略意识。只有教师与学生共同努力与协商,探讨二语写作学习策略研究,才能构建社会文化理论视角下的二语写作学习策略新范式,从而推动二语写作研究的进一步发展。

二、社会文化理论视角下的二语写作策略

社会文化理论中的活动理论为二语写作策略研究提供了新的理论框架,活动理论是从维果斯基的介入(mediation)概念发展起来的。维果斯基(1978)在研究中发现人类行为虽然像其他动物一样是基于反射系统,但人的反射系统并不局限于直接的刺激反应,还能够通过各种工具在刺激和反应之间进行间接的联系,这种间接的联系就是中介。中介工具可分为物质工具(tools)和符号工具(symbols),二者分别被人用来组织、调节、有意识地控制和改造外部物质世界和内心精神世界,并共同作用形成了人的高级心理机能,即人类的认知。符号工具是物质世界的抽象化身,正是由于拥有了符号工具和使用它们的能力,人的物质世界和精神世界才能辩证存在,而不是完全隔离和对立地存在。芬兰学者Engeström(1999)把维果斯基的介入概念引入集体活动中,形成了新一代的活动理论。

从活动理论视角来看,二语写作本质上是一种社会文化活动,写作策略是"写作者为了更好的社区实践而有意识采取的资源介入行为"(Lei,2008)。一方面,写作被很多物质和精神的人工制品介入。在此过程中,写作者的各种经历,包括阅读、交流、观察、思考、感觉等,也都沉淀在他们的写作里(Engeström,1999;Prior,1998)。另一方面,写作看似是个人认知行为,实际上是社会集体活动的一部分,是写作者参与特定"实践社区"(community of practice)的一种社会活动。每个实践社区都是一个团体,以学术写作为例,每个学科都有自己的实践社区,写作者可以参与本社区的学术活动,了解和遵守社区规则,和同行交流,认识自己的学术身份,发表学术成果,实现自身价值等。随着写作者的不断进步,他们会逐渐获得社区其他成员和社会的认可,实现从合法的边缘性参与(legitimate peripheral participation)到全面参与的转变,但并不是所有的写作者都能成功地达成这种转变,有的作者会一直处在边缘参与状态,有的会更加边缘化。

活动理论不但能深刻地阐释写作的社会文化本质,还能很好地解决过程教学法中写作策略研究的局限性。首先,活动理论中人是活动的主体,写作是人们参与实践社区的社会活动,这种社会活动包括但不局限于人们头脑内部的认知活动。其次,介入活动的资源共有四类:人工制品、规则、团体和分工。它们精准、全面地涵盖了人类社会中各种各样的物质

和精神资源,凸显了认知的社会性、环境的复杂性以及二者之间辩证的关系,打破了过程教学法中对二者狭隘的二元认识。

对策略的社会文化认识显著地扩展了过程教学法中的策略研究,策略使用不仅包括利用头脑中的认知机制,还包括对其他多种资源的利用,研究重点也转变为写作者如何有策略地使用资源以提高认知。我们将参照国内外二语写作研究的核心期刊,从社会文化资源种类、资源内化(internalization)与策略使用有效性、策略使用中的矛盾、二语水平与策略使用有效性四个方面系统地介绍社会文化理论视阈下的写作策略研究。

(一)写作策略使用的社会文化资源种类

写作策略中的介入资源种类多种多样,Prior(1998)认为写作是人、实践、文化制品、制度和社区相互作用的功能系统。Lei(2008,2012)运用活动理论把写作策略中的介入资源归纳为四大类:人工制品、规则、社区和角色,每一类又包含若干子类资源,如母语、二语、文学作品、网络、修辞、写作评价标准、时间、学校社区、社会、作者角色、语言学习者角色等。更多基于社会文化理论的策略研究进一步证实了介入资源在策略使用中的核心地位,如Kang & Pyun(2013)考察了两位学韩语的美国学生的写作策略,发现他们的写作策略可以是他人介入、自我介入和人工制品介入。Yang(2014)研究了13名二语写作学习者在商务课程上的合作写作策略后发现,母语、二语和小组规则是他们写作活动中最突出的介入资源。Yu &Lee(2016)在研究同伴反馈策略时也认为母语、二语写作标准、小组规则、学生角色变化是主要介入资源。国内关于计算机辅助教学的研究也表明多种科技手段都能有效地介入写作活动,如批改网、iWrite英语写作教学与评阅系统、博客、email、微信群、微信公众号、语料库等(郭晓英,2009;李涛、欧阳护华,2017;梁茂成、文秋芳,2007)。

教师和同伴作为写作活动社区的重要参与者在策略研究中举足轻重。在社会文化理论框架中,教师不但被认为是知识的传授者,还是学生学习过程中的导师、助手和合作者,帮助学生自主学习和 / 或与他人合作(William & Burden,2000)。实证研究也表明,写作者通过与老师、同伴搭支架进行对话协商,积极寻求他们的支持,并能从多个角度(如专家、新手、写作者、审稿者、素材收集者、语言学习者等)思考解决问题,产出更好的观点和语言(Shehadeh,2011;邵春燕,2016)。

资源种类是社会文化理论视角下写作策略研究的基础,这些资源形成了写作生态系统和写作社区(Van Lier,2004),认识写作活动中作者使用的资源种类是深入了解写作过程和策略使用的第一步。相比传统认知策略研究,社会文化途径显著拓展了写作策略概念,涵盖了更丰富的内在和外在资源。

（二）资源内化与策略使用有效性

资源种类是策略研究的基础,资源介入还存在有效性问题,探讨写作者如何有效地使用资源也同样重要。从目前文献来看,与策略使用有效性息息相关的主要有三个概念:内化、矛盾和二语水平。

维果斯基(1978)认为人们的高级心理机能(higher mental functioning)在发展过程中都要经过两个步骤:首先是社会活动、心理间机能,然后才是个体活动、内部心理机能。心理间机能转变为内部心理机能的质变过程被称为"内化"(Lantolf & Thorne 2006)。内化不是外界资源在心理的复制,而是发生质变后形成了新的心理制品;内化也不是一条从外到内的单行道,有时要通过从内到外,即外化(externalization)才能实现内化。内化和外化对于策略使用有效性至关重要——学习者可以通过将心理间机能转化成内部心理机能,提高自身的知识和语言表达能力,更高效地产出更好的作品。内化的工作机制被认为是模仿(imitation)(Lantolf & Thorne,2006)。这个概念不是指那种无心的复制,而是一种复杂的、有目的的、可发生质变的人类活动。模仿有简单模仿(simple imitation)和持续模仿(persistent imitation),持续模仿是产生创新、形成内在心理制品和高级心理机能的机制(Valsiner & Van der Veer,2000),语言学习者往往需要通过持续模仿和被模仿的语言资源达到协同,进而内化符号资源和熟练使用语言(王初明,2014)。

对成功学习者和不成功学习者的写作策略比较研究表明,他们的主要差异并不是资源种类,而是如何内化资源。写作者在资源使用过程中如何将外在资源转化为心理符号(包括词汇、语法、逻辑、语义、修辞等)决定了他们策略使用的有效性(Hu & Gao,2018;Lei,2016)。Hu & Gao(2018)和Lei(2016)都发现,成功学习者和不成功学习者在内化过程中的语言资源注意(noticing)和语言模仿两个阶段存在显著差异。成功学习者能更有意识地注意阅读材料中的语言特征以及自己的语言,不成功学习者很少能注意到阅读材料中的语言特征,对自己的书面语评价也多是"语法差、词汇简单";成功学习者的语言模仿以持续模仿为主,不成功学习者基本上是简单模仿,他们的差异主要表现在以下三个方面。一是,成功学习者对模仿优秀写作者很有兴趣。他们会广泛阅读名著,理解老师对优秀作品的评价标准,以及向写作好的同学学习。在写作中,他们既能直接借用优秀作品中的词语和句子,也能在原有词语的基础之上进行改造和创新,这和王初明(2014)提出的"为学好外语,内容要创造,语言要模仿,创造与模仿要紧密结合"观点不谋而合。不成功学习者通常很少模仿专业作家,认为自己和专业作家相距甚远,模仿他们往往事倍功半。他们对老师的评价标准感到困惑,理解出入比较大,对写作好的同学的模仿也是起于一时的兴趣,流于表面。二是,成功学习者能持续地投入很多时间和精力在写作上,他们不仅完成老师布置的作业,还能自主地练习英文写作;不成功学习者通常感觉写作费时费力,收效甚微,不愿意练习写作。三是,成功学习者在各种写作活动中都十分重视修改,能持续修改自己的作品并越改越好,不成功学习者一般都不重视修改,作品里满是错误却视而不见,写作就像说话,倾向于重复使用简单字词结构以避免错误。成功学习者的持续模仿帮助他们自己不断内化和外化语言知识,提高写作能力,不成功学习者的简单模仿使他们在写作方面徘徊不前,经常无功而返。

内化的过程是复杂的、动态的,受写作目的和动机支配(Hu & Gao,2018;Lei,2016)。例如,Lei(2016)研究中的成功学习者通常会把提高语言水平作为写作活动目的,实现 learning-to-write 和 writingto-learn 的有机结合,积极内化语言资源;不成功学习者由于找工作面试的压力,更倾向于把提高二语水平和听说训练联系起来,不重视书面语的内化,但他们又表示如果以后工作对英语写作要求高,他们一定会写好。目的和动机对资源内化的催化剂作用还需要更多更深入的研究,以便我们更好地了解内化过程并服务于写作策略培训。

(三)策略使用中的矛盾

写作者能利用的社会资源受自身能力和客观环境的制约,认识和解决其中的矛盾对于策略有效性至关重要。Engeström(2014)认为矛盾产生在活动系统的多个层次中:活动要素内部、活动要素之间、主体活动与其上级活动动机之间、主体活动与其他相关活动之间。在写作活动中,矛盾可以产生在任何一种活动要素中,也可能产生在要素之间。例如,有的学习者想通过阅读名著提高写作,但他们很少注意和分析名著语言,一味追求故事情节,与使用这个工具的初衷产生矛盾;也有的学习者为了避免语言错误把自己的意思简单化,并认为简单的词汇语法是好的写作标准,与社区真正的写作规则产生矛盾;还有的学习者忽视了写作和语言学习的辩证关系,在使用各种资源写作的过程中很少有意识地内化写作语言,与他们想提高写作的目的产生了矛盾(Hu & Gao,2018;Lei,

2016）。

资源的合理使用能促进写作活动，但过度依赖资源容易产生矛盾。例如，网络词典是学生做作业常用的写作工具，过度使用词典会使作者疏于自身语言意识的培养和语言水平的提高，闭卷写作考试中不允许使用这种工具也会制约写作者的能力发挥。母语也是二语写作活动中容易产生矛盾的一种资源，母语能帮助写作者快速理解学习二语，但根深蒂固的母语习惯和语言差异也会阻碍二语习得，比如语篇连贯一直是中国学生在英文写作中的难点（程晓堂，2009）。活动中的内在矛盾又是激励活动发展和创新的原动力（Engeström，2014）。学习者应避免在写作中无视矛盾，或降低要求、放弃进步，要通过更好地使用人工制品、了解写作评分标准、积极参与社区活动等解决矛盾，才能实现提高写作能力和产出更好作品的目标。

（四）二语水平与策略使用有效性

活动理论认为，二语是调节写作活动的重要中介工具，使用各种策略的有效性最后都要通过二语介入才能在写作活动中体现出来。写作本质上是一种语言活动，二语在这个活动中必不可缺，无论写作者利用什么内在和外在资源、物质和精神资源，最后都要通过二语外化出来。写作者的二语水平越高意味着他们在头脑中能更快捷、方便使用的二语资源就越多，写作者也能更好地表达主观意思和认识客观世界，开展丰富的言语活动，实现外在资源内化和内在思想外化（Lantolf & Thorne，2006）。

前人研究还表明写作者的二语水平和人们使用认知策略的有效性通常存在正相关关系，二语水平高的学习者能更多、更好地使用头脑中的认知机制（Anderson，2005）。例如，Manchón & De Larios（2007）针对计划策略的研究表明，二语水平高的写作者通常比低水平的写作者投入更多时间计划文本的语用、语篇、概念表征，并在写作过程中实现这些表征。而当写作者有更高的二语水平和更有效的认知策略时，他们能更高效地利用其他资源，也能更敏锐地注意和记忆别人的语言使用并持续模仿，还能更准确地表达自己的意思（Hu & Gao，2018）。

二语也是写作活动中的认知客体，学习二语也是策略使用的重要目的之一。在各种策略使用过程中，写作者通过一系列语言学习行为——注意、选择、记忆、理解、模仿、对显性知识的元语言反思和分析等 ——用词语深度挖掘、准确捕捉意思，表达思想，重构语言知识，最终实现自身二语水平和写作能力的共同提高（Manchón & Williams，2016）。

从社会文化资源种类、资源内化、策略使用中的矛盾和二语水平这四个方面回顾了写作策略的社会文化研究和策略使用的有效性。从传统过程教学法到社会文化途径的范式转变意味着写作研究从个人认知到社会文化活动的飞跃,研究对象不仅有头脑中的认知机制,还包括社会中的人如何使用形形色色的物质和精神资源介入写作活动以及这些资源内化和外化的过程。策略研究的这种转变对于策略培训有深远影响,社会中的资源有多丰富,写作策略就有多丰富。认知策略培训研究进入瓶颈期后,其本身的狭隘和对写作的有效性不断受到质疑(Atkinson 2003),基于社会文化理论的策略培训不再只关注认知策略,培训内容转变为如何因地制宜、因人而异地挑选和使用资源(如网络平台、小说、日记等)以及建构写作社区(如建立兴趣小组、分担角色、了解社区规则等),介入学习者的写作活动,通过改善写作者的社会文化活动提高写作,并使他们充分意识到写作的社会性。活动理论还表明写作策略中的资源使用并不是一帆风顺的,而是充满矛盾和冲突,写作者的二语水平以及如何内化资源、解决矛盾对策略使用的有效性至关重要。

写作策略的社会文化途径还有很多方面值得我们尝试,如写作者对情感的策略使用和活动中写作者的能动性等,相关研究还很少。由于时空环境的变化,每一个写作活动都是独特的,因此探索本土化写作策略的社会文化研究对于我国二语写作教学和研究具有重要意义。

第四节　二语写作教学研究

由于二语写作与二语习得的研究目的及认识论传统相异,两者往往被认为是平行存在、相互独立、不可合作的研究领域(Silva & Leki, 2004),所以,在 20 世纪的很长一段时间里,二语写作在二语习得研究中始终处于非常边缘的地位。这种状况真正有所改变,始于 2002 年琳达·哈卡劳(Linda Harklau)发表的 *The role of writing in classroom second language acquisition* 一文(Manchón & Larios,2007)。在这一具有里程碑意义的文章中,作者指出,非目标语环境下的外语教 / 学,口头交际机会很少,自然、真实的口头交际更是罕有,读写反而在外语学习中扮演更为重要的角色。所以,有关课堂或成人的二 / 外语习得理论若不考虑读写的作用,那就不能算作完整的理论。随后,关于二语写作在语言发展中的潜在作用的研究出现了一批重要成果(如 Manchón & Larios,2007;Swain,2006;Kormos,2014;Williams,2012)。同时,二语写作与二语习得的接口研究开始引起一批学者的重视。不过,已有的这一接口研究主要是认知导向(Ortega,2012),极少的社会文化视角的研究也局限于"合作写作"(Marchenkova,2005;覃慧,2015)。

一、写作的社会化功能与外语学习

社会文化理论认为,包括语言学习在内的一切知识与技能的学习都源于社会交际(Lantolf &Thorne,2006),语言的运用是语言习得的前提(Firth & Wagner,2010)。写作之所以具有语言促学功能,首先就在于其本质上具有对话性(Bakhtin,1986)与社会性(Carter, Lillis, et al.,2009),也即具有社会交际性质。当然,任何交际行为都需要至少双方的参与,而作为书面交际形式的写作,一方面写作者可以将其所写交由他人(如教师、同伴等)阅读,从而产生人际互动;另一方面,也是更为重要的方面,学习者可以通过不断地阅读与针对所读的写作,进入"读—写—读—写……"这一持续性的交际状态。在这一"读—写"构成的交际循环中,写作者不仅与已读及将读的他人文本进行互动,而且同自我及潜在读者进行互动。其间,有对已读材料的模仿,有借助他人反馈及未来所读材料的(延迟性)假设检验,也有通过对所读与所写进行反思的规则发现(pattern-finding),而模仿、假设检验、规则发现正是语言自然习得的重要途径。所以,"读—写"交际也是个自然的语言习得过程,而写作作为这一交际过程中不可或缺的一环,在二语习得过程中有着无可替代的地位。正如福尔克(Falk,1979)所言:"婴孩通过学习说话习得母语,成人也可以通过学习写作学习外语,两者都是语言的习得。"另外,值得注意的是,只要有感而发、有情可抒,"读—写"互动就是一种完全真实的交际。与此相反的是,非目标语环境下,真实的口头交际场景往往难以构建,为操练口语而进行的角色扮演等课堂教学活动大多属于假性交际。所以,对于课堂教学环境下的成人外语学习,书面交际往往是一种更为有效的学习手段。

根据社会文化理论,孩童之所以能成功地习得母语,其中一个重要原因就是母语的习得过程同时也是个体社会化的过程,一个与周围世界(人、事)打交道并相互融入的过程,而成人外语学习的失败,其中一个很重要的原因是外语学习往往不是一个社会化的过程,也即学习者缺乏真实的交际,没有机会通过外语与真实的世界打交道从而建立现实的联系。

虽然课堂教学中可以通过情景虚拟、角色扮演等组织口头交际活动,但如上文所述,这种纯粹教学场景中的交际多半属于假性交际,本质上有别于现实生活中的真实交际行为,因为这种交际并不以交际双方的社会权势、社会关系及所承载的文化作为其互动背景,而是在一种相对平等的、中性的、既定的师生或生生关系中展开,实际上已被去除真实交际所基的社会性内核。不过,写作如果被看作一种身份构建行为(Pavlenko & Lantolf,2000),那就可以起到社会化的作用。例如,学术写作的社会性目的就是写作者为了让同行了解自己,融入学术圈,构建专业身份(Hyland,2015;张莲、孙有中,2014)。所以写作可以作为一个弥补非目标语环境下外语学习"去社会化"缺陷的重要(几乎也是唯一)的途径与手段。

当然,作为外语学习手段的写作,其社会化作用的发挥应该遵循由点到面的模式,如从师生或生生、小组到班级、年级、学校,再到国内外的学术共同体;而且社会化是一个由浅入深的过程,从被人的泛泛认识,到被周围人或相关人士的全面深入了解,直至被接受、认可、尊重,从而确立自己的身份与地位。但是口头交际(尤其是非目标语环境下外语的口头交际)却由于受到时空与条件所限,往往无法帮助学习者实现这一社会化过程。正是在这一点上,写作可以弥补口头交际的不足,帮助学习者由点到面、由浅入深地完成社会化过程。实际上,当今现代化的通信手段已经为写作社会化功能的发挥提供了完美的物质保障,外语学习者可以随时随地通过网络与世界各地的目标语本族语者或非本族语者进行各种各样真实的交流。学习者社会化真正实现之时必然也是其外语学习真正成功之日。正是因为语言习得的这一社会化特点,如果想要充分地发挥写作的语言促学功能,写作任务的设计就变得至关重要,即教师必须通过写作任务的设计激发学习者真实的交际意愿,提高其身份构建意识。

根据社会文化理论,教师或他人只有在学习者的"最近发展区"内为其提供适时的帮助,学习者才能有所收获。但是,这种类似于"脚手架"(scaffolding)的提供显然有个基本前提,也即在线交际对象的水平(至少在本次交际之所涉上)必须高于学习者,清楚其"最近发展区"、愿意并熟知如何提供"脚手架"。这一条件对于非目标语课堂教学环境下的外语学习,往往难以得到充分保证。但作为真实交际手段的写作,却能超越这一局限,因为写作是一个学习者主动寻找"脚手架"并进行"自我调控"的过程(Lantolf,1994)。

其一,写作可以为学习者持续地提供"脚手架"。写作"白纸黑字",使学习者更容易全面地注意到自己语言表达与目标语表达之间的差距(gap)及自己语言所存在的缺口(hole)(Swain,1995),从而使其更容易有选择性地注意到来自交际对象或阅读材料中可能的"脚手架"。换言之,二语学习者通过写作能更清楚地了解自己的二语实际水平和潜在发展水平,由此明确自己的"最近发展区",从而通过积极主动的查阅寻找"脚手架",或由于写作使学习者对语言更加敏感(黄源深,2002),使其更容易发现并利用日后阅读中可能碰到的"脚手架",以此促进二语能力的发展并产生新的"最近发展区"。在新的"最近发展区"内,又能够凭借更高的二语能力主动寻找更高层次的"脚手架"。这种"自给自足、自我调控"式的学习方式,是一种源源不断、可持续发展的学习途径。

其二,写作可以为二语学习者提供更高质量的"脚手架"。口头交际语境丰富,可借助肢体语言、面部表情等非话语手段达到交际目的。虽然这样通常能够补偿交际中语言形式错误带来的意义缺损(王初明,2015),但使用如此碎片化的语言进行交际,学习者很难获得高质量的"脚手架"。此外,由于口头交际"言出即逝",交际者的表达和反应时间有限,也即对方提供恰当的"脚手架"的时间与学习者接收、内化"脚手架"的时间受限,从而影响语言习得的效果。相反,去物理语境的写作,作为一种精细化、高质量的语言,要求学习者在交际时精确表达意图(王初明,2015),这使其在寻找"脚手架"时格外重视语言形式及其与意义的匹配,在注重准确性的同时兼顾表达的得体性,从而有利于语言形式的高度优化。

从以上分析可知,由于具有交际性质、社会化功能及可以带来更多优质的"脚手架",再加上慢节奏、永久性等特点,写作可以作为非目标语环境下成人外语学习的重要且有效手段。问题是,目前我国的外语教学中,阅读往往是常态,而写作由于常被看作习得的结果而非习得的原因,作为学习手段,对其使用严重不足,即没有将写作作为促成语言习得的交际过程中不可或缺的一环,帮助学习者构建完整、持久的输入—输出交际过程,从而无法为学习者提供或创造充足、真实的交际机会。缺乏交际机会的语言习得必然是失败的,就像婴孩自己只听不说而欲习得母语一样是不可想象的。所以说,非目标语环境下理想的外语学习模式应该是不断阅读并针对阅读不断进行写作,从而让学习者进入真正的、持续性的交际状态。

二、支架教学及其应用背景

对于大多数英语学习者而言,每遇写作便无事可写,无从下笔,言之无物。国内外研究学者从未停止对写作教学的探讨研究,先后出现了行为主义的成果教学法、交际理论的过程教学法、体裁分析理论的体裁教学法,以及三者融合的过程体裁教学法和社会文化理论的支架教学法等。

在众多写作策略教学方法中,社会文化理论基础上的支架教学法因其在引导学生的认知构建和培养学生的思辨能力及自主学习能力方面有较为显著的作用,而不失为一种不错的选择。

支架语言教学也被称为扶助式语言教学,是二语习得研究中社会文化派所提出的诸多重要理论之一,在教学实践中因其实用性和有效性备受教师们推崇。社会文化理论认为社会环境对学习有关键性的作用,正是由于社会因素与个人因素的整合才促成了学习。在学习者的实际发展水平和潜在发展水平中间存在一个"最近发展区"(Zone of Proximal Development),学习者能够在社会或环境的支和刺激下逐渐学会自我控制,逐步掌握大部分策略性功能,并最终完成独立的策略性功能,从而内化为自主学习能力。1976 年,美国著名的教育心理学家布鲁纳据此提出了支架教学(Scaffolding Instruction)的模式,认为通过教师搭建的"脚手架",学生可以逐步由实际发展水平穿越最近发展区逐步达到潜在发展水平。支架教学模式改变了认知派单纯从语言的角度来看待语言的局限性,尝试从全新的视角探讨语言的本质特性及多样性,把语言与社会因素和文化因素相结合来探究语言的实质,对外语教学有着现实的指导意义。因此,可以说支架式语言教学是社会文化理论在语言教学上的具体应用。

对于支架理论在教学中的具体应用,国内许多学者和一线教师都从不同侧面进行了创新性的尝试,研究方向也在逐步细化,涉及语言教学的诸多方面。例如,彭元玲认为英语教师在 E-learning 环境下的"支架"作用可以通过"教练、导师和帮助者"的角色凸现出来;张昊对支架阅读教学进行了实证研究,通过调查问卷和访谈的形式证实了支架阅读教学优于传统的阅读教学;王丽凤探讨了支架教学模式指导下的英语翻译课;而林艳和胡丽娜通过行动研究法调查分析了学习者的听力困难,提出利用支架范型改进听力教学;李友良则探究了"零课时"的口语教学中利用网络和自主学习中心支架教学的实施途径及作用。但是这些研究大多是基于教学层面的理论探索性研究,即使涉及实践和操作层面的也没有明确的步骤,显得比较空泛,因此尚有巨大的研究空间。以下立足写作教学实际,通过三个环节六个步骤对英语写作教学中教师的支架构建进行分解,对补充和完善支架教学理论进行尝试。着眼于写作教学实际,根据写作主题搭建习作支架,解决学生写作中出现的 what, why 和 how 的问题,有助于帮学生顺利越过最近发展区,摘取他们够得着的"葡萄"。

三、英语写作教学中支架的构建

对于大多数高校的非英语专业学生来说,英语写作只是他们大学英语或综合英语学习的一部分,而他们最迫切的需求莫过于大学英语四、六级考试。因此,不少教师为了迎合学生,就把写作课的教学目标设定在应试层面上,以四、六级作文评分标准为依据,把语法正确、用词华丽、结构工整作为优秀作文的标准,更有甚者以模板作文为主要参考评价学生写作水平的高低,很少关注作文内容的思想深度和内在逻辑。而这种套路固定、观点固化的八股式作文导致了写作教学课堂枯燥无味,学生主观能动性得不到充分发挥,整体写作水平偏低的局面。

总之,对大多数师生而言,英语写作教学费时低效,已然成为一种负担。究其原因无外乎两点:第一,缺乏互动和交流。写作课的模式通常是课上讲,课后写,或者一半讲一半写,师生之间缺乏应有的互动和交流。课堂上教师占绝对的主导控制地位,学生们真实的需求往往会被应试目标所覆盖而被忽略。教师看到的都是学生的成品,而无法监测学生动态的学习过程,也无法对学生写作中遇到的问题给予及时的支撑和引导。第二,评判方式单一、评价标准缺乏客观。目前,大部分的高校对英语写作缺乏系统且客观的评价,对于写作内容,教师只是给予简单的打分或等级评价,很少进行书面性、建设性的评价。甚至有部分教师为了实现学生过级的目标,选择现有模板作文为参照标准来批改作文,只注重用词是否得当、句式是否标准,而忽视了内容的思辨性和结构的逻辑性。而学生也由于过分依赖教师的评判而忽视自评和互评的方式,从而失去了自我发现问题和自省提高的机会。

为了解决英语写作课费时低效的现状,从学生的需求出发,在整个写作过程中教师需根据学生的实际情况和教学目标给予及时的支持和帮助。但支架的搭建需依据学生知识和能力发展的特点,并遵照下列原则:

超前不滞后。维果斯基在阐述最近发展区理论时提出教学必须要考虑学习者已达到的水平并要走在其发展的前面。由于学生的实际水平和潜在水平之间存在一个或数个 gap（s）,搭建学习支架便成了支架式语言教学模式的必备前提。因此,在教学活动开展之前,教师就需要了解学生的实际水平,提前准确及时地搭建支架,帮助学生通过各种教学活动顺利穿越其知识和能力的"最近发展区"。

支持不主持。支架教学模式是以教师搭建的学习支架为引导,学生逐步完成有意义的建构知识的过程,在这个过程中支架的作用必不可少,所以搭建良好准确的支架是关键所在。但教师只是起到协助学生顺利摘取他们想要的"葡萄"的梯子，而不能代替他们直接摘取，所以教师的支架只是起到支持作用，而不能主持更不能代办。

撤离不拖延。搭建学习支架并不意味着教师需要像教婴儿学走路一样手把手，寸步不离地扶着学生前行，因为学生已经具备一定的解决问题的能力。但当学生解决更高层次的挑战性的问题时，仍需要教师及时地给予指导和协助。学习支架的搭建目的不是为了搭建而搭建，而是为了最终的撤离，在帮助学生顺利越过"最近发展区"后，教学支架应适时拆除或移到别处。

四、社会文化理论视域下的英语写作课堂

支架教学模式是社会文化理论下的核心教学模式，是一种重视学习者的学习过程、强调以学生为中心的教学模式。在该模式下，教师、本组成员、学习者自身和其他小组成员共同组成写作实践共同体，并通过一系列启发式问题实现师生、生生互动，搭建起符合主题的恰当的概念框架，帮助写作者理解特定写作主题，收集和分析筛选写作素材并最终完成写作任务。在支架模式下的写作课堂里，教师不再是知识的搬运工、习作的纠错者，而应是意义的构建者、活动的指导者、能力的促进者。作为写作主体的学习者在支架的辅助下应最大限度发挥自身主观能动性，积极参与互动，独立思考，实现知识与写作技能的动态增长。

基于社会文化理论的写作教学中教师支架的构建分为写作前、写作中和写作后三个环节，包含六个步骤，即建立框架、情景导入、独立探索、协作互动、效果评价和支架迁移。在教学支架构建的过程中，教师为学生提供写作辅助的同时，还要帮助学生掌握与内化所学的知识与技能。下面以大学英语主题写作教学 *Artificial Intelligence, Threat or Not* 为例具体阐述教师支架如何构建。

（一）写作前

教学支架的搭建必须遵循最近发展区理论。教师在搭建支架前需要了解学生的实际情况，比如学习习惯、学习方式、已储备的知识和能力等。如果支架设置太高，学生会觉得挑战性太大无法实现目标而选择放弃；若支架太低，学生就会感觉到可以轻易地实现目标而缺乏学习的动力。在这样的教学环境中，教师与同班同学的帮助有助于估判学习者的现有水平并能在满足学习者需求的情况下实现平衡发展。

1. 建立框架

教师在分析本次学习任务和学生的学习能力后,根据当前的教学主题,按最近发展区的要求建立概念框架,提供学习支架。比如在前期课程学习了如何表达支持或反对观点的句型和表达方式后,主题定为 *Artificial Intelligence*, *Threat or Not*。为了更好地让学生了解主题内容,提前布置了自主学习任务——选看三部影像资料:影片《人工智能》(*Artificial Intelligence*)或者《机械姬》(*Ex Machina*);英国著名物理学家斯蒂芬·威廉·霍金(Stephen William Hawking)在全球移动互联网大会上发表的题为《让人工智能造福人类及其赖以生存的家园》(*Guiding AI to Benifit Humanity and the Enviornment*)的主题演讲;身兼太空探索技术公司(*SpaceX*)CEO 和 CTO、特斯拉公司(Tesla)CEO 的埃隆·马斯克(Elon Musk)谈人工智能的纪录片《你相信这台计算机吗?》(*Do You Trust This Computer?*),并要求学生在观看视频影像资料时记录自己的所看所听,搭建写作框架。

2. 情景导入

社会文化理论强调了支架教学对二语学习的积极作用,而且认为有意设计的学习环境能促进二语学习质的发展。因此,教学应该创设一种积极的社会环境,包括物质环境和人文环境,以便学习者愿意主动参与到师生和生生的协商活动中。由此可见,创建真实的语言环境是支架语言教学中的重要一环。为了激起学生表达自我的热情,创设相应教学情景,主题写作引入了辩论的学习方式。在活动开始之前,教师以最近一年内 3 条关于信息技术的新闻《波士顿动力公司研制出能后空翻的 Atlas 人形机器人》《Alpha Zero 完爆前辈 Alpha Go》和《这些职业最容易被机器人取代,有你的吗?》为切入点,然后就主题 *Artificial Intelligence*, *Threat or Not* 组织分组讨论,让学生身临其境,激发学生参与活动的意识,并结合自己未来的职业谈对人工智能的看法。

(二)写作中

斯温纳和拉普金在研究中发现,二语学习者在对自己作文初稿进行口头表述的过程有助于发现和激活自己的最近发展区。因此,在正式写作之前,教师应搭建好支架,让学生有口头表达观点的机会。写作课采用口头辩论的方式,把全班分成三个小组,正方、反方和观察员,规定辩论环节和规则。

1. 独立探索

所谓的独立探索并非指学生仅凭一己之力,无须教师和同伴的指导和协助,而是指由教师设置启发性问题,搭建支架,帮助学生沿支架逐步攀升,等学生熟悉概念框架后,教师撤去支架,让学生继续前进。维果斯基认为语言具有调节思维与行动的功能,但真实的写作课堂上却是另一番情景。在表述个人观点时,很多学生难以表达,教师这时就应该及时地提出一系列开放性问题,如 What's this?(怎么回事?)What do you think of this?(你怎么看?)Really?(真的吗?)What does it illustrate?(那说明什么?)Is there other similar situtation?(跟这个相同的还有哪些?)让学生沿着教师的设计思路走,课后让他们再把自己在课堂上的所看所学所思整理出来装订成册。因为 Verity 根据自身的学习经历发现,学习心得和反思对学习者找准和激活自己的最近发展区非常有用。

2. 协作互动

许多研究者认为学生最近发展区的参与者不仅包括物质环境,如书籍、视频、计算机等,同时还包括人文环境,即具有不同知识和技能熟练程度的人,而这些都为学习提供了积极条件,共同构成了学习过程中社会互动所需要的环境因素。纳萨基和斯温纳也认为知识的本质是社会的,是通过在社会语境下学习者协作、互动、交流的过程和最近发展区内交互的结果而构建的。前文提到的视频影像资料和新闻都是物质环境,而教师和小组同伴,甚至其他小组成员和学习者本身的互动和协商就构成了促进学生自我发展的人文环境。小组的讨论和协商及正反双方的辩论给学习者提供了充分了解自己和他人观点的机会,而小组讨论的结果又是独立探索期间所学成果的有益补充。其实,在该主题写作的小组讨论和辩论中,上述师生之间的支撑性对话(Supportive Dialogue)和生生之间的协商和互动无形中为学生提供了写作框架:介绍/总结议题;提供主论点;如何举证;优劣分析;观点的概括推广,在一定程度上实现了教学支架应有的功能。

(三)写作后

写作能力的培养是个连续的过程,写作策略的掌握不是只有在课堂才能进行,写前准备、写中支持、写后反思与评价缺一不可。很多学生每次写作课都觉得不知道写什么,不知道怎么写。为了解决这个问题,帮助学生拓展思路和积累好词好句,教师可以尝试说写结合和读写结合,即把写作课与口语课和阅读课相结合,通过阅读文章积累短语和表达方式。我们曾采用每周 1 次的 5-minute speech 的形式,让学生自拟题目在课堂上集中做 presentation,其他同学根据 speech 的内容进行讨论,让 presenter 记录同伴们的主要思路和论点支撑素材,课后整理备用,并对 1 周的写作学习做总结。学生们称 5-minute speech 为 "Collision of Inspiration(思想交流会)",参与积极性很高,也改变了以往对写作课的被动和抵触情绪。上述这些都具有较强的可操作性,可以为后续写作提供重要的素材来源。

效果评价。效果评价是支架教学中重要的后续保障环节,包括自评、互评和教师点评。自评给学生提供了自我反思和提高的机会,互评又给双方提供相互学习和借鉴的平台,而教师点评可以强化概念、肯定学生的努力,为进一步搭建更高的支架奠定基础。我们在教学中多采用分享式评价,即每 4 周抽出 1 次课让学生做分享海报,把作文和写作反思以灵活多变的形式展示出来,贴在教室里让其他同学参观评价并留言。在此期间,教师一直在教室里巡回观察,并记录学生们的表现,最后点评。教师评价着重于以肯定的形式评价学生的表现而非作文本身,不断提高学生的参与意识和写作自信心。除此之外,还可以借助网络学习平台,如批改网等,对学生提交的作文进行实时批改,并给出参考分数及分析反馈,让学生在写作后趁热打铁,及时纠正写作中存在的错误,有助于提高学生的自主学习能力。大数据和人工智能的应用让学生可以随时随地,有感而发,让写作学习变得无界限。

支架迁移。教学支架只是起临时性和过渡性的作用,具有动态性和渐撤性,教师给学生提供支架性支持就是为了逐渐淡化并退出支持,随着学生能力的提高,教师的支架会进一步撤离并迁移至学生更高的最近发展区。仍以上述主题写作 *Artificial Intelligence, Threat or Not* 为例,绝大多同学都能就主题陈述观点,但仅限于列举式的证据和论点,只谈表象,缺乏思辨。因此,在点评中针对首次写作时很多同学选取教师为例这一事实,教师通过提问 why, how 之类的问题,引导学生思考为什么人工智能可以或不会取代教师,教师如何保持自身的职业优势等深层问题,既要谈技术层面,也要涉及情感层面,更不能忽略社会文化层面。这样,学生就会自觉地在教师搭建的支架下逐步寻找更高的写作突破口。

社会文化理论派认为提供支架的过程即是师生、生生之间相互作用的社会过程,也是培养学生自主学习能力的过程。从上述英语写作课堂中教师支架模式的构建过程可以看出,教师的支架作用在教学过程中的具体体现是由教师为主体转变为学生为主体,在课堂活动中教师由控制者转变成协助者、观察者和促进者。师生互动和生生互动有效地促进了学生自主探索和自主学习的能力发展,而教师提供的丰富而有效的支架教学模式又是促进学生认知发展的有效方法,能促使学生有效地实现知识意义的建构,而多元的评价方式既能充分关注学生的个体差异又能保持评价的立体性、及时性和客观性,极大地调动了学生的写作积极性和主动性。

显而易见,社会文化理论视域下灵活多变的写作支架教学模式能有效提高学生的写作兴趣,有利于培养学生良好的写作思维方式,从而提升其思辨能力和写作水平,具有显著的有效性和可行性及广泛的推广价值。

第五节　二语语用习得研究

20 世纪二三十年代,苏联心理学家维果斯基(1926,1986)及其同事就提出了社会文化理论。尽管该理论以"社会文化"命名,但是它不是探讨关于人类生存中社会或文化的因素,而是把社会和文化看作人类思维方式的重要组成部分。该理论认为人类的认知发展融入了一定的文化、历史和风俗习惯背景,知识的建构过程是社会和文化知识在起作用。经过很长时间后,美国和欧洲的学者们开始注意并研究将该理论运用于心理学、教育学、应用语言学等学科中。同样,在二语习得研究中,James Lantolf 与同事 Steven Thorne(2006)合写了第一部从社会文化理论视角研究二语习得的学术著作《社会文化理论和第二语言发展的起源》,成为二语习得研究中的一种独特和新颖的视角。

自从 1962 年出版了英文版《思维和语言》(根据 1934 年发表的俄文版翻译)以来,苏联著名心理学家维果斯基创建的文化—历史理论(culture-history theory)受到心理学家和教育家们的极大关注;1978 年,英文版的《社会中的心智》共编辑了 8 篇维果斯基在 1930 年到 1935 年间的手稿和报告;1987 年后又相继编辑出版了维果斯基(1987,1990,1997,1998,1999)著作选集和专著,维果斯基的文化—历史理论在世界得以广泛传播,尤其是该理论中的四个核心理念——调节(又译为中介)(mediation)、活动理论(activity theory)、内化(internalization)、最近发展区(the zone of proximal development),自 1980 年以来在二语习得界引起了研究者的广泛兴趣。不过,在应用语言学和二语习得领域该理论通常被称为社会文化理论(socio-cultural theory)。在国外,标志性的宣言就是 Lantolf & Thorne(2006)合写的学术著作《社会文化理论和第二语言发展的起源》,这是第一部将文化—历史理论融入二语习得研究的论著,同时在论著的开篇对社会文化理论这一术语的使用进行了论证。在国内,文秋芳(2008)、高一虹,周燕(2009)、贾冠杰(2010)、尹洪山(2011)等纷纷撰文评述,认为社会文化理论是二语习得研究的社会学转向,是新兴的研究视角。

语用习得研究是二语习得与语用学领域的跨面研究,在二语习得领域起步较晚,在语用学领域被称为语际语用学,又译中介语语用学(Interlanguage Pragmatics)。它主要研究第二语言学习者是怎样获得语用能力的,即怎样用目标语做事和交际的能力,因此,也被称为语用能力习得(acquisition of pragmatic competence),简称语用习得。语用能力是交际能力的重要成分之一,是外语或二语学习者最难掌握的语言能力(Kasper & Rover,2005)。根据社会文化理论中四个核心理念构建一个适合语用习得研究的理论模式,国内在该领域的研究处于起步阶段,相关研究比较少见。

一、核心理念的提出

社会文化理论的四个核心理念在维果斯基的不同论著中提出,是他在论述和分析儿童认知心理过程中呈现出来的,往往是作为一个整体概念来阐述,如在讨论调节时会涉及活动的设计、内化的过程,因此下文的陈述会有重叠现象。

调节是社会文化理论最核心的理念,对此概念维果斯基在活动、内化概念中进行了交叉陈述。维果斯基(1962)在讨论内部语言(inner speech)时指出:言语先有心理上的内化(interiorized),再有生理上的内化。自我中心言语(egocentric speech)就其功能而言是内部的言语;它是向内发展的言语,与儿童对行为的指示有密切的联系(李维,2010)。而有声言语与内部语言之间有一些调节环节(intermediate link)。上述讨论在一定程度上涉及了内化和调节的理念。该书主要讨论思维与语言的关系,维果斯基认为思维与语言的发展根源不同,相互之间是独立的,但是,在某个关键时刻,两者才开始会合。有一些研究者对维果斯基内部言语和起源的观点提出批评,认为"言语和思维,外在言语和内部研究是同时发展起来的。正如外部语言一样,内部语言也是社会产生的言语"(李维,2010)。维果斯基在讨论语言与思维的关系时,不断地引入工具、符号、语言等作为调节工具的作用,而这些调节工具的使用通过活动或任务的形式体现,最终内化的过程是通过调节和活动的协调发展得以完成。

维果斯基（1978）在《社会中的心智》中着力探讨了三个基本问题：人类和环境在生理上和社会中的关系、人类在自然中的活动形式、工具使用和语言发展的关系。在讨论这三个方面的问题时，调节、活动以及内化理念被融为一体。以儿童的成长为例，人类的发展与社会和环境关系密切。语言和活动是一种动态发展的过程，语言与活动同步作用于人类，行动越复杂，语言的作用越大。儿童在解决实际问题时要借助于语言以及眼睛和手，这种感知、语言和行为统一通过直接或间接的调节作用，最终内化为个体行为。儿童的行为自由度越大，他对具体环境和实物的独立性就越大，也就是说，儿童对环境的依赖取决于他身边的环境和物体刺激，为了完成任务他会随手利用唾手可得的物件工具。因此，工具的使用通过调节作用和不同的活动形式使儿童的任务得以完成。当儿童不能解决问题时，自我语言会起作用，这时儿童不会找大人寻求帮助，反而转向自我，这就是内化的过程在起作用。总之，语言、符号在活动中通过调节作用促使人类完成既定任务。这些理念是调节和活动概念的形成。

Lantolf & Thorne（2006）引用维果斯基的论述即人类的意识通过文化构建和组织的手段来调节，再次论证调节是社会文化理论的最核心概念，它强调他人、自我和物体调节对学习过程的影响。调节的具体形式是物件（artifact），包括碗、计算机等具体物品，还有数字系统、语言、思想、概念等更为抽象的物品，这些物件具有社会化的本质，因为同一个物件在不同的社会和文化背景下意义会有所不同。他们还着重讨论了语言作为调节的基本作用，还进一步讨论了内部语言、自我中心语和私语（private speech）之间的关系。在维果斯基的著作中没有使用"私语"这一术语，这是 Flavell（1996）提出的，它是外化的内部语言，一旦内部语言被赋予语言的形式，这个内部语言就变成了私语（Lantolf & Thorne, 2006）。自我中心语言和私语不仅解释新信息，还能解释个体当下正在做的事，因此语言的内化发展过程经历社会语言（social speech）、自我中心语、私语，最后变成内部语言。

活动理念在维果斯基的论著中没有专门章节论述，但是通过以上内容的呈现可以看出活动概念的形成。Lantolf & Thorne（2006）在回顾该理念的历史形成过程时认为它经历了三个发展时期。第一个时期是维果斯基调节中的活动过程，该活动理念以马克思的心理功能原理和意识社会起源的构成以及恩格斯的工具和符号在人类功能中的调节作用为依据，因此，维果斯基的"活动"被认为是工具调节—劳动式活动（tool-mediated-labor activity），是活动理念的基础。如果说维果斯基提出了"活动"这一术语，他的学生 Leontiev 则发展了他的理念，并进行了细化分类：活动(activity)——活动的理由,行动(action)——活动的内容,操作(operation)——实际的行为,此分类为第二时期,是活动理念的转型和深化。第三个时期是活动理念的多元化,是多个系统集体化的活动(collective action),此系统包含人、机构、物件,受到技术如电脑、书、符号工具(如语言)等的调节。活动理论的多元化直到现在仍然是研究热点。

　　内化理念在维果斯基(1978)的《社会中的心智》第四章专门进行了讨论,维果斯基认为内化是对外部行为的内部重建。内化有三个系列转变过程,第一是外在活动的行为开始内化和重建,如符号使用行为,儿童用手势的行为;第二是人与人之间的交流过程变成个人内部的交流过程,即人与人的交往首先是社会的,然后过渡到个人化层面;第三是从个体间到个人内化的过程系长期的一系列发展事件的结果,即从外部转为内部是一个漫长的发展过程。当然,这种转变过程需要一些间接的调节活动,如符号和工具。四个理念的分析和论证在该著作中得以充分展开。Lantolf & Thorne (2006)认为内化是维果斯基理论的第三个核心概念。内化是维果斯基针对将生物和社会文化因素的二元主义合并为身心一体而提出的,为此,后来的诠释者提出了不同看法,主要来自三方面,即天生论、社会构建主义和 Wertcsh 的不同观点。Lantolf & Thorne (2006)还提出模仿是社会文化理论的调节和内化过程,特别是在私语中模仿更是儿童和成人的常见现象,第二语言的学习更需要模仿,它对二语习得的帮助是不可估量的。

　　最近发展区是维果斯基另一个有专门章节讨论的概念。维果斯基(1962)在《思维与语言》的第 6 章讨论了童年期科学概念的发展,在涉及学习和发展研究中的重要问题时,提到了最近发展区概念,即儿童实际的智力年龄与他在帮助情况下解决问题所达到的水平之间的差异,而且认为最近发展区较大的儿童在学校会学得更好。在《社会中的心智》的第二部分——教育启示中,维果斯基(1978)在讨论学习和发展的关系基础上,再次提出了最近发展区的概念。学习和发展是相互关联的,但不是平行发展的,这种不平行就是学习者的实际发展水平和潜在发展水平之间的差距。这是社会文化理论的另一个重要理念。如果说调节论是一种合作学习的理念,那么最近发展区理念就是合作学习的一种具体表现方式,尤其是以该理论为基础所揭出的支架教学理论,因其可操作性强、易理解而备受研究者和教师的青睐。Lantolf & Thorne (2006)的第 10 章根据维果斯基在不同讲座和著作中对最近发展区的陈述以及该概念的历史等作了系统界定,并由此证明了最近发展区和语言教育的关系,特别对比了与 Krashen 提出的可理解性输入假设 i+1 概念,认为最近发展区与 i + 1

概念不能等同,但是与支架、反馈和同伴帮助的关系密切。

二、核心理念在二语习得研究中的运用

在二语习得界,Lantolf 及其同事是社会文化理论的倡导者。1980年以来,一些论文散见于各种学术期刊,比较有代表性的论著是 Lantolf 的以下三部编著:

第一,Lantolf 在 2000 年编辑了第一本关于社会文化理论的探讨论文集,是社会文化理论在二语习得界研究起点的标志。其中,有两篇是关于他人调节对学习的作用。Swain 通过对话教学讨论调节的作用,并比较输出假设的理念,作者提出"超越输出假设就是通过合作对话来达到调节学习的目的",所谓"合作对话就是知识构建的对话",通过对话,他人的话语可以帮助学习者逐步形成知识结构。Sullivan 提出玩耍活动不是个体行为,是一种社会调节活动。在语言学习中,通过玩耍学习者可以相互引起对语言形式和语言意义的注意。有三篇是关于自我调节作用的,Roebuck 认为当学习者面临不确定的事件时,为树立"自我"形象,学习者会用一些模糊语言来塑造个人形象,如使用 I think, I think because the article says; The article stated that... 等。Kramsch 认为自我行为会受到一些符号系统的影响,如作者让受试改写句子时,第一次会写: Ted, formerly of nation of South Vietnam... ,第二次改为 Ted, of the formation of South Vietnam。Lantolf 定义"自我"是一个动态系统,会受到四个层面的影响——空间定位、时间定位、责任定位和社会定位。还有三篇是有关物体调节的文章,Kramsch 认为语言符号,诸如书法、修正、标点等副语言都是语言学习过程中可以有的符号系统。Verity 论证写日记也是一种构建自我的方式。McCafferty & Ahmed 用手势语作为研究对象证明手势语这样的私语对语言学习是有帮助的。只有一篇论文专门讨论最近发展区,Ohta 使用最近发展区理念探讨二语语法的习得问题,从而重新思考互动论。当然,该论文集的其他论文都不同程度地提到最近发展区的理念,这表明社会文化理论四个理念的独立性与相互性。

第二,四个理念在二语习得研究中的系统研究则开始于 2006 年 Lantolf & Thorne 合著的《社会文化理论与第二语言发展的起源》。他们根据维果斯基的著作以及研究者对维果斯基的理论阐释,分别论证了四个理念作为社会文化理论框架的依据,并用专门章节分别讨论在二语习得中的理论运用模式。该著作的第 4 章专门根据相关实证研究证明了内部语言、私语和手势在二语习得中的作用。结果发现人们会说不止一

种语言；但是只有一种内部语言，而这个内部语言可以调节我们的思维过程（Lantolf & Thorne，2006）。第 5 章的概念隐喻、词汇概念文化模式的可学性和可教性证明了文化调节作用在学习新语言上的作用是很大的（Lantolf & Thorne，2006）。第 7 章展示了以语言为中心的私语对二语的内化作用，表明模仿是整个内化过程的中心；儿童和成人的私语有重要区别，儿童的自语娱乐性强于成人；学习者比较注重重铸（有意和无意的），教师话语对学生错误纠正的重铸以及社交话语都存在私语现象（Lantolf & Thorne，2006）。第 9 章以同伴改作文为例说明了活动理念可用于定义和分析人类活动，诊断问题，为革新提供框架，它不仅教会学生重点，还教他们社会角色和身份的构建。第 10 章证明了社会文化理论下的反馈在二语学习中的作用；支架作用，包括同伴支架、高低水平支架等在二语学习中有促进作用，而这些都是最近发展区理念下的衍生概念，正如作者评述：最近发展区不是一个区域，而是一种活动，一个历史整体，一个基本的社会性，代表着人类的革命性活动（Lantolf & Thorne，2006）。

第三，2008 年，Lantolf & Poehner 又编辑出版了专门论文集。该文集最突出的特点是四个理念的融合性在研究中的充分体现，正如作者所说：由于社会文化理论的综合性，在讨论一个理念的某个方面时会涉及另一个理念的某个层面（Lantolf & Poehner，2008）。关于调节论和最近发展区的相容性，文集中的第一部分就把二者放在一起来探讨他们在教学中的运用。例如，Poehner 分析了五种互动调节方式——协商性调节，即当学习者发现调节不够恰当时，他会提出补充说明和解释，与合作者商讨；利用调节者为获取资源的渠道，即当学习者遇到不懂或不确定的问题时，可以向别人求助；创造机会来发展学习能力；寻求协调者的同意，学习者遇到困难时，希望得到调节者的支持和理解；拒绝调节，当学习者有自信心时，会拒绝调节者的帮助，而这五个调节方式都体现了最近发展区的互动观。第二部分的五篇文章涉及调节理念在课堂教学中的运用，但同时最近发展区和内化理念也在文中提及，如 Negueruela 提出将最近发展区改为潜在发展区更为开放些；Lapkin，Swain & Knouzi 认为言语化的概念应当被看作内化的过程等。

三、核心理念与语用习得结合的理论基础

社会文化理论的四个理念融入语用习得的理论框架称为社会文化理论的语用习得模式，由三个模块组成。

首先是语用习得过程的"调节理念"。调节可以指抽象调节，如文化、

习俗和社会环境等对语用习得的影响调节。这种调节是个体在接受新知识时会使用到的工具,如语用学习者在学习英语拒绝策略时,母语和二语的拒绝概念会相互干预,这时需要个体使用文化和社会的知识来调节,帮助学习者自我掌握知识点,这是自我调节的作用;特别是有高水平者的帮助时效果会更明显,这就是最近发展区的核心概念,是他人调节的效果;调节还可以是具体物体调节,如书、工具、身边的物件等。当语用学习者遇到不明白的词汇时,视野范围内的物件,如图片中的人物会激活学习者头脑中的词汇记忆,使他与目标词联想,进而记住了该词。这在一定程度上表明物件调节可以缩短学习者的现有知识和潜在知识之间的差距,这正是调节作用下的最近发展区的体现,是物体调节的功效。

其次是语用习得过程的"活动理念"。语用习得过程也是一种活动,包括个体活动和集体活动集合在一起的多元化活动体。个体活动的设计受到自我调节的支配,自我调节方式可以决定活动的形式,如语用学习者默读目标表达法、观察母语者在向别人发出邀请时是怎样说的,然后在两人或多人的集体对话中尝试使用所学到的目标语,这种集体活动是无意识的,也会是有意识的活动。语用学习者会先自我设计活动场景,如向别人打招呼,然后设计目标语打招呼的内容,最后会设计打招呼的形式。这种活动与任务(task)不同,活动是具体的操作形式,而任务是活动形式的蓝图(牛瑞英,2007)。

最后是语用习得的"内化理念"。语用知识的内化,需要经历模仿、私语和内部语言的过程。语用学习者首先模仿母语的地道表达法,自言自语地不断重复,即私语,在此过程中会有外在的社会化理念调节,使学习者的私语与社会化语言融合,最后内化为学习者自己的内部语言。当然这个过程很漫长,需要不断地模仿和私语化,内部语言才会出现。

值得一提的是,这三个模块是相互连接并可以顺推也可以倒推的,即内化理念可以回溯到活动理念和调节理念。当语用学习者将学到的一种语用策略内化到大脑中储存起来,新的策略出现时,已经内化的知识会帮助他设计新知识点的活动形式和调节方法。例如,拒绝别人邀请策略的内化会促使学习者关注怎样观察拒绝别人的建议,学习者可以假定一些建议的活动场景,并实施拒绝策略。此时学习者的个人知识和环境条件会激活新的知识点,调节的作用会凸显。

四、社会文化理论视角下语用习得模式

调节论是社会文化理论的中心概念,指人类意识或大脑的活动是由

文化构建的辅助工具来调节的,这种调节作用是社会关联、社会合作和集体行为以及文化传统交织在一起的庞大系统,主要包括物体调控、他人调控和自我调控,其中物体调节,如图表、电脑等,以及他人调节,如教师或同学的指点,可称为明示调节;自我调节是暗示调节的主要方式(Lantolf & Thorne,2006;Lantolf & Poehner,2008)。语言是最基本的调节工具,社会言语、自我中心言语、私语、内在言语和手势语是人类获取知识的必要工具,其中内在言语、私语和手势语的运用是二语学习中的重要调节方式(牛瑞英,2007)。

内化论认为人类认知的发展是生物因素(内因)和社会文化因素(外因)共同作用的结果,这种结果是人类把社会文化的概念融入思维活动的结果,是对大脑自然发展的控制结果,是最终形成内化的结果(Lantolf & Thorne,2006)。在语言学习中,当学习者还不能完全掌握目标语时,往往会依靠个体话语,如自言自语、自我重复或模仿他人话语以得到自我操练的目的;当学习者完全掌握目标语时,个体话语会自动消失,内化为内在语言,成为学习者语言体系的一部分,这表明内化的个体话语已经外化为社会话语,说明学习者对语言已经习得了。

活动理论中的"活动"是一种能够解释人类行为和认知的概念工具,是一种能够区别于理论分析的实践活动,即社会环境中的集体互动、交流合作等实践活动;它可以解释人类发展的过程(Lantolf & Thorne,2006)。活动是联系外部社会和内部个体发展的纽带,它包括活动的主体、目标和动机、达到目标的行动以及行动的操作手段。活动理论的发展经历了三个阶段,即从维果斯基的文化调节理论过渡到 Leontiev 的活动调节论,最后发展到 Engestrom 的集体活动系统,经历了个体活动到集体活动的发展。

最近发展区指"两个发展水平:实际发展水平和潜在发展水平。最近发展区就是儿童独立解决问题的实际发展水平和在成人的帮助下解决问题的潜在发展水平之间的距离(Lantolf & Thorne,2006)"。要缩短这样的差距可以依靠他人的帮助。在二语学习中,不同语言水平的合作者可以相互提高语言学习能力,如老师和学生、讲母语者和外语学习者、高水平和低水平的学生的合作学习会有助于相互的外语学习;相同语言水平者的合作也有助于他们的学习,甚至低水平者可以为高水平者提供有益的帮助。20世纪70年代,美国教育在吸收、发展维果斯基"最近发展区"理论基础上,提出了支架教学理论,由此孕育而生支架教学模式(彭元玲,2008)。它是以学习者当前发展水平为基础,与他人构建一种互动和合作的关系,如老师与学生、学生与学生之间的支架关系,使学习者像盖房子一样逐步搭建自己的知识体系,最终达到从合作学习到独立学习,并把知识内化到学习者个体的大脑中的目的。

根据社会文化理论的以上四个核心理论的理念,我们构建了将他们融入语用习得的理论模式,即社会文化理论的语用习得模式,由三个模块组成。

首先是语用习得过程的"活动理念",语用习得过程是一种活动,是社会环境和个体间相互作用的过程,他可以是个体活动,也可以是集体活动,活动理论的理念构建了语用习得过程的首要阶段,即过程的设计必须融入个体和集体活动的任务或内容。

其次是语用习得过程的"活动形式",活动过程可以由调节论和最近发展区的具体过程来体现,如调节论中的自我调节可以是个体活动,他人调节是集体活动,可以是教师和学生间的互动,这也正是最近发展区理论的精髓,具体理论为支架理论;同时物体调节也是活动重要形式,如网络、通信等现代高科技的媒体作为调节学习者学习的重要手段。

最后,语用习得的"内化",语用学习的最终目的是将所习得的语用知识内化,即内置于大脑中储存,供学习者随时提取,此内化过程是第一和第二模块的终极过程,同时该过程也可回溯到"活动理念"和"活动形式"模块。三个模块在整个模式中是循环的,同时社会文化理论的四个核心理论在整个教学过程又是相辅相成的。

为进一步体现以上理论模式,我们尝试设计了实施该模式的具体教学形式。第一和第三模块主要是理念的形成,所以该教学形式主要是第二模块的具体操作过程。整个教学过程分为课内和课后两个阶段。适用课型可以是精读或泛读课,也可以是听力或口语课,学习的目标内容为语用知识。课内阶段的任务设计主要以调节论为主要理论依据。例如,词汇讲解和词汇练习,首先让学生模仿所学词汇在课文中表达,然后让学生在互动中使用刚学会的词汇造句和做口头作文,达到内化所学词汇的目的。整个学习过程是个人、他人和物体调节的综合体,也是最近发展区(支架理论)的具体表现。课后阶段以最近发展区——支架理论为主要依据。例如,课后引导学生阅读有关语用知识材料,根据"支架"理论,按照学生的水平搭配学习小组,一起讨论所读材料,并相互强化所学知识。评估采用动态评估方式,课内和课后都需要评估以检测学生的学习状况。着重考查学生所取得的进步,以最近发展区和调节论为依据。

通过回顾维果斯基的著作和 Lantolf 的诠释,我们不难发现社会文化理论的理论基础是维果斯基的文化历史理论维度的心理学基础,而这是以马克思的心理功能原理和意识社会起源以及恩格斯的工具和符号的调节功能理论为出发点的。正如 Cole & Scribner 在维果斯基(1978)《社会中的心智》的引言中所说,马克思主义的辩证历史唯物主义观在维果斯基的学说中起到了重要的作用,因为马克思认为社会和物质生活的历史变化使人类本质产生改变。维果斯基的发展法(developmental method)正源于此。恩格斯的人类劳动和工具的使用可以改变人类的概念被维果斯基(1978)引申为工具在特别活动中的运用可以改变人们对事物本质的反应,进而将人类历史的、文化的系统内化到个体的心理发展过程。Lantolf & Thorne(2006)也支持该理论的马克思和恩格斯的观点,同时认为还可以再追踪到康德和黑格尔的哲学观点。语用习得的变化过程和内化过程同样可以解释为劳动和工具改变的过程是工具调节的结果,是活动的产物。

维果斯基对语言学界和教育心理界的影响深远,如他在《思维与语言》中提出的观点引发了语言学界关于思维与语言关系的萨丕尔—沃尔夫假说之争论;维果斯基在去世前频繁谈到教学法的问题,源于他对智力测试的关注,因此他提出的最近发展区理念被教育学界广泛运用(Vygotsky,1978)。最近发展区可以使语用习得的过程出现多元化,可以是个体自我学习和观察,也可以是同伴、高低水平组合的合作学习方式。

维果斯基对心理学的另一重要贡献是他的研究方法,他对人类心理过程的分析采用历史法或称起源法(genetics,也译发生学),可分为种系发生(phylogeny)和个体发生(ontogeny)。文化的构建和重构是在历史的长期变化中形成的,因此是可以追踪起源的,还可以是种类起源或个体起源,这也是 Lantolf & Thorne(2006)的著作称为"第二语言发展的起源"的重要理由。同理,使用社会文化理论的起源法可以追溯语用能力发展的起源和发展过程,探索语用习得过程中的群体起源和个体起源。

已有的研究已经表明语用能力是可教的。但是,教什么(教学目标)、怎样教(教学方法)、怎样测量(测试工具)等问题一直是语用习得研究的难题,特别是以社会文化理论为理论支撑,因操作性有一定困难,如课堂教学和学习任务的设计、教学方法和测量工具等,使社会文化理论的语用习得研究之路显得漫长。同时,理论模式的构建需要在不断的教学实践中进行试用—修改—再用—再改等循环过程。

第六节　外语课堂互动话语研究

　　近些年,随着二语习得研究的不断深入,逐渐形成了认知与社会文化两大对立的研究视域。Johnson 在回顾了二语习得研究的认知和实验科学范式后认为,维果斯基的社会文化理论为拓展二语习得研究领域提供了强大的理论支持,并据此考虑认知和社会两大因素构建了二语习得理论和实践的新模式。作为二语习得研究内容的一个方面,对课堂互动话语的研究主要从认知与社会文化两个视域展开。与西方课堂互动话语丰硕的研究成果相比,我国学者对中国外语课堂互动话语的研究数量有限。有研究指出:国内外语课堂互动话语研究应结合中国的外语学习社会文化环境,充分吸收认知与社会文化视域下互动话语研究的优点,探索一条适合中国外语课堂互动话语研究的"本土化"研究路径。那么,针对中国的外语学习社会文化环境及外语教学现状与存在的问题,对课堂互动话语的研究应该采取哪种理论视角,什么样的"本土化"方法,本节将在回顾相关理论及研究的基础上,提出并论证社会文化视域下外语课堂互动话语研究的理据及其研究方法的建构。

一、课堂互动话语研究概述

　　Allwright 指出,"课堂教学只有通过互动过程才能进行"。课堂互动是师生共同参与的面对面的人际互动,本身就是语言交际活动,是语言实践机会,也是教学的实际过程;课堂教学成功的前提是师生共同以四种方式管理课堂互动:指示(direction)、服从(compliance)、协商(negotiation)、渡过难关(navigation)。近年来,Wells,Mercer 等学者提出,课堂互动是一种"对话"的过程,是一种社会交往(social interaction),在互动过程中,教师、学习者从彼此的言谈中得到启发,从而进一步发展自己的学习和思维能力,同时也可以促进其他学习者学习和思维能力的提高。

　　对认知与社会文化视域下的课堂互动话语研究的分析与概括显示了二者在对互动的界定及具体研究上的分歧。认知派学者认为互动是影响学习的一个因素,学习是可以在一定程度上通过互动和社会语境的特点来解释的一个变量。社会文化派学者认为,互动和语境是不可分割的整体,个体和他所在的环境(物质环境、社会环境)是一种辩证的关系,因此,个体的行为是共同理解社会建构的一部分。在具体研究中,处于主导地位的认知视域下的互动话语研究侧重用微观量化的方法对个体的互动行为进行实验或观察研究,其主要观点体现在输入—互动—输出模式中,研究注重结果与生生互动,关注社会语境中的个体学习者的活动及互动对个体学习的影响,其重心是教学是否并且如何影响二语发展。社会文化视域下的课堂互动话语研究出现在 20 世纪 90 年代末和 21 世纪初,研究主要采取宏观、微观结合的定性分析方法。这派学者认为语言发展是一种自然发生的社会建构过程,学习包含在社会交流中,课堂互动就是一种社会交往,师生通过在课堂上互动共同创造学习机会,促进语言学习。此类研究主要关注学习者和教师在互动过程中的表现(参与方式和参与情况)以及这些表现对语言学习的作用,强调学习者在互动活动中不仅仅是协商意义,更重要的是共同建构意义。研究注重动态过程及对师生互动的研究。

Chaudron 提出课堂研究方法主要有 4 种传统途径,其中两种涉及话语分析话语分析和民俗学方法。2002 年,《应用语言学》杂志课堂话语微观分析特刊显示,课堂话语微观分析有三种主流途径:民俗学交际分析、会话分析和系统功能语言分析。纵观国内外对课堂话语的研究不难发现,话语分析和会话分析始终是应用最多的研究方法,它们源于不同的学术派别,既有联系又有区别。

话语分析(discourse analysis)主要受 Halliday 系统功能语言学的影响,强调语言的社会功能、主位结构和信息结构。研究者认为,在建立话语结构时,要首先分离出话语的基本范畴或单位,然后制订规则界定合格的范畴序列(即连贯的话语)和不合格的序列(即不连贯的话语)。以 Sinclair Coulthard 为首的伯明翰学派根据 Halliday 的级阶与范畴的语法结构概念,通过课堂录音分析,提出了包括课(lesson)、课段(transaction)、回合(exchage)、语步(move)和话目(act)的话语结构模式。其中,由启动语步、应答语步、反馈/评价语步构成的三话轮互动模式被普遍认为是典型的课堂师生互动话语模式。

会话分析(conversation analysis)受民俗学研究方法的影响,从社会学的角度把会话和活动看作受一定规则支配的有序的社会行为。研究目的是通过对日常会话话语中交际参与者对会话时机的选择以及话轮的控制、转换、接续等微观现象的研究,找到会话话语的组织规律和结构特征,话轮(turn)和毗邻对(adjacency pair)被看成是会话结构的基本单位。会话分析者把话语看作一个过程,会话话题的引入与发展、会话意义的表达与理解以及话轮的转换等,都是在会话参与者的磋商(negotiation)中进行的,会话是会话参与者之间相互作用的过程。课堂语境是动态的、变化的,在一堂课中语境会因参与者目标的不同而发生变化,因此对课堂话语的会话分析是要发现师生会话的特点、过程和模式,及这些因素对教学和学习的影响。

总体上,话语分析视话语为静态产品(product),研究采用自上而下的方式运用预设的等级结构模式对话语结构进行层次描写,而会话分析视话语为动态过程(process),研究采用自下而上的方式对交际过程进行细致分析。事实上,话语是语言运用的产物,是在语言交际过程中产生的,因此,话语既是成品又是过程,只有静态描写与动态分析方法的结合才能全面地揭示话语的实质。

二、社会文化视域下外语课堂互动话语研究的建构理据

研究视域的选择取决于研究内容与对象。针对中国外语教学的社会文化背景,我们主张采取社会文化视域进行外语课堂互动话语研究,同时适当吸收认知视域课堂话语研究的优点,下面从三个方面讨论采用这一研究视角的理据。

(一)社会文化理论的内涵及其影响

社会文化理论(Sociocultural Theory)基于Vysotsky的儿童认知发展理论——文化历史心理学(cultural-historical Psychology),是关于认知发展的理论。在Vysotsky看来,语言符号具有双重功能:对外是社会互动的单位,对内是思维的单位,语言符号是交际活动影响认知发展的桥梁,而交际活动中的语言运用在心智功能发展中起着核心作用。该理论的核心包括:调节论(mediation)、内化论(internalization)、最近发展区理论(zone of proximal development)和活动理论(activity theory)。

根据调节论,社会文化环境是人类从低级心理机能(如听觉、嗅觉等)向高级心理机能(如记忆、注意和理性思维等)发展的过程中的决定性因素,语言是这一过程中最基本的调节工具。儿童的认知发展经历从物体调控、他人调控到自我调控的过程,在这一过程中,语言的作用经历从社会言语、自我中心言语、个体言语到内在言语的发展。内化是一个社会调节的过程,由人际间活动和个体内部活动共同构建,通过这一协商性的发展过程,人和环境的关系得以重建并对未来产生影响。Vysotsky提出,人的高级心理机能先后两次出现,先是出现在人际间的交互心理层面,然后

出现在个体内部的内在心理层面。"儿童能够独立解决问题的现有发展水平与借助成人的指导或是同伴的合作帮助可以达到的较高水平之间的差距"构成最近发展区。在这个动态的区域中,学习者通过他人调节,借助支架式帮助,完成学习任务,潜在的知识和技能转化为实际发展水平,新的知识和技能又逐渐进入这个区域。活动发生在一定的社会文化背景中,是一个包括主体、客体、行动和操作的集合,主体是活动的参与者,客体是由主体制订并时刻推动行动的目标,行动以目标为导向,操作是为了使行动能够成功执行所采取的方式。

社会文化理论及其相关思想给我们的启示是:学习是学习者对原有的知识和技能体系进行调解,形成新的知识和技能体系的过程。在这一过程中,学习者凭借语言与他人相互作用,进行文化与思想的交流。教育的基础是学生的个人活动,教师是学生受教育过程中的组织者与调节者,学生与他人(老师、同伴等)的共同活动是其高级心理机能发展的决定性因素。因此,外语教学首先要考虑的是外语课堂教学的社会文化环境,在课堂教学中,一方面我们要发挥学生的主体作用,另一方面也要充分利用课堂话语的脚手架功能,教师不应只是知识的传递者,而应发挥其作为中介者的调节作用,通过设计在最近发展区里的任务,为学生提供合作学习活动,促进其语言知识和思维能力的发展及内化。

Vysotsky 的认知发展理论于 19 世纪 70 年代传入西方,与建构主义思潮相融合,形成了建构主义重要范式之一"社会建构主义"。与 Piaget 的认知建构主义强调每一个个人对新知识的创建相比,社会建构主义侧重文化和语言等知识工具的传播。社会建构主义是当今教育研究和教学实践的重要理论依据,对二语 / 外语教学产生了重大影响,我国的外语教育及教学也从中汲取了丰富的营养。

(二)中国外语课堂教学的特点

中国人学外语,最主要的途径是课堂学习,课堂教学的效果因此至关重要。《高等学校英语专业英语教学大纲》明确提出"课堂教学应以学生为主体、教师为主导……在教学中要多开展以任务为中心的、形式多样的教学活动。…… 最大限度地让学生参与学习的全过程。"王初明认为,学习一门地道的外语有 5 个必要因素,即真实语境、交际需要、交流互动、积极情感和大量接触。但是,作为外语型的中国外语教学,学生缺少真实语境和大量接触语言的机会,课堂是学生学习、接触语言的主要途径,课堂互动话语的质量因此格外重要。此外,我们的文化因素也影响着语言学习的过程和结果。吴庄、文卫平对英语专业本科生问卷调查的结果显示:

学生的交际需求和交际意愿差异显著,学生普遍有较强的交际需求,但交际意愿总体较低;中国学生被动的学习方式决定了他们通常不会积极地参与交际,中国文化的面子观念是造成学生缺乏冒险精神、不愿主动说英语的重要原因。此外,近些年,随着教育理论及二语习得研究的不断深入,学者们对语言在教育、教学中的作用有了新的认识。外语教学不仅仅是要培养学生的听、说、读、写能力,同时还应关注学生思维能力的发展。国内有些学者,如何其莘等已经对外语专业学生思维能力发展方面存在的问题表示担忧。文秋芳、周燕从逻辑推理和实证数据两个方面阐述论证了外语专业学生思维发展能力方面的问题。她们认为,我国目前外语教学普遍过分强调语言的交际功能,弱化语言的信息功能和思维功能,其结果是使输入的语言信息有一定的偶然性,不容易帮助学生形成系统的文化知识体系;交际所涉及的思维活动缺乏挑战性,不足以促进学生思维能力的发展。以上分析显示,我国外语教学的特点决定了外语课堂互动话语在外语教学中的重要地位及研究的必要性。课堂互动话语是学生语言接触的内容,是调动学生积极参与交际的手段,也是培养学生"听、说、读、写、思"能力共同提高的路径。

(三)社会文化视域下外语课堂互动话语研究的必然趋势

进行课堂互动话语研究的目的是发现、解释外语教学中的问题及问题存在的原因,为解决问题提供证据。Mercer 认为,社会文化研究视域的出现给教学、学习及认知发展的研究带来了变革,同时表明,教育的成败并不简单的是个别学生或老师技能的体现,而是教育对话质量的结果,教育是师生在反映学校价值和社会习俗的文化机构里共建对话的过程,因此需要探讨课堂教学中语言使用与思维的关系,以及在学习和发展的过程中,个体内部与人际交往(即心理与社会)之间的关系。社会文化理论的学习观和教学观为外语课堂互动话语研究奠定了坚实的理论基础,而实践层面的研究结果也证明了这一理论视域是外语课堂互动话语研究的必然选择。

在学习观上,与认知派从心理和认知角度倡导的互动理论关注任务本身如何促进语言学习不同的是,社会文化理论主要关注学习者和教师在完成任务过程中的表现以及这些表现对语言学习的作用。研究强调语言习得是在一定情境中发生的一种社会活动,研究应真实地反应研究对象的学习经历和感受,客观、全面地描述和分析包括社会文化情境因素在内的语言学习的过程及因素;其课堂互动话语研究注重人与社会的相互作用,认为互动话语对语言学习的影响与人际关系和社会角色密切相关。

同时,高级心理机能(包括思维能力、推理论辩能力、理解能力)的发展是社会互动的结果,互动话语中语言的中介作用是导致高级心理机能发展的重要因素。

在教学观上,社会文化理论认为课堂教学必须考虑人类活动的三个层面:文化层面(知识发展的集体性、历史性)、心理层面(个体学习和认知发展)、社会层面(群体内和个体间的互动)。课堂教学的有效性体现在互动如何在社会层面展开,教育对话如何受到文化、心理因素的影响,以及文化和社会因素如何影响心理认知的结果,而课堂对话的动态性决定了语言使用在教育教学过程中的重要地位。Wells 指出,语言不是一个单独的工具,而是一个交际工具箱,在教育教学中具有多种形式和功能。Hoogsteder et al. 认为,教学和学习的互动本质上是一种集体活动,老师和学生在这一活动中通过语言共同协商、发表不同意见、交换分享信息、做出判断和决定,并相互评价。这种积极的教与学的互动过程是一种“协商性支架”,也是共同思考的过程。与认知视域下二语习得研究对“习得”的强调不同,社会文化视域下的二语习得强调“参与”,认为参与本身就是学习的过程,因此教学中,师生/生生互动是重要的教学环节。

在实践层面,近年来,社会文化视域下的课堂互动话语研究可谓硕果累累。Aljaafreh & Lantolf 等的研究展示了教师支架式帮助及学生间的互助活动有利于解决问题能力的提高及在互助过程中获得新的语言资源。Ellis 认为,当学习者掌控话语时是语言习得的好机会。Mercer & Littleton 进行了一项长达 15 年,涉及英国多座城市中小学的“共同思考”项目的干预性研究。其研究证明,经过培训的学生不仅表现出在话语质量、长度上的提高,同时表现出较强的思辨能力,并在学科内容测试中成绩优于对比班学生。该结果支持 Vysotsky 关于语言为基础的社会互动有助于个体思维发展的观点,验证了社会文化理论的应用价值。

三、社会文化视域下外语课堂互动话语研究的方法建构

“研究方法代表理论与特殊研究问题的界面,研究中采取的具体做法与步骤体现研究方法的实施,它决定如何分析语料,更决定语料的选取”。针对中国外语课堂特点,如师生语言能力、文化背景等,在借鉴 Gee & Green、Wells、Kumpulainen & Wray 等学者从社会文化视域下提出的课堂话语分析方法的基础上,我们提出对 Mercer 及其同事使用的“社会文化话语分析”这一课堂话语研究方法进行改进,以更好地展开对中国外语课堂互动话语的分析。改进后的社会文化话语分析法关注互动话语的

知识共建功能及对互动话语语言本身的分析,采用会话分析与话语分析相结合的方式,在建立语料库的基础上,进行细致质化分析与对预设分类的量化分析。

会话的展开建立在知识共享的基础上,会话双方通过语言的使用跨越时空,共建对会话主题的理解,会话的进展需要语境基础,而话语是这一语境基础的前提条件,这就是语言使用的"自反性"。话语的"自反性"对会话分析提出了方法上的挑战。共同参与的对话活动包含两方面的内容:历史的和动态的——历史的方面指互动发生的机构和文化语境、说话人之间的关系、谈话内容对过去共同参与经历或共享知识的唤起,动态的方面指共享知识的不断发展、变化,此刻的共享经历及与之相应的谈话即是建立将来会话语境的资源。研究话语在知识建构中的使用,关键是了解说话人如何建构其谈话的语境基础。社会文化视域下课堂互动话语分析的目的是描述课堂内师生的活动及其特点、形式和性质,研究是为了了解文化顺应和内化的过程,个体如何参与教育活动,以及他们如何在文化语境中共同构建社会思维。因此,分析中既要有微观分析又要有宏观分析,互动中的意义构建过程、参与形式,以及受文化与情景限定的学习的先决条件等是研究的主要内容。根据我国外语教学存在的问题及现状,外语课堂互动的作用一方面应促进学生语言能力的发展,同时还要考虑对学生思维能力的培养,因为学习语言不仅是学习语词,同时还是学习与语词相关的思想。外语课堂互动话语分析既要考虑语言本身的特点,又要考虑互动话语的结构特点,同时关注话语的功能及折射出来的人际关系和教育教学效果。

针对"外语型"中国外语课堂互动话语的特点,我们认为,社会文化话语分析法应以社会文化语境为分析的前提,课堂互动中会话结构的发展、会话情境中话题、话轮的建构、课堂话语动态性特征,以及话语作为学习和思维的工具在互动中的中介作用等是研究的重点。该方法不设固定的研究模式,是动态的、开放式的。具体的研究内容及采取的研究步骤可根据不同研究问题做出动态调整。但总体上,研究内容包括:师生话语的语言特点、性质及功能、结构、话轮转换的特点、师生间权势关系对互动的影响、话语权和话题控制、师生对话对学生后续对话或活动的影响、语言作为思考的工具在课堂互动中是否能够及如何发挥作用以及提高课堂话语质量的方式等。研究目的是发现师生、生生互动话语中对学习机会的捕捉,支架式帮助的作用,及中国传统文化因素对互动过程的影响。对语料的分析采取定性分析为主、定量分析为辅的方式。通过定性分析对经转写的话语语段进行深入细致的分析,在分析结果的基础上确定分析类别,客观、全面地描述和分析语言学习的过程及因素。同时,通过定量分析在预设的分类中使用标注系统标注话语,测量词汇、句式使用出现的频率等。定性与定量研究方法的有机融合是当前学术界的一种普遍共识,两者之间的互补能更好地保障社会科学研究中对"科学性"与"人文性"的兼顾。因此,社会文化话语分析法的总体设计可以包括如下三个方面。

外语课堂互动话语语料库的建立。外语课堂互动话语由教师话语和学生话语两方面组成。对外语课堂的大量录音录像是语料库建立的前提,然后在此基础上对录音录像材料进行转写。转写软件的应用给话语分析带来技术上的革命,一方面,依据统一的规范在软件上进行转写使得语料转写在统一的框架内进行,规范性强,能最大可能地保障转写的准确性,为质化分析打好基础;另一方面,利用转写软件可以方便后续的量化统计,如对"关键词""关键短语"等的检索、统计等可以通过软件自动生成。

对转写语料的质化分析。质化分析是对语料库中经过转写的部分课堂互动话语所做的深入、细致的分析,是一种典型个案剖析,分析课段的选取根据具体研究问题而定。质化分析的第一步是对语料的描述性分析。Waring认为,会话分析的目的是通过分析互动细节发现会话参与者情况,分析的有效性在于是否对解释某一例证提供了足够的描述。详尽的会话分析可以通过对话轮转换及相邻对的描述发现课堂互动中师生如何获得话语权、如何协商话语内容及形式、如何选出下一个发言人、话轮交叉现象的存在、师生如何解决互动中出现的交际失误问题等。质化分析可以了解在特定课段中,外语课堂学习环境、学习过程、师生关系、知识建构及语言在学习和思维能力培养方面所起的作用等。课堂语境的动态性和可变性决定每一节课都包含从一个阶段到另一个阶段的变化,因此,分析中应避免先入为主,一切讨论都要以语料为依据,从语料中发现互动模式,解释话语如何在师生的共建中持续展开。质化分析的第二步是在对语料充分描述的基础上对其进行解释。Gee & Green把话语的一个功能描述为"联系的建立",即说话人在共同建构意义的过程中所建立的互文联系。他们把这一功能看成是课堂话语的一个重要特点,并提出了解课堂话语功能可以发现话语如何受到先前话语的影响并如何影响后续话语的建构。这是对课堂话语动态性的诠释,同时为解释性分析课堂话语提出了方向——解释过程中需充分考察互动话语之间的"互文性",不可孤立地解释语言现象。

对转写语料的量化分析。采用经验证的预设分类标准对语料库中全部语料进行量化分析,以发现课堂互动话语的普遍性特征。分类标准的确定根据具体的研究目的建立在实证研究基础上,通过试验性研究确定科学的分类。Mercer 认为词汇选择与衔接模式体现知识共建的方式,对话是一种人与人之间的活动,是思维的社会模式,因此话语的词汇内容及其衔接结构是课堂话语分析的重要内容。研究中可运用计算机手段对课堂话语语料库中的转写语料采用分类标注的方式分别对关键词汇、句法、语义乃至话语结构的信息进行提取,以获得批量性的、带倾向性的语言使用结果。统计软件的应用方便了对数据的处理和分析,使得大规模的组间对比、跨时间段对比成为可能,更好地保障了对语料库全部语料的整体分析。

此外,由于课堂观察、录音录像等只能收集到教师及学生的行为或语言,不能充分探究参与者的内心世界,因此,采用内省和回顾的方法,即对教师和学生进行课后录音访谈的方式可以对课堂互动话语的分析起到辅助的作用,以便充分挖掘造成他们特定语言或行为的深层原因。这种反思性访谈的时间最好在课堂观察录音后马上进行,以便于获得教师和学生对互动话语出现时心理活动的准确记忆和描述。

社会文化话语分析法通过整合定性、定量研究方法使外语课堂互动话语研究在一个更为宽泛的视域内展开,量化数据的规模、质化分析的真实性以及研究者的解释评论构成了研究的主体,其研究结果将揭示外语课堂互动话语的性质。描述性、解释性研究的发现是后续干预性研究的设计依据,干预性研究可通过课程设计、教师培训等手段,在一段时间内改变教师话语方式以调控课堂互动氛围、对话内容、知识建构方式及话语功能和学习结果。干预性研究可以提高课堂话语对话的质量及教学的整体效果,直接促进外语学习。

课堂互动话语研究在国际学术界的研究正不断走向深入,也越来越受到二语习得及语言教育研究者的重视。确立明确的研究视域有利于研究者结合社会文化特点对外语课堂的诸多因素展开研究,并发现互动话语的规律,揭示其背后的原因,为教学上的改进提供直接证据。研究方法是展开研究的依据,是研究有效性的保障,因此,方法上的讨论能帮助我们明晰研究目的和内容,使研究更有针对性。对中国社会文化背景下外语课堂互动话语的研究有助于对国内课堂教学的指导、外语教学质量的提高,及中国"本土化"教学理论的建设和发展,同时,它也是对现有二语习得理论的检验。社会文化视域下外语课堂互动话语研究的深入开展将为中国外语教学与研究带来新的生机。

第七节　外语教师课堂提问研究

课堂提问是教师常用的课堂教学手段。有效的课堂提问能够帮助教师顺畅衔接各个课堂教学步骤,合理整合新旧知识,导入新授课程内容。教师的课堂提问至少具备四大功能:为学生提供在课堂上进行语言表达的机会;引导学生积极进行课堂讨论;检查学生对已学知识的掌握程度;激发学生形成自己的观点。

英语教师的课堂提问除了能够实现课堂提问的基本教学功能之外,同时还是学生获得语言输入的一个重要来源。英语教师不仅可以通过课堂提问促使学生用英语进行表达并参与交流,还可以通过调整提问内容和方式引导学生进一步完善自己的语言,使其表达更容易被理解,从而提高学生的英语水平。目前,在中国的英语课堂上,教师提问仍不同程度地存在着多方面的问题,导致提问的有效性不高。维果斯基的最近发展区理论从学习者认知发展的角度阐释了教师的教学活动对学生能力发展的影响。在分析英语课堂提问现状的基础上,结合最近发展区理论,探索优化英语教师的课堂提问策略的途径,以期提高英语课堂提问的有效性,从而进一步提升英语课堂教学效率。

一、英语课堂提问的现状分析

近年来,在英语教学中,"以学生为主体"已经成为教育理论者和教学实践者的共识,教师已逐渐摆脱了"填鸭式"的教学模式,转而在课堂上加强与学生的互动。课堂提问是师生进行课堂互动的重要形式和主要内容之一,因此教师都在努力提高课堂提问的有效性。在部分英语课堂上,受制于学生英语水平不高等因素,英语教师的课堂提问仍然存在诸多问题。

一是英语教师没有充分认识到课堂提问在英语教学中的重要作用或者认为学生英语水平较低无法实现成功的课堂互动,在备课过程中没有对课堂提问进行专门设计。这导致英语课堂上的提问目的、提问内容、提问对象和提问策略的运用有很大的随意性。

二是英语教师在课堂上提问较多的记忆性问题,片面地将课堂提问看作是对学生是否掌握已学知识和是否完成课后作业的检查手段,而极少提问具有创造性和批判性的问题。

三是英语教师在课堂提问后急于让学生作答,基本没有停顿或者停顿时间太短,不利于学生深入思考问题、整理思路和组织语言作答。在学生出现回答失误的时候,教师没有能够进行有效的干预性指导,有时候甚至粗暴地转移提问对象。

四是英语教师对学生问题回答情况的反馈不够及时或过于笼统,只是给予简单的"Right.""Wrong.""Good."等评价,缺乏对学生课堂表现的积极反馈和对学生价值的尊重,也没有对学生发展潜能进行深入开发。

上述问题应该引起英语教师的高度重视。这些问题如果不能得到妥善解决或改善,最终必将导致英语课堂教学质量不高、学生学习积极性受挫和学生求知欲丧失等后果。科学的教育理念为研究完善英语教师的课堂提问策略、提高英语教学质量提供了崭新的视角,最终促使学生的英语水平得到真正提高。

二、最近发展区理论

不同学习者的最近发展区之间存在着个体差异性。不同个体之间因为其性别、年龄、需求、动机、教育背景、文化背景和所处社会环境的不同,最近发展区亦各不相同。一个人的最近发展区也不是一成不变的,而是在与他人进行互动和交流的过程中呈现动态的发展趋势。最近发展区理论强调教学在学习者的水平发展过程中起着主导性和决定性作用,同时指出,教学的本质并不是为了强化学习者已经发展成熟的内部心理机能,而是激发学习者发展新的心理机能。依据最近发展区理论进行的教学活动有两个基本要求:一是学习者承担的学习任务必须略高于其现有能力水平,但又不能超出其能力范围;二是在学习者解决问题的过程中必须有教师或者能力更强的同伴的指导和帮助。在最近发展区内教师或同伴提供的协助即为"支架"(scaffolding)。在教学过程中,教师首先须对学习者的现有水平进行评估,诊断出其最近发展区,然后设计超出学习者现有能力水平而且又能发挥其潜在能力的教学内容和学习任务,提供合理的支架,帮助学习者从当前发展区域走向高一层的发展区。

因此,教师在进行课堂提问时,提出的问题必须略高于学生的当前能力水平,问题应有助于提升学生的能力,但又不能超出其能力范围,即问题处在学生的"最近发展区"内。同时,在学生回答问题的过程中,教师要相机给予适当的指导和帮助。随着学生实际能力水平的发展,教师也要注意呈梯度地逐渐提高问题的难度层次。

三、英语教师课堂提问策略的优化策略

（一）选定合适的问题内容

英语教师要结合当前的教学内容，根据学生的能力水平和问题的不同类型进行针对性的课堂提问。Thompson 根据提问目的的不同，将教师课堂提问的问题分为展示性问题和交际性问题两类。展示性问题的答案通常是教师预先知晓的，而交际性问题则一般没有明确的标准答案。英语教师已经知晓展示性问题的答案，他们在课堂上提出此类问题的目的在于让学生展示其对已学英语知识的掌握程度和正确使用英语的能力；而英语教师在课堂上提出交际性问题的目的则是让学生表达更多的信息，帮助学生实现基本的交流，并逐步提升学生的英语交际能力。英语的习得不同于母语的习得，英语基础知识的掌握情况对学习者进一步的英语学习起着至关重要的作用，所以英语教师的很多课堂提问必须集中在词汇、语法等语言知识点上。因此，英语教师在讲授知识的时候，注重语言输入，在课堂上提问更多的展示性问题。另一方面，英语教师在课堂上恰当使用交际性问题更能促进学生在课堂上发挥创造力和用英语表达的欲望，增强学生的学习积极性，加强学生的英语语言输出练习，最终帮助学生提高英语实际应用水平。

展示性问题和交际性问题并没有绝对的优劣之分。对于英语水平不高的学习者而言，展示性问题通常更能帮助其进行语言输出。因为这类学生在回答展示性问题时，能够借助已学知识和教师引导等"支架"帮助，而交际性问题因为要求学生具备一定的思辨能力，可能会超出他们的最近发展区，导致其无法顺利作答，反而不利于学生能力水平的发展。因此英语教师在进行课堂提问时，要结合课堂教学内容，基于不同学生的最近发展区，给不同水平的学生准备不同类型和不同难度的问题。

（二）改进提问的语篇模式

在对最近发展区理论的研究中，Kinginger 提到了传统的三轮问答语篇模式，即教师提问—学生回应—教师评价（Instantiation-Response-Evaluation）（简称 IRE 模式）。目前的英语课堂中，英语教师也较多地使用 IRE 模式，提出大量的记忆性问题等低难度的展示性问题。这类问题的答案比较简单，而且通常是唯一的，教师只需要提问一个学生作答，无

须做进一步引导,对学生作答的反馈也比较简单,因此 IRE 模式的问题一直是英语教师课堂提问的常见模式。这种问答模式中,学生仅仅对已学知识进行简单重复或者对语言规则进行模仿,并没有提出质疑或者进行主动创造,而教师也只是充当了知识提供者和答案评判者的角色。

最近发展区理论提出教学应走在学生能力发展的前面。IRE 语篇模式的问答主要是针对学生目前能力水平而设置,甚至低于学生的能力水平,而并不在学生的最近发展区内,也并没有发挥出学生的"支架"作用。为了能够有效提高学生的英语水平,英语教师在课堂提问中采用"IRER 模式",即教师在评价过程中,引导学生进一步思考和作答,甚至能够进行多轮的"学生回应—教师评价—学生回应",发挥教师的"支架"作用。在进一步的评价和发问时,英语教师合理、交替使用 wh- 问题和 yes/no 问题。wh- 问题,即英语特殊疑问句,是指由"who""what""when""where","why","which","how"等疑问词开头的问题。英语教师使用 wh- 问题对学习材料的背景信息、语法难点、学习重点和文章理解等提出问题,有利于提升学生的信息搜寻技巧和篇章理解能力。yes/no 问题从形式上看比 wh- 问题更容易作答,学生在听懂教师的问题陈述后,便可做出是或否的判断。但此类问题的难度实际上取决于英语教师设问的问题内容,因此可以提高课堂提问的灵活程度。英语教师根据被提问学生的先前作答,了解该生能力发展的最近发展区,据此在进一步提问中对问题难度进行消解或提升,激发学生深入思考并顺利作答。

因此,英语教师应改进目前课堂提问的语篇模式,在学生的最近发展区内,根据不同的问题内容和学生的不同反馈情况采用相应的语篇模式,切实增强师生课堂互动,提高各能力层次学生的课堂参与度,从而真正提高学生的英语水平。

(三)灵活运用各种提问技巧

英语教师在备课的时候必须提前设计好问题类型、层次等,但在实际的课堂问答过程中,学生对问题会产生不同的反应,这就需要教师灵活掌握多种提问技巧,在学生的最近发展区内适时调整问题的难度,并提供相应的指导,帮助学生深入思考,鼓励学生顺利完成作答,促进学生英语水平的发展,帮助学生从现有发展水平提升到潜在发展水平。

英语教师在课堂提问实践中难免会遇到诸多预期之外的情况。教师必须要能够恰当地运用转问、重复问题等提问技巧,还要掌握降低难度、追问等技巧。转问，即当课堂上一名学生回答不出问题时，教师转向其他学生提问。这种方式，对英语水平较高和成就动机较强的学生或会产生激励效果，他们会因此更加努力学习以提升自己；这对英语水平不高的学生或会产生伤害，导致其学习动机和课堂参与度下降，不利于拓展学生的"最近发展区"，不利于学生的认知发展及自信心的建立。课堂上有些适当的重复能够更好地吸引学生的注意力，而有些无谓的重复则只会降低课堂教学效率，英语教师尤其要避免在课堂上逐句用汉语翻译自己的英语表达和知识讲解。这实际上也是一种变相的重复，既降低了课堂效率，也不利于学生最近发展区的拓展。追问，也是一个非常重要的提问技巧，能够引导学生深入思考并积极参与课堂互动。对于学生能轻松回答的问题，教师应巧用追问技巧，深入挖掘，继续提出深层次的问题，让学生进行更多的语言输出，帮助学生逐步靠近其潜在发展水平，提高学生的英语水平。当学生无法独立回答问题时，教师在确认留给学生足够的候答时间后，应为学生对知识的理解和语言输出提供一个"支架"。教师应充分发挥问题的支架作用，可以将较难的问题进行分解，多运用追问技巧，各个问题依次提高难度，使问题设计得有层次有延伸度。

（四）采用有效的反馈形式

根据最近发展区理论，教师在进行课堂提问时，既为学生提供认知支架，同时也提供了情感支架。提供情感支架是指帮助学生减少在表达观点和解决问题过程中的压力和不自信。

教师对学生回答做出的积极反馈，能够帮助学生情感支架的构建。积极反馈有利于增强学生的自信心，促使学生积极思考，促进学生的语言输出，从而更踊跃地参加课堂交际活动。英语教师在课堂上对学生回答做出的"Good.""Very good.""Ok."等冷漠的程式化评价无益于学生情感支架的构建。

当学生能够自信地用英语作答并且回答准确时，英语教师应该肯定其回答，并适度表扬。当学生回答正确但仍心存疑虑时，教师应该强调其回答的准确性并进行适当鼓励。当学生尝试用英语作答但回答错误时，教师应回应其最初的努力，并进一步合理采用适当的提问技巧继续进行课堂提问。当学生回答问题基本正确但英语表达有错误时，英语教师应该首先肯定其回答，并视表达错误的普遍性程度酌情进行相应的纠正和讲解。对于口误或因粗心导致的低级语言错误，英语教师只需指出错误并予以纠正；对于普遍性和典型性语言错误，英语教师可在纠错后进行适度讲解,但要注意不要偏离上课主题。在纠错过程中,英语教师要避免挫伤学生英语学习的自信心。英语教师还应该注重采用一些非言语行为进行辅助,比如在学生回答问题时认真倾听,眼神鼓励,点头微笑表示肯定等,帮助学生情感支架的构建,促进其英语能力向更高水平发展。

总之,最近发展区理论对完善英语教师的课堂提问具有重要的理论价值和实践指导意义。英语课堂提问是否有效,教学活动能否达到预期效果,不仅在于问题本身,还要考虑学生的英语发展水平和教师的课堂提问策略。英语教师在设计问题的时候,必须根据不同学生的最近发展区,确保问题既超出学生的现有英语水平又能发挥其潜在能力。英语教师根据学生的实际英语水平,在其最近发展区内分别设置不同类型和不同难度层次的问题。同时,改进提问的语篇模式,运用合理的提问技巧和反馈形式,提高课堂提问的有效性,从而促进学生英语水平的真正提高。

第八节　外语教师语言知识建构研究

在教师教育和发展的研究中,有关教师知识以及教师知识是如何建构的问题一直是教师教育者和研究人员关注的焦点。Shulman 将教师的知识分为七种类型,即学科内容知识、一般教学法知识、课程知识、学科教学法知识、学习者及其特征的知识、教育环境的知识以及教育目标的知识。Shulman 所提出的知识类型以及理论框架对后来的教师知识的研究产生了深远的影响。在以 Shulman 为代表的教师知识分类研究日益兴盛之时,另外一些关注教师知识的研究者如 Elbaz, Connelly 和 Clandinin 等则将注意力转向对教师的个体经验的解释,关注教学行为背后的意义,关注"教师知道什么",以及"如何知道的",其探讨立足于教师的个人化知识的特征,寻求特定背景下教师生活的意蕴,他们开始认识到教师经验以及体现于其中的实践性知识在教育教学中的重要价值。Elbaz 提出的实践的知识(practical knowledge),是指教师通过教学经历所获知的知识。教师知识的一个主要特征就是默会的,由这个默会的特征,Connelly & Clandinin 引出了个人的实践知识(personal practical knowledge)这个概念。个人的实践知识是一种默会的知识,这意味着教师的知识组织方式不同于传统上学科的、认知的知识和技能的组织方法。这种知识源于个人的生活叙事,带有社会和文化的特征,人们通常并没有意识到它,但它却支配着人们实践中的行为方式。Elbaz, Connelly 和 Clandinin 等从对教师知识的实践性、个体性、默会性和情境性特质的理解出发,探讨了"教师实践性知识"或"教师个人实践性知识"。

综合上述关于教师知识的观点,我们可以说,教师知识是教师通过生活经历所获知的知识,它包括所教给的知识,即教师在知识和技能培训中所获得的知识,但它所包含的远不止这些知识。它还包括教师原有的知识,其中包括他在"学徒观察"中获得的知识。探究教师知识是了解教师本人和其工作环境的一种方式,因为教师知识是叙事地建构的,它涉及教师的个人实践知识全部,这种知识是从正式的和非正式的教育经历中获得的。可以说,教师知识是教师身份的核心。教师身份表达了个人实践知识,它包括教师从经历中获得的知识、在环境中学到的知识以及在实践的情境中所表达的知识。

那么外语教师的教师知识是什么?很显然,外语教师首先需要具备语言知识,这种语言知识可分为"运用语言的知识"(knowledge of language, KOL)和"关于语言的知识"(knowledge about language, KAL)。"运用语言的知识"反映的是教师的目标语的熟练程度,包括教师对外语的日常自发的知识。教师"关于语言的知识"是教师对外语的分析意识和结构性理解,它包括对时态的形式、功能的了解等。其次,外语教师需要具备外语学科的教学法知识。这里需要强调的是外语教师的知识基础并不能被描述为一种单一的有关语言的知识,或有关教学法的知识,将这两种知识看作相互分离的。相反,外语教师的知识基础,包括他们对语言的自发和非自发的理解、对外语教学和外语学习的理解,是非常丰富和复杂的,他们往往与其他知识维度、与社会环境相交织。所以,外语教师的语言知识不仅仅包括运用语言的知识,关于语言的知识,还应该包括"教学的语言知识"(linguistic knowledge for teaching)。优秀的外语教师需要具备外语学科知识能力,但仅有这种能力还不够。作为教师,他要能够预测学生可能会犯什么错误,并能及时辨认出学生的错误,同时能直指这些错误的源头,从而促进学生的学习。所以,教师的知识基础超越了学科知识能力,它包括教学法的知识,学习者的知识,教育环境的知识,以及主要学科以外的内容。学科内容知识不再被视为唯一的、充足的教师知识。有效地将学科内容向学生表达出来具有同等的重要性。Johnston 和 Goettsch 认为语言教学的教学法知识(pedagogical knowledge for teaching language)应该作为"关于语言的知识"的必要的延伸,因为不论是程序性知识还是陈述性知识都不能全面地描述教师在教学中所运用的知识。课堂教学的有效性和创新性是掌握教学专业技能知识的两个标志。教师在学科内容方面所掌握的知识和能否有效地教授这些知识之间没有直接的关联。Shulman 阐述学科教学法知识（pedagogical content knowledge）（PCK）时指出，"为了使表征更有效，教师需要了解哪些话题对学生来讲比较容易或有难度，学生有什么样的前见和误解，在处理学生的误解时哪些策略是有效的"。Shulman 对学科教学法知识的阐述拓宽了教师知识的概念。在外语教学领域，学科教学法知识这一概念使我们意识到：有效的、准备充分的外语教师拥有的不仅是外语的语言知识，而且还要理解教学法、学习者、他们的教育环境，同时能根据这些因素安排教学。教师"关于语言的知识"并不等同于教师的"教学的语言知识"（linguistic knowledge for teaching）。这样外语教师的教师知识不仅包括像语言结构、语言的社会理论以及外语学习过程等知识内容，还包括教师表现语言知识的图式，即能用可理解的、可学习的方式向学习者表现语言知识。那么外语教师是如何建构这些知识的？我们将从维果斯基社会文化理论的视角考察外语教师的语言知识建构。

一、社会文化理论视角下的知识构建

维果斯基从社会文化理论的视角探究学习者的知识建构，他将学习者的知识看作由社会文化环境所建构的，学习者是通过与同伴和成人的交往而得到内在的发展。维果斯基的理论核心就是将人类的认知和学习理解为是一种社会的和文化的现象，而不是个人的现象。不同于个人的学习理论，维果斯基的理论强调社会文化力量对学习者的发展和学习的情境的影响，并指出家长、教师、同伴以及群体在决定学习者与他们的环境进行交往的形式中发挥着关键的作用。这种社会文化视角强调的是：学习者的高级心理过程的发展取决于学习者与社会文化环境的交往；中介在学习者与社会文化环境交往中发挥重要作用。这种观点挑战了传统上以个体为特性的学习原动力。在重新定义学习原动力时，维果斯基特别强调两个重要的概念：中介和心理工具。这是因为人以及符号在个体学习者进行学习时发挥着重要的作用。心理工具作为特定文化中的符号系统，当个体学习者将之内化时，它们成为学习者内在的认知工具。这些中介和符号决定了学习者与环境交往的形式。由此，我们可以说，社会文化理论关注的是学习者与成人之间的交往活动是如何通过符号的中介被内化为学习者自己的心理功能。根据维果斯基的理论，每一种心理机能在发展中会发生两次，首先是以集体的、社会的人与人之间的交往为形式，然后再以个体的、被内化的形式出现，人的中介就在此过程中发挥作用。在这个过程中,作为中介的语言成为学习者思考与认知的工具,学习者凭借语言与他人相互作用,进行文化与思想的交流。学习者在与他人对话和互动中,不断进行自我调节和反思,从而内化了外在的知识。在维果斯基的社会文化理论中,符号中介是知识建构的关键。符号机制(包括心理工具)是社会机能和个体机能的中介,它连接了内部意识和外部现实。

认知心理学家认为学习者原有的知识是所有教育的基础,促进学习的最重要的因素就是学习者已经知道了什么。Bransford 等在《人们如何学习》中总结道:"有很多证据表明当教师关注学习者带进学习任务的知识和信念时学习就得到加强"。然而,如何才能使学习者原有的知识对教育产生意义?学习者从日常经验中获得的知识与从外部获得的知识是如何相互作用,并内化为个体的知识的?这里我们可以从维果斯基的"日常概念"和"学术概念"着手探讨这个问题。维果斯基详细阐述了学习者的个人概念,或称"日常概念"(everyday concept)与学校教育中要学习的概念,或称"学术概念"(academic concepts)之间的差异。维果斯基将后者称为"学术概念",因为他们是学习者在学校学习学术知识所形成的。这些学术概念是系统的、科学的知识领域的一部分。在学校学习的情境中,学术概念被称为"科学的",不是因为这些内容是关涉科学的,而是因为他们是有系统地学习的。维果斯基认为,日常概念和学术概念的发展过程是不同的。日常概念源于学习者自己的生活经历,而学术概念是在教与学过程中发展出来的。然而,这两种概念却"在学习者心理发展的过程中被统一在一个概念系统中"。学术概念的形成影响着业已存在的概念并引发结构上的变化。在维果斯基看来,学习者的发展是在与同伴和成人的关系中、在他们的中介作用下构建起来的。心理机能和对发展起中介作用的手段是在学习者与成人、同伴和物体进行社会交往时出现的。这些机能首先在"外部世界"表现为学习者与其周围人的互动,然后再成为其内在的一部分。他们在社会环境中出现并逐渐被吸收、"向内"转化。维果斯基指出:"正是通过他人我们才发展成为我们自己"。在维果斯基的社会文化理论的视角下,创设的学习环境可以被视为一个共享的问题空间,学习者参与到协商和知识重构的过程中。从社会文化的观点来看,思维源于合作性的对话,当这些对话被内化为"内在的语言"(inner speech)时,学习者就能够"用言语思维"(verbal thought)独立地去表达那些起先只能在成人或知识更丰富的同伴帮助下才能表达出来的意义。学习者通过"智力上的社会活动"(intelligent social activity)形成反思意识,从而使个人原先狭隘的观点得到拓展。维果斯基用一种新的框架来阐述学生的知识发展,通过与他人的交往和对话,学习者获得新的处理知识和解决问题的模式。维果斯基的社会文化理论可以帮助我们从不同的视角理解外语教师的知识建构。

二、外语教师的语言知识建构

在维果斯基社会文化理论框架下,人的学习被视为是在自然的、社会的环境中发生的一种动态的社会活动,是在人、符号工具和活动的交往中进行的。外语教师的语言知识也应被理解为是由社会中介的,与环境密切相关的。由此,教师知识,不论是语言的还是其他的知识应被视为是在社会环境中产生的,即在学校和课堂中作为学习者所获得的知识;在职前教师教育项目中作为参与者所获得的知识;在工作环境中作为教师所获得的知识。外语教师的学习和教学经历,不论是语言课堂内还是课堂外,决定了教师的教学知识基础,教师的生活、工作经历影响着教师的信念和态度,形塑着教师的关于语言和教学的个人理论。由于教师的经历不同,因而他们的知识基础也不同。由于在与环境、他人交往中学习者需要内化外在的知识,所以即便具有相似学习和教学经历的教师其接受、诠释、内化这些共享经历的方式也是不同的,由此产生的教学的语言知识也会有所不同。但不管个体教师对语言的教学知识的理解具有何种差异性,外语教师的教学的语言知识至少应该涉及以下几个方面:关于语言的知识,对外语(二语)学习过程的理解,以及批判的语言意识等。这几个方面的知识都与教师原有的生活经历和知识基础相关。外语教师的学习和教学经验(语言课堂内外)决定了其语言的教学知识基础,这就意味着教师的自传应置于外语教师发展中的重要的地位。

外语教师教学的语言知识来自他们原有的知识基础,这种知识基础是从他们作为语言学习者学习经历和作为外语教师的教学经历中发展而来的。Lantolf & Johnson 指出,"二语(外语)教师带进这个职业的知识很大程度上是没有表述出来的,却是根深蒂固的、日常的有关语言、语言学习和语言教学的概念,这些概念是基于他们自己的二语(外语)的教学历史以及生活的经历而发展出来的"。这种社会文化的转向意味着教师的自传在外语教师的教师知识发展中呈现出日益重要的地位,它挑战了外语教师教育的传递模式。也就是说,这一转向改变了人们的原有看法,即认为教师有关外语教学的知识基础主要是,甚至全部是在其接受师范生培养中发展而来的。在外语教师培养中如果有意识地关注培训教师(或师范生)作为学习者和教师时的自传经历,这种培养计划就可以提升和促进教师的学习,因为它关注了教师的日常自发概念,这样当新教师(或师范生）在教师培养项目结束时就可以在自己原有的生活经历和自发的概念基础上形成科学的概念。

　　根据维果斯基的观点，学习者在生活经历中所形成的概念是自发的、日常的概念。例如，英语为母语的学习者在他们童年与成人交往的经历中对英语学习形成"自发的"概念。这些概念大多处在人们的无意识的状态。当他们试图将这类知识明晰地表达出来时，却发现自己的表述常常是模糊的、不完全的，甚至是不准确的。但他们可以通过学校教育对语言进行系统的、学术性的学习，从而对语言获得一定程度的"非自发的"的理解。非自发的概念，如英语中的那些"规则""通常是有意识地教授，并有意识地获得的"。英语为非母语的学习者无法像母语为英语的学习者那样通过童年与成人的交往实践对英语形成日常的、自发的概念，他们首先对语言形成非自发的概念，获得"关于语言的知识"，但语言的发展都有其共同之处，他们仍然能通过与多种语言资源的交往对语言形成一定程度的自发的概念，获得"运用语言的知识"。母语学习与外语学习的概念的形成正好相反，母语是从自发的概念发展为非自发的概念，而外语则是从非自发的概念发展到自发的概念。"如果母语的发展是从流利地、自发地使用语言开始，是以认识语言形式和掌握这些形式而终结的话，那么外语的发展则是从认识语言开始……以流利和自发的言语而终结的。两条道路显然是背道而驰的。但他们…存在着相互依从性"。日常自发的语言与非自发的语言之间的区别反映在外语教学领域中就是关于语言知识的两种观点上：教师运用语言的知识（teachers' knowledge of language）（KOL），即程序性知识，以及教师关于语言的知识（teachers' knowledge about language）（KAL），即陈述性知识。但这两种知识在发展过程中是不能分割开来的，他们是相互依存、相互促进的。

　　外语教师作为学习者的语言知识主要来自两方面：一是其作为学习者从正式的课堂教学中获得的语言知识；二是从非正式的学习环境，即真实的社会情境中获得的语言知识。在这种情境中，作为学习者，他自主地选择学习活动并获取学习材料。外语教师在正式或非正式的学习环境中获得运用语言的知识和关于语言的知识。这些学习经历影响着他对外语教学的信念和态度，并在其外语教学的实践中反映出来。Borg 发现语言教师个人的二语（外语）学习经历与他们日后的教师知识相关联。"教师原先的语言学习经历建立了有关学习和语言学习的认知，这种认知形成了他们在教师教育期间最初的二语（外语）教学的概念基础，并有可能继续影响着他们整个职业生涯"。如果外语教师在其外语学习的过程中，其语言知识更多的是来自非正式的学习环境，如通过课外观看外语影视作品、听外文歌曲,与真实环境中的他人交流等手段获得运用语言的知识,那么他在今后的外语教学中,就会鼓励学生使用这些学习策略以使学生获得运用语言的知识。如果教师在学生时期是在以"教师为中心"课堂环境中学习外语,那么很可能他在今后的教学中也会效仿这种教学模式。外语教师在其学习外语的过程中,母语对其外语学习的迁移也会影响着其对外语教学中母语地位的认识。Gandara & Maxwell Jolly 注意到二语(外语)学习的经历使教师"更好地理解二语(外语)学习中的挑战和复杂性,以及用第一语言作为学习二语(外语)的桥梁的方法"。教师原先的外语学习经历使教师形成了关于外语教学的日常自发的概念,而教师培养计划中有关外语教师教育的理论学习可以帮助教师形成关于教学的非自发的科学概念。这两种概念在中介的作用下相互融合,最终形成教师个人的语言的教学知识。"日常概念是通过科学概念向上生长发展的,而科学概念则是通过日常概念向下生长发展的……日常概念的发展取决于科学概念,而科学概念则完成了日常概念尚需完成的发展阶段"。可见,这两种概念是相互作用、相互依存的。教师从自己作为学生的经历中观察到的教学知识仍属于日常的概念,它需要经过中介作用力,如与他人(教师教育者、同事等)的交流和合作、与环境的交往,形成向内的反思,逐步发展成为非自发的语言的教学知识。此外,有效的教学很大程度上取决于教师对学生思维的理解,或者更进一步说,是对学生理解提前进行预测和准备。教师的学习经历提供了一个经验性的参考框架,使其能从学习者的角度理解外语学习的过程。例如,他们可以预测学习者语言上的困难,能够理解母语在外语学习中的积极和消极的作用。这种经历为教师了解学生在外语学习中的技能、情感和态度提供第一手资料。科学地理解外语教师的语言知识的建构就是将教师的语言知识看作动态的、处于不断变化中的。这种理解不是将语言看作静态的,由明确不变的规则构成的,即对语言日常的、自发地理解,而是对语言的性质进行非自发的、科学的理解,当日常的自发概念与非自发的科学概念达到"最近发展区"时,就形成了教师的教学的语言知识。

教学的语言知识不是仅仅通过对语言学、二语(外语)学习理论以及二语(外语)教学技能进行学术性的研究而得到发展的,但它也并非完全通过教学实践而得到发展的。它实际上是在上述这些学习和实践的基础上,通过参与校内外的各种研讨,以及与实践的共同体的交流而得到发展的。在这个发展过程中,最为重要的是,外语教师需要运用"思维的探究工具"(intellectual tools of inquiry)以获得对这些经验和知识的反思和内化,从而逐渐形成有关教师、学生、课程以及教学实践的性质及其影响的观念。通过运用思维的探究工具,教师可以系统地审视自己的日常教学实践活动,并由此生发出更宏观的问题,而不仅仅局限于关注自己的教学实践是否奏效。运用"思维的探究工具"考察教学的语言知识意味着外语教师需要具备批判的语言意识,这样他就能清楚地意识到语言教学是与更广阔的社会、文化和政治关系紧密相联系。外语教学不仅仅关涉到语言的形式、功能和用法这一系统知识的学习,它还关涉到学习者和教师的语言身份和文化身份的发展。运用思维的探究工具审视自己作为学习者和教师的自传,意味着外语教师需要重视外语学习者带进课堂的语言和交往能力,并能积极充当语言学习者在进行语言学习时所必需的中介,从而进一步发展学习者的语言和交往能力。

从维果斯基的社会文化角度来看,语言教与学的活动所关注的不应是那种固定不变的、由规则控制的、在人们进行交流前就必须习得的语言系统,即那些外在的规则。语言学习和意义表达(meaning-making)需要统一起来,"语言教学的重点应转为关注意义是如何置于具体的人类活动中而不是在语言本身"。在社会文化的视野下,学习者和意义表达应置于最主要位置。在这个框架下,教学的语言知识指的是教师能够在使用和教授语言中给予学习者充分表达的自由。换句话说,教授语言是为学习者服务,而不是为完成语言学习的任务而服务的。重建这种概念并不是认为教师有关语言的规则和代码的知识不重要,而是强调学习者在目标语中进行意义表达的重要性,要在多样的、不可预测的情境中表达意义需要对语言进行概念性的理解,从而使学习者能够在实现自己的目的时策略性地使用语言。

三、社会文化理论对外语教师教育的启示

维果斯基的社会文化理论认为,人类的认知和学习是一种社会的和文化的活动。学习者的高级心理过程的发展取决于学习者与社会文化环境的交往。它不是从内部自发产生的,而是产生于人们的协同活动和人与人的交往之中。在这个交往过程中,中介力量发挥着重要作用,它将最初的在人际交往的外部活动过程中形成的外部心理过程转化为个体内部心理过程。从这个意义上说,新教师作为教师知识的学习者同样也是在与社会文化环境的交往中将外部的知识内化为个体的内在的知识,从而建构起教师个人的实践知识。在新教师与外部的环境交往过程中,中介起着关键的作用,它决定了新教师将怎样的外部心理过程、以怎样的方式转化为怎样的内部心理过程,从而形成怎样的教师知识。维果斯基将符号工具视为重要的中介手段,它是学习者在特定的社会文化活动环境中

所使用的,其中最重要的中介手段就是正规的教育。学习者在学校教育中,获得科学的基本原理,即科学概念,这是学习者的外部知识。此时,在中介的作用下,学习者在原有的生活过程中业已形成的日常概念也参与到这一新的过程中,参与到对外部世界的新的认识中并在这一过程中发生变化,改变自己的认知结构,从而形成内在的知识。作为中介,正规教育是由他人以及有组织的学习活动构成的。学习者在他人的中介作用之下,通过有组织的学习活动获得内在的发展。就教师知识的建构而言,学习者与他人交往的外部活动是多方面的。它既包括正规的学校教育,也包括非正规的教育,如学习者的生活经历、学徒期的观察、教学与研究活动等。交往的对象除了正规的学校教育中的教师或教师教育者、同伴等,还包括生活、工作中交往的对象,如学生、同事、学校行政管理人员、家长、各种组织机构等。外语教师教育者必须接受新教师不同的知晓和认知的形式,理解教师知晓什么以及他们是如何知晓的,这不仅对外语教师教育者是重要的工作,而且对外语教师本人也是一项有意义的工作,因为一旦新教师能以自己知晓的方式接受科学的概念,这些概念就可能转化为对教师产生个人意义的实践性知识。

外语教师教育在提高教师反思能力方面发挥独特的作用。通过运用思维的探究工具,教师采用"自我反思的、自我批判的态度"以反思和分析教学共同体的实践。教师需要仔细地观察他们自己和学生的语言学习过程,审视他们在外语教学实践中的语言知识,参与到教学实践的共同体中,并与其分享教师知识。

教师的学习,不管是在正式的教师培养项目中,还是在非正式的学习环境中,都应该得到鼓励和支持,因为这是教师实践性知识发展的重要途径。"只有当教师有多种机会将自己的知晓方式与理论相连结,通过多种指向实践性知识的参与方式,更重要的是,只有在他们牢牢地置身于实践的共同体中,追寻这些更加实质性的问题时,教师的学习才会发生",在教师教育项目中全面关注教师自传经历可以帮助建构教师的教学的实践性知识。教师作为学习者的经历形塑了他们外语教学的语言知识。外语教师教育不能,也不应该忽视或替代外语教师在进入到这个职业时带来的语言学习者的经历,教师教育所能做的就是通过认可教师关于外语教与学知识以及他们知晓的方式,进而对自传做出积极的反应,从而促进外语教师的语言知识的发展。

研究外语教师的语言知识的目的,部分是为了获得共性的东西,但更重要的是追寻每个个体教师认识语言和语言教学的独特方式以便更好地理解教师的自传是如何塑造外语教师的教师知识基础,从而为教师教育提供新的视角。

在维果斯基的社会文化视野下,在当今的外语教师教育的发展中,我们一方面需要关注教师的自传经历,另一方面,正如 Osborn 所提倡的,还需要在二语(外语)教师培养中发展教师的宏观情境观。所谓宏观情境观,指的是将该培养计划置于当地的、地区的、国家的和全球的情境中,在这个情境中"社会的、政治的、历史的和伦理的考虑"构成语言教学和学习的情境。宏观情境观意味着外语教师一方面需要具备外语教学的本土意识,将外语教学置于本土的环境中思考,要考虑当地学生的外语学习需求、当地的外语教育政策,同时外语教师需要具备国际教育视野,将外语教学置于全球化的背景中进行,为此,外语教师的语言知识需要不断地拓展。

第九节　外语翻转课堂研究

2000 年, Maureen J. Lage, Glenn J. Platt & Michael Treglia 在其 *Inverting The Classroom: A Gateway to Creating an Inclusive Learning Environment* 一文中谈到翻转课堂意味着传统在教室里发生的事件现在发生在教室外,反之亦然,特别是多媒体技术在学习中的使用,利用万维网和多媒体让学生在家或者实验室观看讲座,家庭作业则在课堂上完成。迈阿密大学的两位老师在讲授微观经济学原理时采用翻转课堂的形式,调查显示与传统课堂形式相比,学生更喜欢这种新的教学形式。2007 年,来自美国科罗拉多州落基山"林地公园"高中的乔 Jonathan Bergmann 和 Aaron Sams 两位化学教师,通过录频软件录制 Powerpoint 的演示文稿的播放和讲课声音,将视频上传到网上,帮助缺课的学生补课。让学生在家看视频,课上的时间用来完成作业,并对有困难的学生进行讲解。由于这种模式受到学生的欢迎,之后他们就改变了传统的教学习惯,使教学模式发生了翻转。但翻转课堂真正扩大自身影响力,和"可汗学院"的兴起密切相关。2011 年, Salman Khan 在 TED 上做了关于《用视频重新创造教育》的报告,自此,翻转课堂成为教育者关注的热点。

"翻转课堂"是从英文 *Flipped Classroom* 翻译而来,《现代汉语词典》(第 7 版)中对"翻转"和"课堂"的解释如下:

翻转:【动】翻滚转动。

课堂:【名】教室在用来进行教学活动时叫课堂,泛指进行各种教学活动的场所。

从词典给出的解释看,"翻转课堂"字面意思即变动教学活动的场所。但从发展课堂的起源看,翻转课堂主要是通过视频、播客、PPT 等形式把传统课堂"教师讲授"转到课前来学习,课中学生就课前所学内容提出问题、共同解决问题、完成作业等。因此,翻转课堂所"翻转"的实则是课堂中的教学活动,而不是教学活动的场所。

早在 1997 年,叶澜在其文章中就提出传统课堂教学模式的基本特征;王攀峰、张天宝在论述传统课堂所面临的弊端时也指出传统课堂的特征。以课前、课中、课后的顺序来看,传统课堂的特征概括为:

课前。教师备课的中心任务是备教材,以教材为中心,按照教材的结构分解设计一系列问题或相关练习,对于这些问题或练习的答案,在教师心目中甚至在教案上已明确设定好。学生被视为处于某一水平段的群体,在没有老师引导的情况下,预习学习材料,准备将要学习的内容。

课中。班级授课是主要的教学组织形式,教师是中心,以讲授为主,面向所有同学施教,努力引导学生,期望学生能够按课前设想做出回答。学生的主要任务是听讲,将教师讲授的知识记住。课堂中,"教师提问、学生回答"是师生交往的主要形式;相对师生交往而言,学生之间的交往则很少。

课后。教师批改作业,以便了解学生的学习情况,叶澜提到"批改作业也是一种作业检查,但它不满足于了解作业情况,还要进一步指出作业中的错误,改正作业中的错误,对作业做出评价(用评语或等等)和对学生的学习提出建议。"学生在课后完成老师布置的作业,以此来消化和巩固已学内容。

相比较之下,翻转课堂教学模式的特征为:

课前。与传统课堂相比,教师要打破以教材为中心的教案设计,把部分将要学习的内容,如易于记忆和理解的事实性和概念性知识、可进行示范的内容、与抽象知识相关的实例、启发学生思考的鉴赏性短片及自测练习,通过视频、PPT 等形式发放给学生,时长以 10—15 分钟为宜。学生在课前学习老师发放的内容,并完成相关练习来检测学习效果。学生可以回放、暂停视频内容,在学习过程中,记录下自己的问题,于课中咨询老师或其他同学。

课中。陈怡、赵呈领,王勇等研究者都提到翻转课堂课中教学环节,虽不完全相同,但基本上分为以下四个阶段:确定疑问。课前视频学习的内容只是一小部分,对于这部分内容,教师可采取问答形式,来检查学生学习情况,确定共性问题;也可由学生主动提出,教师收集汇总。合作探究。教师根据问题的性质及教学目标组织教学,既可以先让学生自己思考,进行独立活动,提出想法或遇到的困惑,然后再与其他同学进行讨论;也可直接进入合作活动,小组成员就老师给出的任务展开合作,发表各自的观点,共同理出思路,完成任务。学生在进行活动时,会遇到不同的问题,教师要不断巡视,针对每个小组的问题进行个性化指导,帮助学生找到合适的解决途径。成果交流。学生在共同合作及老师的指导下完成任务后,需进行成果交流。各组派代表介绍本组的任务及遇到的问题和解决的办法,最后展示成果,如一张图表、一份总结、一个作品、一个表演等。 总结评价。教师要对整节课的内容进行梳理总结,还要从学生个人、小组完成教学活动的过程、结果等方面进行评价。

课后。学生在课中掌握了所学知识,并完成作业,课后就不需要用额外的时间来巩固复习。所以,最早翻转课堂并不涉及学生的课后活动。但随着翻转课堂的发展,一些学者开始关注翻转课堂的课后。卢强认为课后是升华阶段,通过技能拓展类实践活动来促使学生在课后自主探究与反思,促进知识、技能的进一步升华。叶青、李明针对"本量利分析部分的保本点计算"这一知识点,课后让学生查阅资料、小组完善创业计划,并将保本分析应用到创业计划中。因此,翻转课堂的课后,老师可跟进、督导学生的课后活动,学生通过自主探究、互相合作等方式来完成拓展性,实践性的学习。

维果斯基的理论认为,认知发展多数是机体外部向内发生的,其主要假说是个体头脑之中的或者说内部的过程起源于个体同别人的相互作用。也就是说,儿童观察在他们的世界里人们之间的相互作用,并且儿童自己也同其他人发生相互作用,然后利用这些相互作用来促进自己的发展,这个理论也被称作社会文化理论。

最近发展区理论是社会文化理论框架下的一个分支理论,维果斯基认为儿童的发展有两种水平:一种是独立解决问题的实际发展水平,一种是在教师或能力较强者指导下能达到的潜在发展水平,两者之间的距离就是最近发展区。

许多心理学家扩展了维果斯基的思想,支架法就是在最近发展区理论基础上提出来的。支架法是指一步步为学生的学习提供合适地线索或提示,如同搭建支架一样,学生通过这些支架逐步攀升,逐渐发现和解决学习中的问题,掌握所要学习的知识,最后撤去支架,成为一个独立的学习者。

一、从社会文化理论看翻转课堂的有效性

社会文化理论强调个体的认知发展过程起源于个体同别人的相互作用,其核心是"互动",在互动中,教师评估学生的最近发展区,并通过搭建支架,逐级促进学生随后的认知发展。与传统课堂相比,翻转课堂的教学模式增强了师生间、学生间的互动交流,也更加关注学生的差异性,主要体现在以下几个过程。

(一)课前间接互动

如前所述,课前教师把适合自学的内容,通过视频、PPT 等媒介发给学生。透过媒介,学生能够听到教师的讲解,甚至看到教师的表情和动作;有时自学内容中老师不出现,如启发学生思考的鉴赏性短片,但老师会在学生观看前给予注意和提示或布置任务,学生不是盲目地去看。有些内容,如易于理解的、概念性的知识,教师会在视频、PPT 等媒介中安排自测练习,一方面帮助学生巩固自学的内容,另一方面有助于学生确定问题,为课中的学习做好准备。

如此,课前便形成"老师→媒介→学生"的模式,老师通过媒介作用于学生,师生间形成间接互动。通过媒介学习的内容,是老师根据学生已有经验和知识及学习的目标选择出来的,常常是学生能独立解决的,通过自身能学懂的。学生初步掌握的基本知识、基础性操作或具备的某种情感,为深层次的学习打下基础。在这种间接互动中,教师已初步确定了学生的最近发展区,为实现潜在发展水平搭好梯子。

(二)课中多向互动

最近发展区的确定并不是一蹴而就的,教师需要为学生搭建支架,逐级完成任务,一步步实现目标,最终达到独立解决问题的能力。翻转课堂课中多向互动,依托于课前学生的学习,课中教师把目标分解成不同的任务活动,构架起互动平台,在互动中,学生不断超越自己已有知识水平,掌握新知识。

师生互动。每个学生的学习能力不同,对相同内容的理解程度也就有所差别,为确保学生接下来能有效地学习,教师要了解学生课前学习的情况。课中不论是"教师提问—学生回答",还是"学生提问—教师汇总"都可帮助教师清楚学生已有的知识水平。在这一互动过程中,学生一

方面通过回忆加深记忆,另一方面也能明确自己的问题,学习时更有针对性。

生生互动+师生互动。了解学生已有水平后,将学习目标细化为具体任务,引导学生逐一完成。这里的交流互动主要体现在小组合作、教师指导、成果交流、总结评价方面。

首先,根据教学目标,针对问题,教师可组织学生进行小组合作,先组内交流,尽量使学生自己解决问题,完成任务。各小组记录下每位成员的分工,讨论中各自的观点,遇到的问题及解决的思路,鼓励小组成员互助,协力完成任务。小组活动时,教师要督查各个小组,针对学生遇到的问题,跟学生一起分析产生的原因,是因为学生自身能力不足,还是对知识的理解有偏误,或是补充资料不够等。这时,不仅学生之间产生互动,而且老师能够进行个性化的指导。在这一过程中,对于影响学生深入学习的共性问题,教师可采取讲授的方式。与传统课堂不同的是,这里的讲授,是在积极了解学生的基础上,有针对性地讲解。

其次,各组完成活动后,进行成果交流,形成组与组之间的互动。不同的任务活动形成的成果不尽相同。具有实操性的任务,如汉语学习中的情境表演、管理课程中的模拟招聘等,各组可直接展示最终的成果;不具有实操的任务,如针对某一热点问题的讨论,各组可派代表进行汇报,汇报时要说明本组讨论、交流的具体过程及最后的结论。成果交流之后,各组之间进行互评,指出彼此的优点和不足,最后老师根据学生和各组完成任务的整体表现,客观、公正,有针对性的进行总结和点评。

在这种多向互动中,教师始终将注意力放在学生身上,有序安排学习活动,让学生"动起来",积极参与到课堂教学中。当学生在交流中想要表达时,会思考如何组织信息,把自己的观点或疑问传递给他人,从而获得有效反馈;当其他同学发言或表演时,学生会去观察和倾听,他人是如何组织语言、传递信息的,并对这些信息内容进行加工处理,使其成为自己的一部分。学生正是在参与组内互动、组间互动中,不断加深对知识的认识,逐渐把外部的知识转化成自己的内在能力,从而促进自身的发展。

教师是整个教学活动的推进者,学生"动"的时候,要随时督导,否则学生的活动就会成一盘散沙,没有任何意义。师生间不仅是简单的"提问—回答"互动,教师要引导学生在设定的最近发展区内,随着教师搭建的支架,逐级攀升。班级中学生的学习能力并不相同,故能达到的学习层级也会有差异,因此,学生活动时,教师收集不同的信息,在学生原有知识的基础上,有针对性地引导,使其在同伴和老师的帮助下达到相应的学习目标,真正实现个性化和差异化的教学,让不同水平的学生跨越他们的最近发展区,掌握独立解决问题的能力。

翻转课堂中,课上的合作、讨论、交流、评价,实现了师生、生生间多范围的交流互动。学生不是单一地坐在那里听,而是需要听、说、做齐上阵;在教师的引导下,同伴的交流中,不同水平的学生在各自原有知识的基础上不断生出新资源,在这种动态、生成的教学过程中,逐步培养起了学生独立思考并解决问题的能力。

(三)课后实践性互动

如前所述,早期翻转课堂并不涉及学生的课后活动,由于不同类型的知识其培养目标及学生接受程度不同,使翻转课堂的互动延伸到课后。刘锐提到课后教师可设置与教学内容相关的拓展任务,学有余力的学生可以挑战拓展任务。显然,课后拓展性任务是在掌握课中所学知识的基础上展开的,学生随着老师搭建的支架,跨出最近发展区,开始独立解决新的问题。在完成新任务的过程中,促进知识的进一步升华。

对于实践性强的程序性知识,更注重在真实环境中的实际操作,由于课堂中时间和空间有限,师生间、生生间的互动更多的是模拟真实环境,因此需要课后的真实环境来检验学生是否真正掌握并运用所学的知识。真实环境远比课中模拟的环境复杂,学生要观察、辨别真实环境的情况,结合自身所学的知识,与周围的世界及他人相互作用完成任务,并形成结果。学生亲身实践后所形成的结果,是学生在复杂环境中运用知识创造出的。这种创造性的学习,是学生综合能力的体现,是在课前间接互动、课中多向互动的前提下,经过课后的实践互动生成的,实现"新性内化"。

翻转课堂中,师生间、生生间的互动具有层级性,新的互动环节都是在上一环节的基础上实施的,课前间接互动为课中多向互动的开展做铺垫,课后的实践互动又离不开课前、课中这两个环节的活动;此外,课中的多向互动,也是教师在评估学生的最近发展区上,通过搭建支架,逐级引导学生进行学习活动,一步步促进学生的认知发展。

二、社会文化理论与翻转课堂在英语写作教学中的融合优势

写作作为书面的思想交流,本质上作者有与读者对话互动的价值取向。"教师布置写作任务—学生完成作业上交—教师批改点评"的传统写作过程恰恰忽视了利用语言互动沟通的内在需求,师生、生生之间的交流探讨严重不足,即使课业繁重的教师耗费巨大的精力指导批改作文不堪重负,大多数学生却依然对批注背后的原因理解模糊、不深刻、反思不够,下次写作时还是无话可说、有话不知如何下笔、下笔相同错误照犯,乃至师生双方都产生了投入与产出不成正比的挫败抱怨情绪。在多元动态评价视角下,把社会文化理论与翻转课堂的宏观概念融合应用到大英写作教学的具体实践中,有助于将传统写作的一次性成稿转变为反复修改,把单向反馈转变为多向反馈,由结果取向转变为过程取向,构建更符合学生个体认知发展规律的可循环写作教学模式。

根据社会文化理论,基于语言使用的合作互动特征,充分利用现代网络信息手段、教师及同伴的互帮互助,构成多元动态学习共同体,在最近发展区搭建脚手架,积极开设协同条件下的大英写作教学活动,其一,可通过学习资源的共享和个人情感观念的对话,降低学生的写作焦虑感,调动与他人合作的兴趣与热情,培养读者意识,增强一稿多改最终成功表述自我思想的写作能力;其二,能适当减轻教师负担,增加学生写作练习次数与效率。

将翻转课堂引入大学英语写作教学,重新分配课堂教学时间,能明显改善英语课时量缩减、师生比例大,1 个学期的写作练习最多不超过 5 次,有限课堂时间内点评不全面,每次写后等待少则 1 周多则 1 个月才能得到教师反馈的困境。课前教师把写作教学内容较为简单的音视频共享至班级群;为了完成相应作业,学生利用空闲碎片化时间,根据自己对知识的掌握程度,自由决定播放的时间、速度和次数,快速跳过、反复观看或者停下来查阅资料。在学生预先记忆内化知识并整理提出问题的课前自学基础上,教师以学定教,能够更加准确地圈定下堂课的重难点,组织教学活动,作为脚手架答疑解惑,让每个学生都得到极具针对性的修改意见,快速发现并穿越自己的最近发展区。

综上所述,翻转课堂所翻转的是课堂中的教学活动,而不是教学活动的场所。翻转课堂是在信息时代下产生的新的教学模式,但教师、学生、教学内容依旧是其主要因素,与传统教学模式相比,翻转课堂更加关注学生,强调学生的主体性。学生由原来知识的接受者和使用者转变成知识的加工者和生成者,教师则从单一的知识传授者转变为引导者、参与者。

社会文化理论认为,人们就是利用他人之间以及自己同他人发生的相互作用来促进自己的发展。翻转课堂中,教师转变教学方式,充分调动学生参与教学活动的积极性和主动性,极大地增加了师生间、生生间的互动。学生课前通过各种媒介学习的内容,课中参与的学习活动及课后参加的实践练习,是教师依据学生每一阶段已有的知识水平和特点,在评估学生最近发展区上来设置的。翻转课堂中,从课前到课后、从课中的确定疑问到总结评估形成一个互动连续统,在这个互动连续统内教师循序渐进地推进教学,学生随着每一步支架的撤离,最终做到独立解决新问题,完成新任务,将外部的知识转化成个人的内在能力。

第十节　外语课堂生态研究

19世纪60年代,德国生物学家Haeckel提出了"生态学"这一概念。生态学主要是研究生物圈中生物体与环境之间的相互关系。随着社会的发展,人们越来越重视生态环境的重要性,生态学的影响随之扩散到了社会的各个领域与层面,其中,教育生态学应运而生。教育生态学的主要研究内容是教育系统中的生态平衡。生态学的视角有助于描述教育情景和范围的复杂性。生态学的联系观、平衡观与动态观为研究者提供了考察教育的新视角。20世纪起,国内就有学者开始关注对教育生态学的研究。范国睿等借用生态学的理论考察了教育生态系统的各个方面,如文化、人口、教育资源、学校生态环境、课堂生态环境等。刘森林认为教育生态学研究教育与其周围生态环境(包括自然的、社会的、道德的、生理和心理的)之间相互作用的规律和机理,其核心内容是教育的生态平衡。吴文、李森从社会文化视角考察了生态语言教学观,他们将语言及其生成理解为突现,把语言学习者与学习环境的关系诠释为符担性,并认为语言学习过程为多维时空尺度的流变性。上述这些研究多从宏观视角出发,关注语言教学的环境,而微观层面的语言教学的生态化研究迄今为止并不多见。

一、社会文化视角的生态语言教学

社会文化理论从一开始指导西方二语习得研究就与生态元素结合,发展成为生态语言教学。生态语言教学把语言学习者与语言环境的关系相结合,构成全面解释和指导当代语言教学与研究的新理论流派,采用动态的、宏/微观结合的方法,聚焦社会环境与师生的互动,关注语言的意义、形式及结构,强调语境(高瑛,2009)。该方向的研究认为环境是借助语言调节认知的重要"给养供应站"(provider of affordances),在给养充足的环境中,学习者可以获得更多的机会锻炼使用语言(Van Lier,2000)。Van Lier给affordances(给养)的定义是教师引导下的语言学习机会,这些机会允许学生们从不同的、经过具体计划的、互动性的、合作性的任务中学习,以期达到在真实社会的特定环境中使用语言的目的。Van Lier用这一术语代替了Krashen等人关注的linguistic input,认为为学习者们提供互动性的学习机会比单纯提供语言性输入更有利于语言的习得。可以看出,社会文化理论与生态角度的二语习得研究在性质上有共同之处:两者都关注语言学习的社会环境、学习过程中各个变量的整体性(holism),并把它们看作语言学习过程中的重要元素,因此研究人员认为可以借助两者的理论框架从宏观和微观角度设计语言任务。

近年来,Van Lier(2000,2004)将社会文化理论结合生态语言学,生态地考察二语习得研究,为外语教学提供了新的理论研究范式。生态语言教学观创造性地运用突现理论对语言及其生成进行了理性的再认识,把语言学习过程阐释成多维时空尺度的流变性,并借由符担性把语言学习者与学习环境的关系系统整起来,从而更为全面、生态地对语言教学与研究进行了阐释,也将更加科学地指导外语语言教学与研究(Kramsch,2000)。

（一）语言突现观

从历史上看,最先使用"突现"一词的是Lewes。Lewes使用这个概念是依据逻辑学家Mill关于因果关系类型的区分,Lewes的概念一直不明确。1956年,Ashby在《控制论导论》中对"突现"以例子作为讨论的基础:氨是气体,HCl也是气体,这两种气体混合在一起,结果得到固体——这是两种反应物原来都没有的性质。后来,Bunge对"突现"概念下了较为明确的定义:"设X为一具有A组成的CA(X)系统,P为X的属性,则有(1)P是A组合(resultant)(或相对于层次A的组合),当且仅当X的每一A分量(component)都具有P。(2)不然的话,如果X的任一A都不具有P,则P是A突现(或相对于层次A的突现)"(谢爱华,2003)。Goldstein(1999)认为,"突现"是指在复杂系统的自组织过程中涌现出新的、和谐的结构、类型和性质,相对于微观过程来说,突现是在宏观水平上出现的现象。"突现"即一个复杂的系统在一些简单的相互作用的规则条件下产生的集体的、复杂的、超越规则的现象。

语言是一个多主体的、复杂的、动态的、适应的系统突现出的特征的总和,语言学习是特征突现的过程。语言这个复杂系统是由有交流愿望的人与被人讨论的世界的互动中生态地构成的,并且他是一个在不同层次(由上到下依次为:会话、相互作用、建构、词汇、形态、语音和神经、脑、身体)、不同集合(个体、社会团体、网络、文化)和不同时间范畴(进化、新生、发育、相互作用、神经横向作用、神经纵向作用)不断适应的复杂系统

（Ellis & Larsen-Freeman,2006）。作为一个复杂的适应系统,语言思维范式的基础亦是达尔文的解释范式,而产生的现实根源则为生物突变论;在语言的不同层次中,每个层次只有下一层突现了,上一层才能突现,如只有词汇突现以后,建构、会话等才可能突现;在更高层次有相关的新的突现类型(是下层中没有的),即会话将出现突现类型最多,而语音相对较少;语言学不能仅从神经学角度加以理解,但神经学是复杂关联的必要基础;语言也不能仅从经验来看,但现象学是重要的一部分(Ellis & Larsen-Freeman,2006）。

　　语言学习是一个复杂的多种元素在各层次上突现的动态过程,而发展则是突现的过程(Elman et al.,1996)。有理论认为,语言结构是在社会模式、输入模式和源于认知的生物学压力三者相互作用下突现的。而二语习得突现理论者认为,语言是其相互作用约束出现的结构(MacWhinney,1998);简单学习机制互相作用突现出复杂的语言表征(Ellis,1998);语言发展和语言使用的模式既非天生语言学习机制(LAD)所得,亦非语言输入激活所致,而是在语言行为的主体和主体所处的环境相互作用中突现出来的(Larsen-Freeman & Cameron,2007)。故突现理论者认为,语言学习和语言使用应被理解为一个复杂的动态过程,该过程的系统规则起源于使用该语言的人的大脑、自我和社会、文化的互动。

（二）关系符担性

　　心理学家 Gibson 在探索自然界中生物的知觉行为(perception and action)之间关系的研究中,从生态心理学的角度分析动物与栖息环境之间的共存关系,企图解释动物如何借由直觉判断能否供给他们的生活所需之栖息、营养取得、饮水、自由移动等功能,再根据这种判断进一步地采取行动,达到生物生存、繁衍等目的。在这种过程中,他认为,自然界环境中的所有物质(包括陆地、江海、空气、岩石、植物、动物……)本身的物理属性的组合能与生物之间存在着某种对应关系。当环境中物质存在着某些物理性组合,这种组合就自然形成一种特质,能让某类动物借由特定的行为而达成某一功能。这种物质具备的特定物理条件与生物之间的对应关系也就是影响生物的知觉行为的重要因素,借由这种自然对应关系的存在,生物能判别环境所能提供的功能,进而做出适当行为,这种环境与生物的对应关系形成了"符担性"(affordance)的概念(林俊男等,2001)。但是,当时对于该种环境与特定动物之间的对应关系,并无专有名词对其进行描述,故 Gibson（1979）就创造性地运用了"符担性"

（affordance）这一名词。

为了更好地理解符担性这个概念，我们可以看下面的例子：一个成人独自在小溪边，他希望跨过小溪，此时水中的一块石头被他看见，并踩在上面到达了小溪的对面。此时石头的符担性就可以理解为成人根据自身当时所处的具体环境做出的感觉判定石头为其提供的踩踏借力功能，而小孩因其自身内化知识的欠缺而无法感知石头的此符担性（Van Lier，2000）。然而，这块石头却被青蛙符担性地理解为趴在上面晒太阳或睡觉的床，而水中的鱼却不能感知青蛙对石头符担性的选择。正是基于不同生物对同一生态环境符担性的不同理解，生态语言教学专家认为语言本身就是与其使用该语言的人和世界具有生态的相关性，因此，语言教学就应该考虑到不同学习者在学习环境中的对语言符担性的理解。因此，Van Lier（2000）在一篇文章中就提倡现代语言教学应该从强调语言的输入性转移到注重语言的符担性（from input to affordance），因为根据"输入"的观点，语言被仅仅看作了固定的语码，而"学习"也只是被当作了记忆的过程，从而无视学习者对语言符担性的生态理解。

Halliday 认为，符担性的内涵即为潜在意义（meaning potential）（Van Lier，2007）。韩礼德认为，意义并非内涵于潜在行动（action potential），而是在行动与行动者对环境的感觉和理解基础上互动中突现出来的。我们可以将语言学习过程中符担性的内涵理解为学习行为者根据自身理解方式来感觉环境（潜在意义，包括自然环境和文化环境）符担给他的付诸行动的可能性（潜在行为）。因此，语言教师课堂符担性地给学生的语言仅为学生语言学习提供了一种潜在习得的可能性；学生在自身理解其符担性后，采取习得必备的学习行为以后才能真正实现语言习得。

（三）多维时空流变性

普通语言学研究一直以时间和空间作为语言研究重要的切入方法，但自 Saussure 历时和共时语言学观到地理语言学研究以来，语言学对语言的时间和空间理解皆有偏差，因此，有学者便引入时空观对语言学进行时间和空间的整体性研究。时空观将时间和空间视为语言系统整体性存在的必要组成部分。在时空观的世界里，时间和空间必然被理解为概念的存在，而且，它们的概念应当是从语言系统整体性生态存在中获得的。以这种观点来认识语言，从时间和空间的不断交融的过程中追索语言及语言流变现象之间的关系，初步揭示了语言时空结构统摄之下的语言所具有的流变性，以语言流变自身所彰显的时空特性来解析语言流变的过程状态，强调从语言流变的个体状态入手，更好地追索了语言流变整体状态及其规律(裴文,2005)。所谓"流变性",是指物体在外力作用下表现出来的变形性和流动性,而语言的流变性则指语言存在的三种不同过程状态的发展:恒定态,是语言流变过程中的相对的平衡态和稳定态;发散性变化状态,是语言流变过程中绝对的运动状态和不平衡状态;周期性变化状态,即有规律可循的语言流变轨迹。

生态语言教学理论从时空观视角认为,语言学习在时间上具有显著的流变性,如现时外语学习模式必定为先前母语学习模式的复制和改造,同时之前学习这些语言所形成思维和经验必将构建自身学习图式影响往后语言学习的经验和思维。依此类推,将来心智结构投射能力必将由现有经验和能力决定,因此,语言学习思维模式是在各种规模水平的现象和事件的复制(fractal patterns replicate phenomena and events at various levels of scale)(Kramsch,2000)。另外,语言学习在空间上亦表现了其流变性,pavlenko & Lantolf(2000)在 *Second language learning as participation and the reconstruction of selves* 中对 Mori 从日本到美国求学并移民至美国生活22年以后回到日本后无法适应日本的语言思维方式的个案跟踪研究和 Kramsch(2007)对澳大利亚学生在法国学习多年后回到澳大利亚无法容忍自己像其他澳大利亚学生一样"闯进"老师办公室的事实充分论证了语言学习在时空上的流变性。因此,生态语言教学理论便结合语言自身的时空流变性提出语言学习不仅是学生成长的社会文化环境流变的结果,更是学生成长经历及其母语学习经验的再现和改造过程,即语言习得是学习者语言学习时间和空间多维立体流变的结果。

在传统思维方式下,对语言教学的理解走向几个极端:要么从人——主体的角度出发,偏向极端的主观性,过度强调人的自主性、自觉性和能动性;要么从语言——客体的角度出发,囿于纯粹的客观性,消极看待人的他主性和受动性;要么从环境——外在的因素出发,侧重外因的决定性,无视语言的生成性和学习者的流变性。在批判继承传统教学理论发展而来的社会文化理论的基础上逐渐形成的生态语言教学观多视角考查了语言学习中学生、语言以及语言学习环境的相互作用及对语言习得的影响,创造性地引进突现理论(emergentism)对语言及生成观进行了全新的诠释,借由符担性将语言学习者与学习环境观统整起来,并把语言学习过程观理解为多维时空尺度的流变性,从而对语言教学与研究进行了全方位、生态的阐释。然而,生态语言教学现在还处于启蒙时期,因此,也面临诸多挑战,如如何克服时空流变性带给语言学习的消极影响,如何解决符担性理解的认知成见(stereotype)问题,如何消解语言教学中多元文化与自我认同构建的矛盾问题以及如何避免可能带来的种族偏见问题等,这些都将是今后生态语言教学与研究迫切需要解决的问题。

二、"类母语"课堂教学环境的构建

与教师而言,首先要对课堂环境有一个全新的认识。长期以来教师、教材、知识点一直被认为是课堂的三大要素。授课模式基本是教师按照教材上的知识点对学生进行知识传授。但当我们从社会文化理论视角看待二语习得时,则需要把课堂看成一个社会文化环境,并在这个环境下培养学生积极参与到目标语言文化里;另外,课堂要尽可能反映外在社会文化的现实,我们不能创造一个与外在真实世界不一致的人造环境;第三,在课堂上教师要尽量为每个学生创造属于个人的最近发展区,然后通过对话式交互帮助学生实现各种体裁话语的输出。

其次,教师对课堂上的交互要有新的认识。在讲座、教师提问等一些形式的交互中,参与者的权力是不对等的,而 Van Lier 认为保证对话中参与者权利对等很重要,即每个参与者拥有平等的权利和责任,决定谈什么,谈多久,和谁谈,以及什么时候结束谈话。因此,保证每个学生在对话交互中拥有平等的权利和责任是教师需要遵循的一个基本原则。其二,交互形式可以多种多样,如协作式对话、知识构建型对话等。日常对话通常具有区域性、未计划性和后果不确定性等特征。因为这些特征,Van Lier(1996)指出课堂上的对话交互不能局限于和教师之间的协作型对话,还应包括和实际发展水平相当的学习者之间的交互,并且能力相当的学习者之间的交互更为有效。其三,教师要避免对交互结果进行刻意的引导,接纳并鼓励对同一问题的多种理解。

另外,教师还要充分利用学生的最近发展区帮助他们学习。最近发展区不仅指社会支持,还是关于意义的社会协商的场地。因此,最近发展区是认知发生变化的地方。课堂是教师和学生可以表达相互理解的场所。既然有着不同目标、资源的人互动时,认知会发生变化,那么二语教师就可以大胆地创造各种互动的可能,理解的不同正好为新知识的构建提供机会。二语教师要尽可能多地创造互动活动让学生实践,学生的母语背景和二语能力都不尽相同,正是这种差异计学生获得对同一现实的不同理解,而这才是社会的真实状况。

最后,教师要尽可能地对每个学生的学习过程全面记录,定期分析记录内容,然后再反馈给学生,协助学生寻找个性化的语言能力发展独特性。

对于语言习得主体学生来说，课堂是他们对二语社会性使用的主要场所。他们要利用好各种形式的协助实现话语的输出。

首先，教师的教学话语属于他人协助中的专家协助。教师与学生之间的话语不仅是可理解性输入，本质上更是他们进行协助的社会表现，在师生交互中构建，进而影响学生的学习。为了使学生有机会亲身体验语言在课堂之外的使用方式，将语言学习在一定程度上社会化，教师需要减少独白式话语的使用，利用交互式话语创造丰富多样的、类似真实生活的语用环境。

其次，学生之间的协助属于他人协助中的同伴协助，起到互为脚手架的作用，帮助学生了解自己的学习状况，有助于培养表达的流利性。

另外，还有与他人协助相对应的自我协助，语言学习中自我协助与他人协助同样重要。学生通过心理排练等自我语言协助新的语言形式从心理间向心理内层面转化，从而掌握新的语言形式。

除了利用好各种形式的协助外，学生的另一项任务是自我记录，对自己的学习过程详细记录并配以相关音频视频录制材料，然后结合教师记录，探寻自己的语言发展特性。

教师和学生首先要充分认识文化在语言习得中的重要作用，然后尽可能地在课堂上创造类似母语交流的真实情景。以此激发学生的学习动力，调动其主观能动性，帮助他们逐步成为目标语言文化的积极参与者。

三、大学英语课堂学生生态因子研究

在宏观层面，大学英语课堂生态系统隶属于教育生态系统。外在宏观系统的各个因素，如高校教育政策等都对其有影响。在中观层面，学校的地理位置、自然环境、硬件设施、人文环境、学校政策、学校校风等构成了学校的教育环境系统，这些都影响着大学英语课堂。在微观层面，大学英语课堂的生态因子包括教师、学生、教育资源和信息技术等。在这一课堂生态系统中，各个生态因子之间相互影响，同时与外在的宏观、中观生态环境相互联系、相互作用，保持着动态的平衡，其中，学生生态因子是课堂生态系统的重要组成部分。

（一）宏观系统中各因子对学生因子影响

宏观的教育生态系统对学生因子起导向性的作用。教育生态系统中的多维因子相互联系、相互影响。比如国家教育政策的制订直接影响了学生学习的内容与氛围，考试制度的改革直接对课堂教学产生影响，就大

学英语教学而言,四、六级考试起到了一定的导向性作用。社会经济的发展也是影响学生因子发展的重要因素。随着中国经济的飞速发展,对外交流日益增多,各企(事)业单位对员工的英语素养也有了更高要求,越来越多的学生意识到英语口语、听力等实用技能的重要性。除此之外,社会文化、科技、伦理等都对学生发展产生直接或间接的影响。

(二)中观系统中各因子对学生因子影响

中观的学校教育系统包括学校自然环境、人文环境、硬件设施、学校政策等。学校的地理位置、所在城市的经济发展水平等都对学生的英语水平有一定影响。语言与生态环境的相互联系正是生态语言学的基本观点。学校的硬件设施,如多媒体、电子阅览室、网络覆盖等能为学生的英语学习提供便利的条件,学校的图书馆也为学生知识面的拓展提供了宝贵资源,这些都有助于学生提高其自主学习能力。学校师资力量、学校学风等人文因素对学生英语学习的热情与质量有着直接的影响,学校的教育政策等也起到导向性作用。

(三)微观系统中各因子对学生因子影响

宏观系统与中观系统对于大学英语教学是一种客观的存在。无论学生因子还是教师因子对宏观系统和微观系统的反作用在短期内很难体现。宏观与中观系统对学生因子的影响多是间接影响,而微观系统中各因子对学生因子的影响更直接。因此,我们更聚焦于微观系统中各因子对学生因子影响的探讨,这些因子包括:教师、同伴、信息技术、教育资源等。

学生因子与教师因子。教师与学生之间的互动是课堂教学生态系统的重要组成部分。传统的大学英语教学多以教师为中心,教师主宰课堂,占据课堂教学的大部分时间。随着教学改革的深入,以学生为中心的课堂教学模式影响越来越大,这种课堂模式主张把课堂交还给学生,教师起引导作用,尽量发挥学生的主观能动性。社会文化视角的课堂教学则主张以学生发展为中心。学生的语言技能提高是学生发展的一个方面,除此之外,学生的元认知能力(如学习策略)、社会能力(如思辨能力、跨文化交际能力)等也是学生发展的重要方面。在这一理论指导下,教师的课堂设计应是以活动为中心。在教学活动中,教师因子对学生因子的影响主要体现在两点:一是课堂设计;二是活动参与。教师是课堂活动的设计者与引领者。教师的活动设计应该尽量还原真实的语言情境,让学生带着自己的生活经验成为其中的角色,融入教学活动之中。在活动进行时,教师的身份则转化为平等的参与者;在活动中与学生协商,共同完成任务。在学生遇到困难时,教师则充当"脚手架"的角色,引领学生完成活动,实现其各方面的发展目标。

学生因子与学生因子。课堂生态系统中学生因子之间的相互联系、相互影响对学生的发展也起着重要作用。学生因子之间的相互关系有两种类型:共生模式与竞争模式。共生模式利用生物体之间的相互依存关系促进个体的发展。在大学英语课堂中,学生在完成小组活动时相互协作、相互帮助,共同完成小组任务。在这一过程中,学生的语言能力得到发展。同时,在与同伴合作沟通的过程中,学生的合作能力、交际能力、思维能力也得到了锻炼。第二种模式是竞争模式。生物体之间的竞争有利于个体和种群的发展。学生在课堂中相互比较、相互竞争,也有利于其个体发展,提高整个班级的学习质量。在社会文化视角下的课堂教学活动中,学生的两种相处模式是共存的。大多数活动需要学生协作完成,因此学生的共生模式为显性。但竞争模式也无处不在,因为学生在活动中不可避免地会将自己与同伴进行对比,这种同辈压力促使其更快发展。

学生因子与信息技术。在现代教学环境中,信息技术的影响无处不在。学生对信息技术的敏感度较高,恰当地运用信息技术能够提升学生学习的兴趣和效果。在大学英语教学过程中,信息技术对学生的影响可以从课内和课外两个角度讨论。在课外,信息技术支持学生的自主学习,学生可以就课堂内容进行预习、扩展、复习、整理。在小组活动的准备过程中,信息技术能为学生提供更多的支持。在课堂教学中,教师使用信息技术作为教学的辅助手段。信息技术可以提升课堂教学中学生的参与度和学习深度与广度。信息技术不只是指计算机技术,手机技术的飞速发展使其在课堂教学中也占有了一席之地。值得注意的是,信息技术为教学内容服务,其使用目的是为了更好地完成教学目标与学生的学习目标。所以在运用时,要注意排除信息技术本身对学生的负面干扰。学生借助信息技术完成了活动内容而没注意到技术本身,这应该是信息技术使用的理想状态。

学生因子与教育资源。在课堂教学中,学生的学习都是依托于教师提供的教育资源。教育资源包括教材、教案等。大学英语的教材一般由学校统一选定。教材的设计理念、内容模式对学生的学习效果有直接的影响。社会文化视角下的教材设计应该以活动实践为中心,教材内容应该贴近学生的生活,易于让学生接受。在让学生习得语言的同时,教材设计同样应注重学生合作能力、思辨能力及跨文化交际能力的培养。教案是教师对课堂教学的整体规划,直接影响着学生课堂活动的执行效果。教师在设计教案时应当尽力创设模拟真实的语言运用场景,制订具体可行的活动规则,使学生自然地融入课堂生态系统之中。教育资源与学生两个生态因子之间是相互影响的关系,当学生主体发展变化之时,教育资源也应该随之更新换代。大学英语教学针对的是不同专业背景的学生,因此开发不同专业背景下的大学英语教材也是一项重要的课题。教师的教案也应该根据不同的学生主体做出调整,将语言教学与学生专业背景、日常需求相结合,这样才能更好地服务学生,形成良好的生态循环。

　　社会文化理论从一开始指导西方二语习得研究就与生态因素结合。生态化的语言教学将学习者的活动与生态环境结合在一起。我们从社会文化视角探索了在大学英语课堂生态环境中影响学生因子的各个要素。对大学英语教学有一定的指导意义。在大学英语课堂的生态系统中,学生这一生态因子的发展受到整个生态环境及各个生态因子的影响。教师在课堂教学过程中应该借助各因子之间的相互联系、相互作用为学生发展创造和谐的生态环境,促进其语言能力、思辨能力、合作能力等各方面的全面发展。

第五章 结 语

　　作为一种新的研究范式,维果斯基社会文化理论的兴起打破了传统的第二语言习得研究中信息加工范式独霸的局面,开拓了研究者的视野,从不同的视角解释语言的习得与发展,使人们对语言习得的本质和过程有了更加深刻和丰富的认识。这一范式有广阔的应用研究前景,对在课堂上培养学生通过使用语言来学习语言的能力以及交际能力有着深远的指导意义。教师在课堂上应该为学生提供使用语言的情景和机会,鼓励学生与教师、学生与学生之间的交互,为学生提供对最近发展区敏感的、符合学生认知水平的语言输入和在协调学习的过程中学生所需的支架作用,帮助学生完成由一个最近发展区向另一个最近发展区的跨越。另外,以社会文化理论为指导的语言习得研究通过研究学生使用语言时的交互或协调过程,由外部学习环境以及产出语言来研究学生大脑内部对所学语言的加工,使得该范式成为信息加工范式的重要补充。但是,单独依赖一种研究范式难以使我们对事物的本质有全面准确的理解和诠释。因此,依托社会文化范式,再结合研究成果丰富的认知范式,发展一个更加具有兼容性的理论是未来的语言习得研究领域的努力所在。

　　心理认知派与社会文化派之间的相互借鉴与合作反映出一种将二者融合起来的认识论倾向,我们称之为认识论的融合观。这种融合观为我们重新审视二语习得研究的认知派与社会派之间的关系提供一个全新的认识论基础。融合观要求我们既要接受认知派与社会派之间的对立与分歧的客观现实性,又要看到两者互补与融合的可能性和必要性。基于唯理论与经验论的融合观是认知派和社会派相互借鉴与融合的认识论基础。认识论是我们进行理论构建的哲学理论基础,决定理论构建的方向与内容,因此认识论的变化必然导致理论构建发生相应的变化与调整。认识论融合观的出现必然会对唯理论与经验论产生深刻的影响,并最终导致两派之间的相互融合,形成二语习得研究的融合论。

　　认知派和社会派的共同研究对象是二语习得,这是二者互补与融合的物质基础。二语习得研究主要探究人们如何获得第二语言,即二语习得的本质与过程。社会派和认知派分别从不同视角研究二语习得,理论构建各有侧重,研究方法各有偏好,研究结果导向各异。显然,二者关注和探究的是二语习得的不同方面,而不是全貌。二语习得是一个涉及语言、文化、心理、认知等多种因素的复杂过程,需要从不同角度进行跨学科研究,更需要不同理论流派的通力合作。因此,二语习得的复杂性要求认知派与社会派之间是和谐的合作关系,而不是激烈的对立关系。同时,两派之间的融合有利于二语习得研究的系统性和全面性,进一步深化我们对二语习得现象的认识。

认知派与社会派之间的互补与融合已经逐渐成为二语习得研究者的期许与共识。近年来,越来越多的二语习得研究者认识到认知派和社会派互补与融合对于该学科的建设与发展具有的重要价值与意义。社会派领军学者 Lantolf(2006)预测,社会文化理论的未来发展趋势是与认知科学结合,而认知派重要学者也在试图跨越理论上的鸿沟,如加拿大学者 Swain 近年来进行了大量社会文化方面的探索(Larsen-Freeman,2007),澳大利亚学者 Nicholas(2007)提出二语习得研究的社会认知理论(Long,2007)。Ellis 指出,语言、语言学习与使用既是社会化的,也是认知的,因此与语言相关的研究必须同时从认知与社会两个维度进行(Ellis,2014)。人类语言的产生与发展是人际交流和认知加工共同作用的结果(Slobin,1997),因此要真正准确地把握语言习得的认知过程及其相关因素必须将学习者的内在因素及社会文化因素有机地结合起来进行全面考察(刘正光等,2013)。

虽然社会文化理论催生了大量有意义的研究,也迫使我们从不同的角度思考二语习得的过程及使用问题,但在这一理论框架下仍有许多工作要做。Lantolf(2002)认为,上述所有领域都有非常大的研究空间,特别是语言游戏在二语习得中的作用、第二语言手势的获得和使用、同伴中介的学习效果以及行为理论(特别是行为理论运用于计算机中介的学习和基于任务的学习)四个领域。同时,声称学习是一个社会过程且不否认这也是一个心理过程。社会文化理论为二语教学提供了一些有益的启示,但不可能完全取代输入隐喻在二语课堂中的应用,社会文化理论与当前主流的二语习得理论是可以兼容的(Schinke Llano,1993)。正像 Zuengler & Miller(2006)文章的标题"认知和社会文化:两个平行的二语习得视角?"所预示的一样,社会文化视角可能是在原有的世界之外开创了另一个新天地。就如 Yoric(苏晓军,2001)所倡导的,假如我们能为学生多建几座桥梁让他们从中选择的话,相信他们到达终点的可能性就会大很多。二语习得研究的社会文化视角只是这众多"桥梁"中的一座。

参考文献

Aljaafreh, A. & Lantolf, J. P. Negative feedback as regulation and second language learning in the zone of proximal development [J]. *The Modern Language Journal*, 1994, 78(4): 465-483.

Botha, Rudolf P. & Knight, Chris(eds.). *The prehistory of language* [M]. Oxford: Oxford University Press, 2009.

Botha, Rudolf P. & Knight, Chris(eds.). *The cradle of language* [M]. Oxford: Oxford University Press, 2009.

Brock, C. A. The effects of referential question on ESL classroom discourse [J]. *TESOL Quarterly*, 1986(20).

Brown, H. D. *Principles of Language Learning and Teaching* [M]. Beijing: Foreign Language Teaching and Research Press, 2002.

Chaiklin, S. The zone of proximal development in Vygotsky's analysis of learning and instruction [A]. In Kozulin, A. et al. (eds.) *Vygotsky's Educational Theory in Cultural Context* [C]. Cambridge: Cambridge University Press, 2003: 39-64.

De Guerrero, M. C. M. and O. Villamil. Activating the ZPD: mutual scaffolding in L2 peer revision [J]. *Modern Language Journal*, 2000, (84).

De Guerrero, M. C. M. & Commander, M. Shadow-reading: Affordances for imitation in the language classroom [J]. *Language Teaching Research*, 2013, 17(4): 433-453.

Dunn, W. & J. P. Lantolf. Vygotsky's zone of proximal development and Krashen's i+1: incommensurable constructs; incommensurable theories [J]. *Language Learning*, 1998, (48).

Fitch, T., M. Hauser & N. Chomsky. The evolution of the language faculty: Clarifications and implications [J]. *Cognition*, 2005, (97).

Fitch, W. T. *The Evolution of Language* [M]. Cambridge: Cambridge University Press, 2010.

Frawley, W. and Lantolf, J. P. Second language discourse: a Vygoskyan perspective [J]. *Applied Linguistics*, 1985, (6).

Gal'perin, P. Ia. Stage-by-stage formation as a method of psychological investigation [J]. *Journal of Russian & East European Psychology*, 1992, 30 (4): 60-80.

Golombek, P. R. & Johnson, K. E. Re-conceptualizing teachers' narrative inquiry as professional development [J]. *PROFILE: Issues in Teachers'Professional Development*, 2017, 19 (2): 15-28.

Gullberg, M. & McCafferty, S. G. Introduction to gesture and SLA: Toward an integrated approach [J]. *Studies in Second Language Acquisition*, 2008, 30 (2): 133-146.

Hutchinson, T. & A. Waters. *English for Specific Purpose: A Learning-centered Approach* [M]. Cambridge: CUP, 1987.

Johnson, K. E. Practitioner and professional development research [J]. *Language Teaching Research*, 2016, 20 (2): 143-145.

Kinginger, C. Defining the Zone of Proximal Development in US Foreign Language Education [J]. *Applied Linguistics*, 2002, 23 (2).

Krashen, S. *The Input Hypothesis: Issues and Implications* [M]. London: Longman, 1985.

Kurtz, L. *Vygotsky Goes to Law School: A Concept-Based Pedagogical Intervention to Promote Legal Reading and Reasoning Development in International LL. M. Students* [D]. University Park, PA: The Pennsylvania State University, 2017.

Lantolf, J. P. and Appel, G. (eds), *Vygotskian approaches to second language learning* [C]. Norwood, NJ: Ablex, 1994.

Lantolf, J. P. (Ed.), *Sociocultural theory and second language learning* [M]. Oxford: Oxford University Press, 2000.

Lantolf, J. P. Second language learning as a mediated process [J]. *Language Teaching*, 2000, (33).

Lantolf, J. P. Sociocultural theory and second language learning [A]. In Robert. B.K. (eds.) *The oxford handbook of applied linguistics* [C]. Oxford: Oxford University Press, 2002.

Lantolf, J. P. &M. E. Poehner. *Sociocultural Theory and the Teaching of Second Language* [M]. London: Equinox, 2007.

Lantolf. J. P. & T. G. Beckett. Sociocutural theory and Second

Language Acquisition [J]. *Language Teaching*, 2009, (42).

Lantolf, J. P. Materialist dialectics in Vygotsky's methodological framework: Implications for applied linguistics research [A]. In Ratner, C. & Silva, D. N. H. (eds.) *Vygotsky and Marx*: *Toward a Marxist Psychology* [C]. New York: Routledge, 2017.

Lantolf, J. P. & Esteve, O. Concept-based instruction for concept-based instruction: A model for language teacher education [A]. In Sato, M. & Loewen, S. (eds.) *Evidence-Based Second Language Pedagogy*: *A Collection of Instructed Second Language Acquisition Studies* [C]. New York: Routledge, 2019: 27-51.

Lantolf, J. P. and Thorn. *Sociocultural theory and genesis of second language development* [M]. Oxford: Oxford University Press, 2006.

Lantolf, J. P. and Pavlenko, A. Sociocultural theory and second language acquisition [J]. *Annual Review of Applied Linguistics*, 1995, (15).

Lantolf, J. P., Poehner, M. E. & Swain, M. (eds.) *The Routledge Handbook of Sociocultural Theory and Second Language Development* [C]. New York: Routledge, 2018.

Lee, J. Gesture and private speech in second language acquisition [J]. *Studies in Second Language Acquisition*, 2008, (30).

Littlewood, W. *Communicative language teaching*: *An introduction* [M]. Cambridge: Cambridge University Press, 1981.

Long, M. H. & Sato, C. J. Classroom foreign talk discourse: Forms and Functions of teachers' questions [A]. In H. W. Seliger & M. H. Long (eds.). *Classroom Oriented Research in Second Language Acquisition* [C]. Rowley, MA: Newbury House. 1983.

MacWhinney. B. competition and teachability [A]. In M. L. Rice& R. L. Schiefebusch (Eds). *The teachability of language*[C]. Baltimore: Brookes, 1989.

McCafferty, S. G. Nonverbal expression and L2 private speech [J]. *Applied Linguistics*, 1998, 19 (1): 73-96.

McNeill, D. *Gesture and Thought* [M]. Chicago, IL: The University of Chicago Press, 2005.

Negueruela, E. *A Sociocultural Approach to Teaching and Researching Second Languages*: *Systemic-theoretical Instruction and Second Language Development* [D]. University Park, PA: The Pennsylvania State University, 2003.

Nunan D. Communicative language teaching: Making it work [J]. *ELT Journal*, 1987, (41).

Nunan D. The questions teachers ask [J]. *JALT Journal*, 1990 (12).

Nunan D. *Language Teaching Methodology: A Textbook for Teachers* [M]. New York: Prentice Hall, 1991.

Ohta, A. S. *Second Language Acquisition Processes in the Classroom: Learning Japanese* [M]. Mahwah, NJ: Lawrence Erlbaum Associates, 2001.

Pinkerson, H. J. *Teacher without goals/Students without purposes* [M]. New York: MaGraw-Hill, 1993.

Poehner, M. E. *Dynamic Assessment: A Vygotskian Approach to Understanding and Promoting L2 Development* [M]. Berlin: Springer, 2008.

Poehner, M, E, *Dynamic Assessment of Oral Proficiency among Advanced L2 Learners of French* [D]. University Park, PA: The Pennsylvania State University, 2005.

Poehner, M. E. & Lantolf, J. P. Bringing the ZPD into the equation: Capturing L2 development during Computerized Dynamic Assessment (C-DA) [J]. *Language Teaching Research*, 2013, 17 (3): 323-342.

Poehner, M. E., Zhang, J. & Lu, X. Computerized Dynamic Assessment (C-DA): Diagnosing L2 development according to learner responsiveness to mediation [J]. *Language Testing*, 2015, 2 (3): 337-357.

Poole, D. Language socialization in the second language classroom [J]. *Language Learning*, 1992 (42): 593-616.

Robinson, P. *ESP Today: A Practitioner's Guide* [M]. New York: Prentice Hall, 1991.

Richards, J. C. *The context of language teaching* [M]. Cambridge: Cambridge University Press, 1998.

Richard, J. & C. Lockhart. *Reflective Teaching in Second Language Classrooms* [M]. Beijing: People's Education Press, 2000.

Skinner, B. F. *Science and human behavior* [M]. New York: Free Press, 1953.

Smagorinsky, P. Deconflating the ZPD and instructional scaffolding: Retranslating and reconceiving the zone of proximal development as the zone of next development [J]. *Learning, Culture and Social Interaction*, 2018,（16）: 70-75.

Smith, H. J. The social and private worlds of speech: Speech for inter-and intramental activity [J]. *The Modern Language Journal*, 2007, 91（3）: 341-356.

Stam, G. Changes in thinking for speaking: A longitudinal case study [J]. *The Modern Language Journal*, 2015, 99（S1）: 83-89.

Talllerman, Maggie（ed.）*Language origins: perspectives on evolution* [C]. Oxford: Oxford University Press, 2005.

Throne, S. L. Second language acquisition theory and the truth（s）about relativity [A]. In Lantolf, J.（ed.）*Sociocultural Theory and Second Language Acquisition* [C]. Oxford: Oxford University Press, 2000: 219-243.

Thorne, S. L. Artifacts and culture-of-use in intercultural communication [J]. *Language Teaching and Technology*, 2003,（7）.

Tompson, G. Training Teachers to Ask Questions [J]. *ELT Journal*, 1997, 51（2）.

Tsui, A. B. M. Reticence and anxiety in second language learning [A]. In K. M. Bailey & D. Nunan. *Voices From the Language Classroom* [C]. Cambridge: Cambridge University Press, 1996.

van Compernolle, R. A. & Henery, A. Instructed concept appropriation and L2 pragmatic development in the classroom [J]. *Language Learning*, 2014, 64（3）: 549-578.

van Lier, L. From input to affordance [A]. In Lantolf（ed.）. *Sociocultural theory and second language learning.* [C]. Oxford: Oxford University Press, 2000.

Vygotsky, L. S. Instrumental method [A]. In J. Wertsch（ed.）*The Concept of Activity in Soviet Psychology* [C].Armonk: Sharpe, 1930/1979.

Vygotsky, L. S. *Thought and Language* [M]. Cambridge: MIT Press, 1934/1986.

Vygotsky, L. S. *Mind in Society: The Development of Higher Psychological Processes* [M]. Cambridge, MA: Harvard University Press, 1978.

Vygotsky，L. S. *Thought and Word* [M]. Cambridge：MIT Press，1986.

Vygotsky，L. S. *The Collected Works of L. S. Vygotsky，Volume 1*：*Problems of General Psychology. Including the Volume Thinking and Speech* [M]. New York：Plenum Press，1987.

Vygotsky，L. S. *Educational Psychology* [M]. Boca Raton：St. Lucie Press，1997.

Vygotsky，L. S. *The Instrumental Method in Psychology*：*Theoretical and Historical Issues in Psychology. The Collected Works of L.S. Vygotsky. Vol.3* [M]. New York：Plenum，1997.

Wertsch，J. V. *Vygotsky and the Social Formation of Mind* [M]. Cambridge，MA：Harvard University Press，1985.

White J. & Lightbown P. M. Asking and answering in ESL classes [J]. *Canadian Modern Language Review*，1984（40）：62-65.

Widdowson，H. G. English for Specific Purpose：Criteria for Course Design [A]. In L. Selinker，E. Tarone & V. Hanzedi（eds.）. *English for Academic and Technical Purposes*：*Studies in Honor of Louis Trimble* [C]. New York：Newbury House，1981.

Wood，D.，Bruner，J. S. & Ross，G. The role of tutoring in problem solving [J]. *Journal of Child Psychology & Psychiatry*，1976，17（2）：89-100.

Wray，Alison（ed.）. *The transition to language* [M]. Oxford：Oxford University Press，2002.

Zhang，X. & Lantolf，J. P. Natural or artificial：Is the route of L2 development teachable [J]. *Language Learning*，2015，65（1）：152-180.

高一虹，周燕.二语习得社会心理研究：心理学派与社会文化学派[J]. 外语学刊，2009（1）：123-128.

韩宝成.动态评价理论、模式及其在外语教育中的应用 [J]. 外语教学与研究，2009（6）：452-487.

胡青球等.大学英语教师课堂提问模式调查分析 [J]. 外语界，2004（6）：22-27.

黄景，龙娜娜，滕锋.给养与外语教育 [J]. 外语与外语教学，2018（1）：39-53.

蒋荣.基于社会文化理论的汉语学习者词汇习得研究 [M]. 北京：北京语言大学出版社，2013.

孔文,李敦东,余国兴.L2写作动态评估中同伴中介干预和教师中介干预比较研究[J].外语界,2013（3）：77-86.

李丹弟.基于动态评价理论的英语语言学课程评价模式研究[J].外语界,2015（6）：21-25.

刘正光,冯玉娟、曹剑.二语习得的社会认知理论及其理论基础[J].外语界,2013（6）：19-25.

卢婷.概念型教学法对英语专业学生隐喻能力发展的影响[J].现代外语,2020（1）：106-118.

孟亚茹,秦丽莉.社会文化理论与二语发展——James Lantolf访谈录[J].外语教学,2019（5）：57-60.

牛瑞英.中国英语学习者合作输出的词汇习得[M].上海：上海外语教育出版社,2012.

秦丽莉、戴炜栋.社会文化理论框架下"生态化"任务型教学研究[J].外语与外语教学,2013（2）：41-46.

秦丽莉,戴炜栋.活动理论框架下的大学英语学习动机自我系统模型构建[J].外语界,2013（6）：23-31.

秦丽莉,戴炜栋.生态视域下大学英语学习环境给养状况调查[J].现代外语,2015（2）：227-237.

秦丽莉,王绍平,刘风光.二语习得社会文化理论研究的学科归属与理念[J].东北师大学报(哲学社会科学版),2015（1）：193-196.

秦丽莉.社会文化视域下英语学习者身份与能动性之间的关系[J].外语教学,2015（1）：60-64.

秦丽莉.二语习得社会文化理论概论[M].北京：北京大学出版社,2017.

束定芳.外语教学改革:问题与对策[M].上海：上海外语教育出版社,2004.

文秋芳.评析二语习得认知派与社会派20年的论战[J].中国外语,2008（3）：11-20.

文秋芳.二语习得重点问题研究[M].北京：外语教学与研究出版社,2010.

徐锦芬.大学英语课堂小组互动中的同伴支架作用[J].外语与外语教学,2016（1）：27-36.

徐锦芬,寇金南.大学英语课堂小组互动模式研究[J].外语教学,2017（2）：65-69.

杨连瑞,陈雨杉,陈士法.二语习得理论构建的认识论思考[J].外语学刊, 2020（3）: 113-119.

张莲, 孙有中. 基于社会文化理论视角的英语专业写作课程改革实践 [J]. 外语界, 2014（5）: 2-10.